2

HIROYUKI

KANOJO MO KANOJO

Gelegenheit macht Liebe

DIE CHARAKTERE

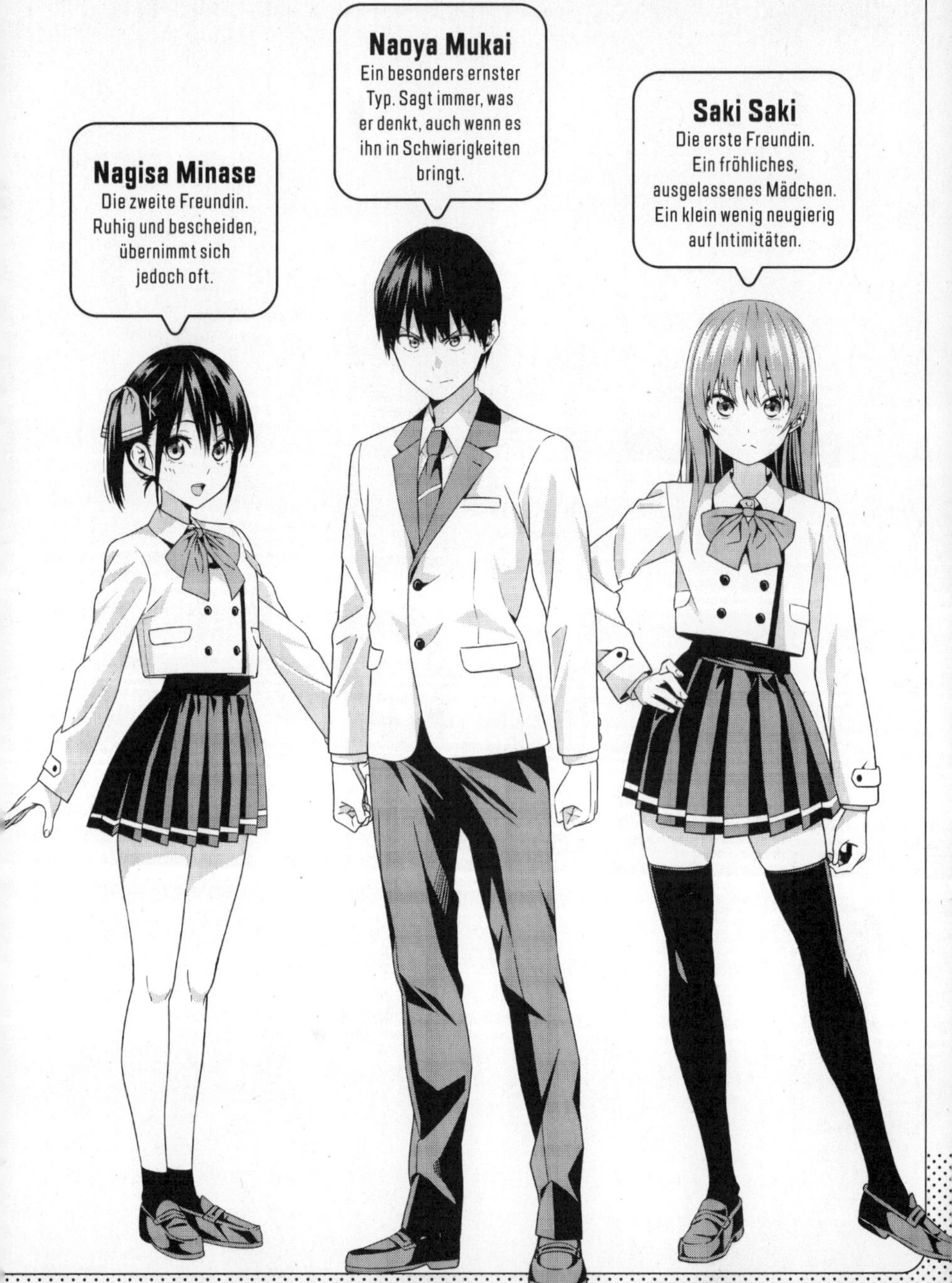

DIE HANDLUNG

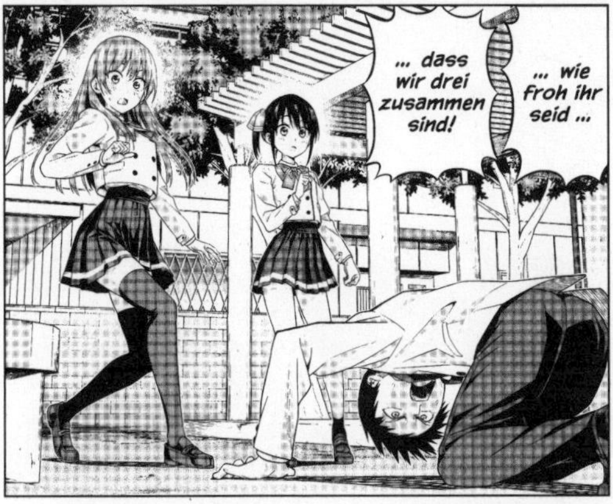

Der High-School-Schüler **Naoya** fühlt sowohl zu **Saki** als auch zu **Nagisa** stark hingezogen und fängt eine Dreiecksbeziehung an.

Die beiden ziehen zu Naoya, um sich besser kennenzulernen.

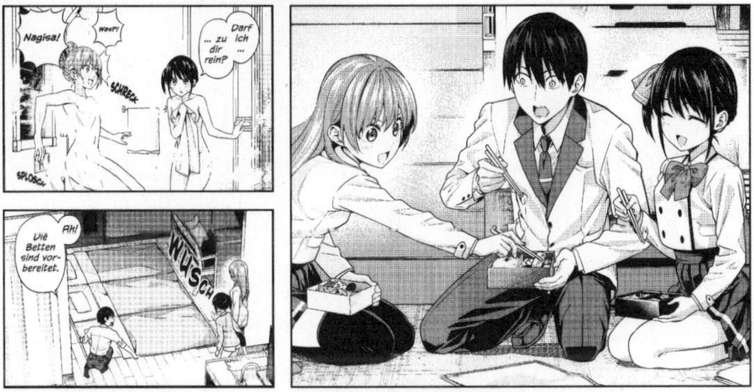

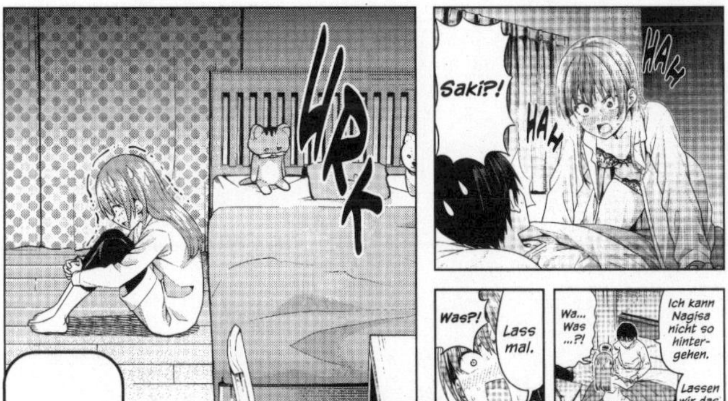

Doch als Saki versucht, Nagisa zu übertrumpfen und Naoya zu verführen, wird sie abgewiesen!

Saki verlässt unter Tränen das Haus!

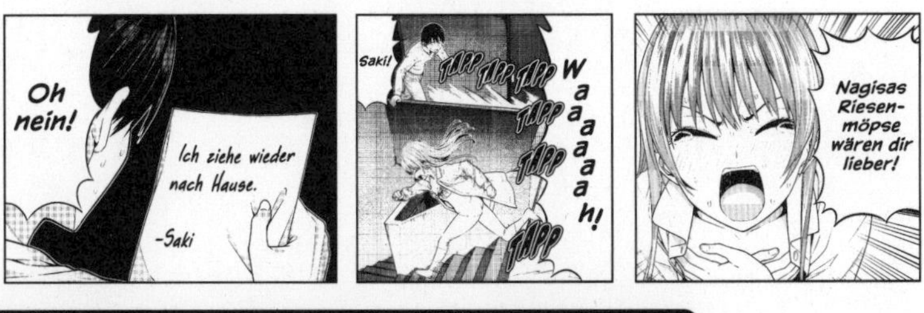

Findet heraus, wie es weitergeht!

KANOJO MO KANOJO 2

HIROYUKI

INHALT

Kapitel 10: Komm zurück!

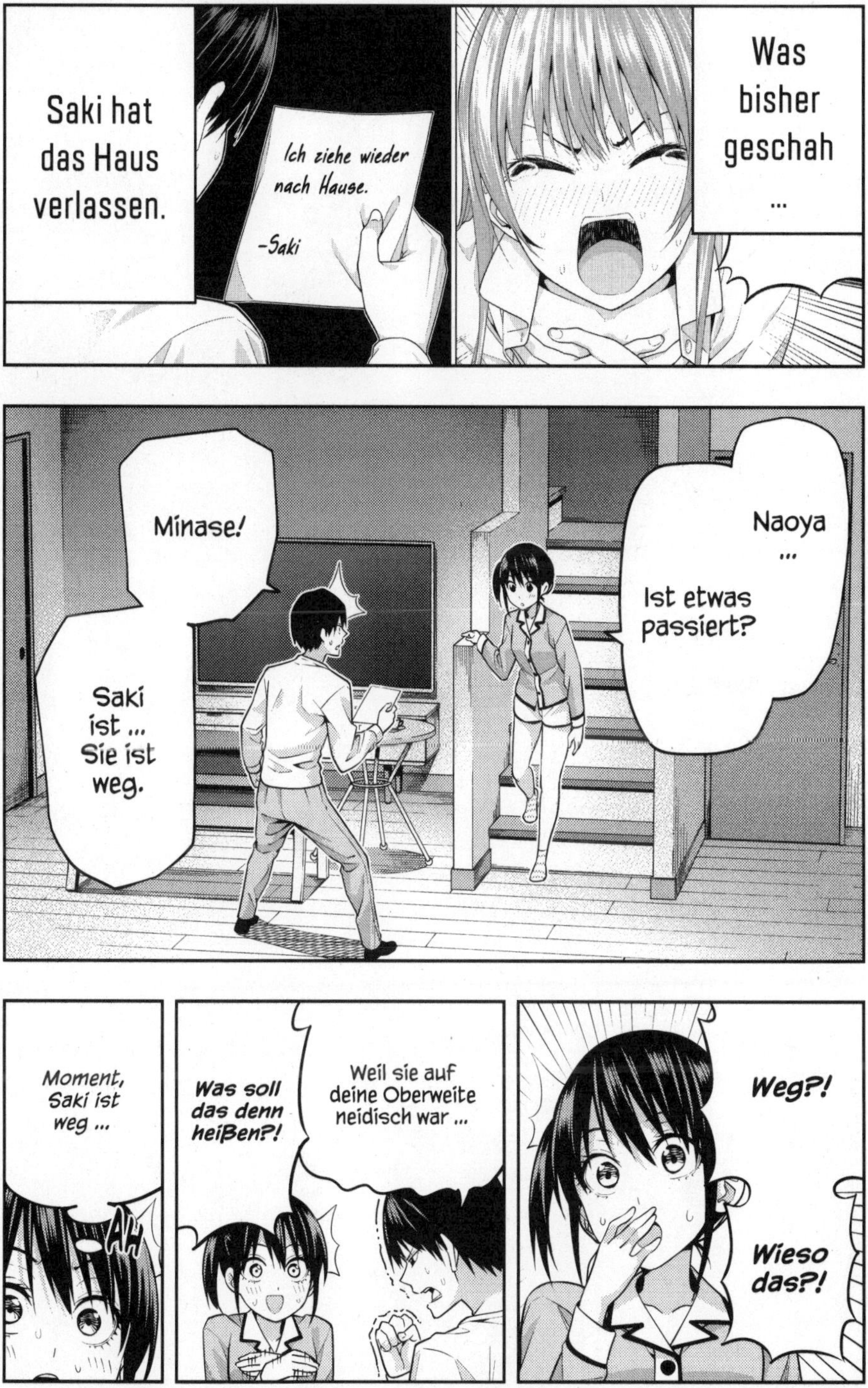

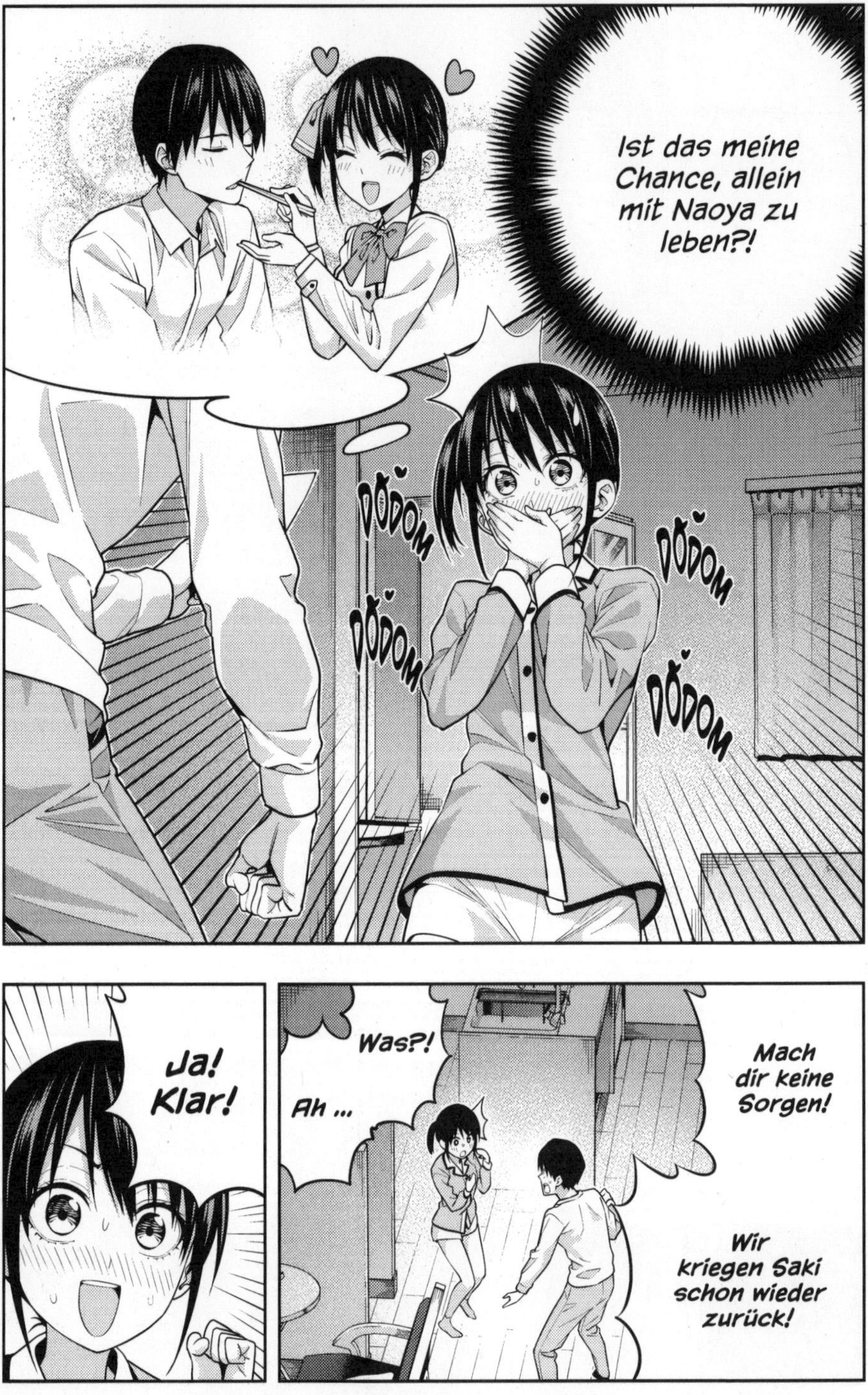
Ist das meine Chance, allein mit Naoya zu leben?!
DÖDOM
DÖDOM
DÖDOM
DÖDOM
Mach dir keine Sorgen!
Wir kriegen Saki schon wieder zurück!
Was?!
Ah ...
Ja! Klar!

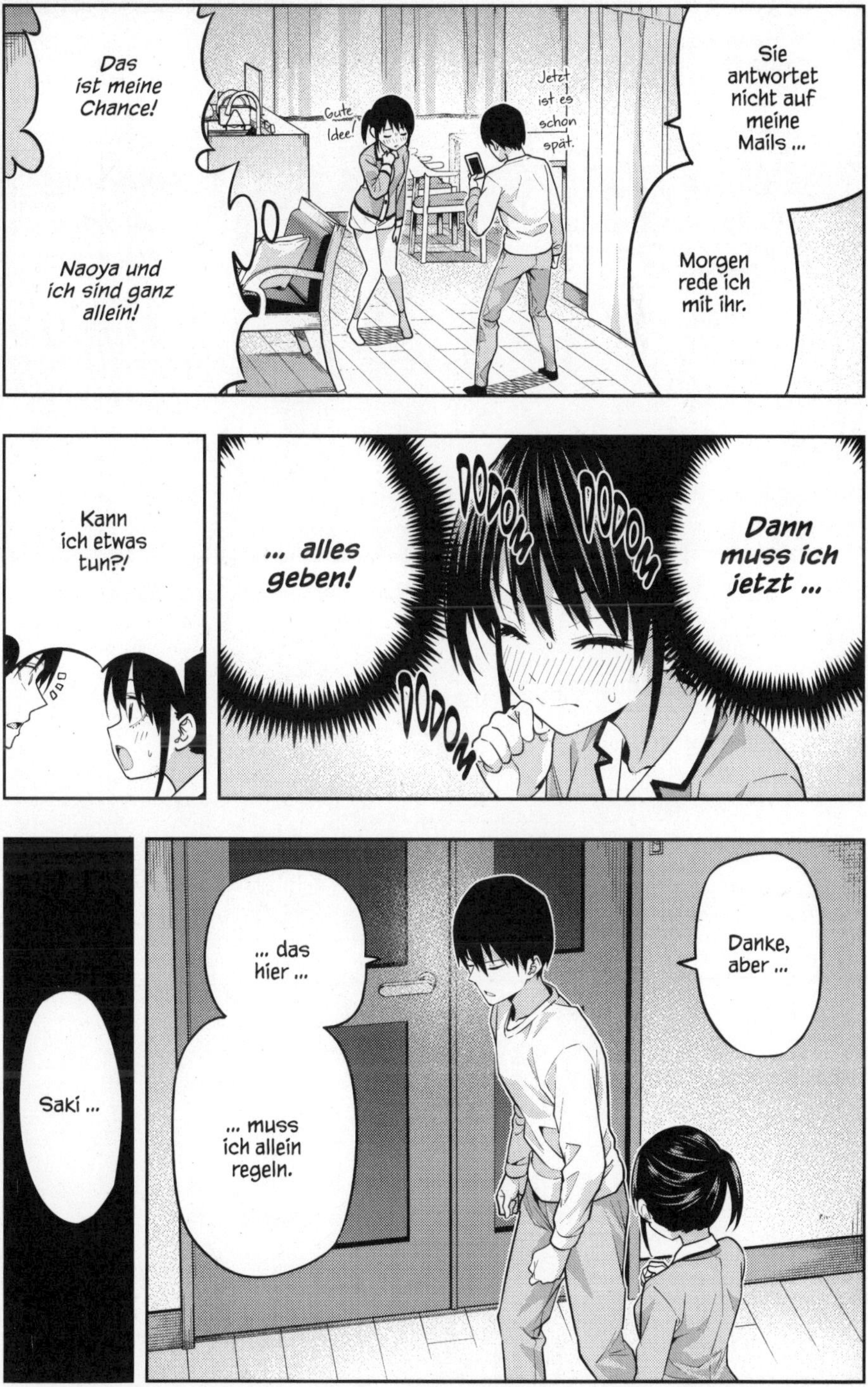
Sie antwortet nicht auf meine Mails ...
Morgen rede ich mit ihr.
Jetzt ist es schon spät.
Gute Idee!
Das ist meine Chance!
Naoya und ich sind ganz allein!
Dann muss ich jetzt ...
DODOM DODOM DODOM
... alles geben!
Kann ich etwas tun?!
Danke, aber ...
... das hier ...
... muss ich allein regeln.
Saki ...

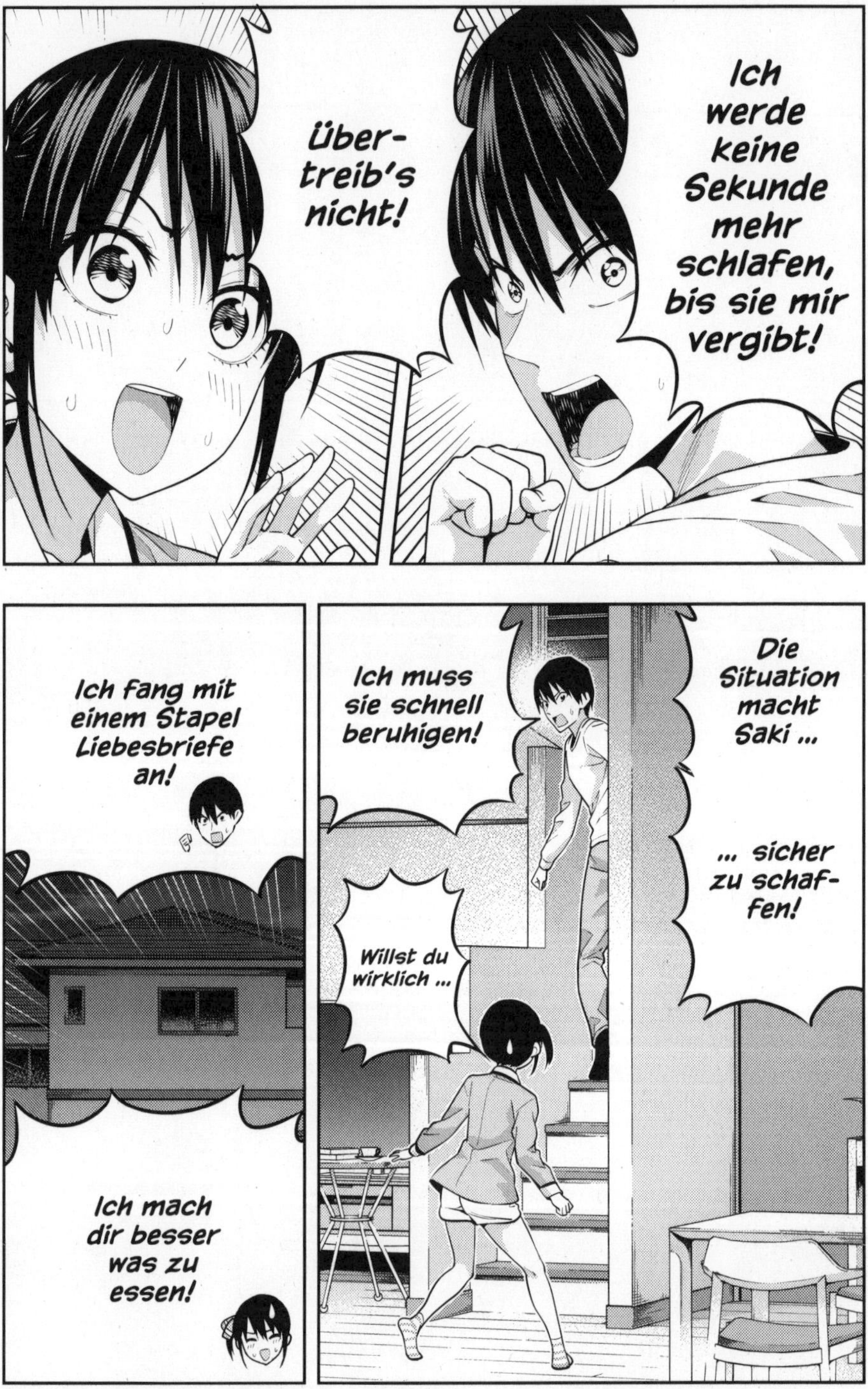
Ich werde keine Sekunde mehr schlafen, bis sie mir vergibt!
Über-treib's nicht!
Die Situation macht Saki ...
... sicher zu schaffen!
Ich muss sie schnell beruhigen!
Willst du wirklich ...
Ich fang mit einem Stapel Liebesbriefe an!
Ich mach dir besser was zu essen!

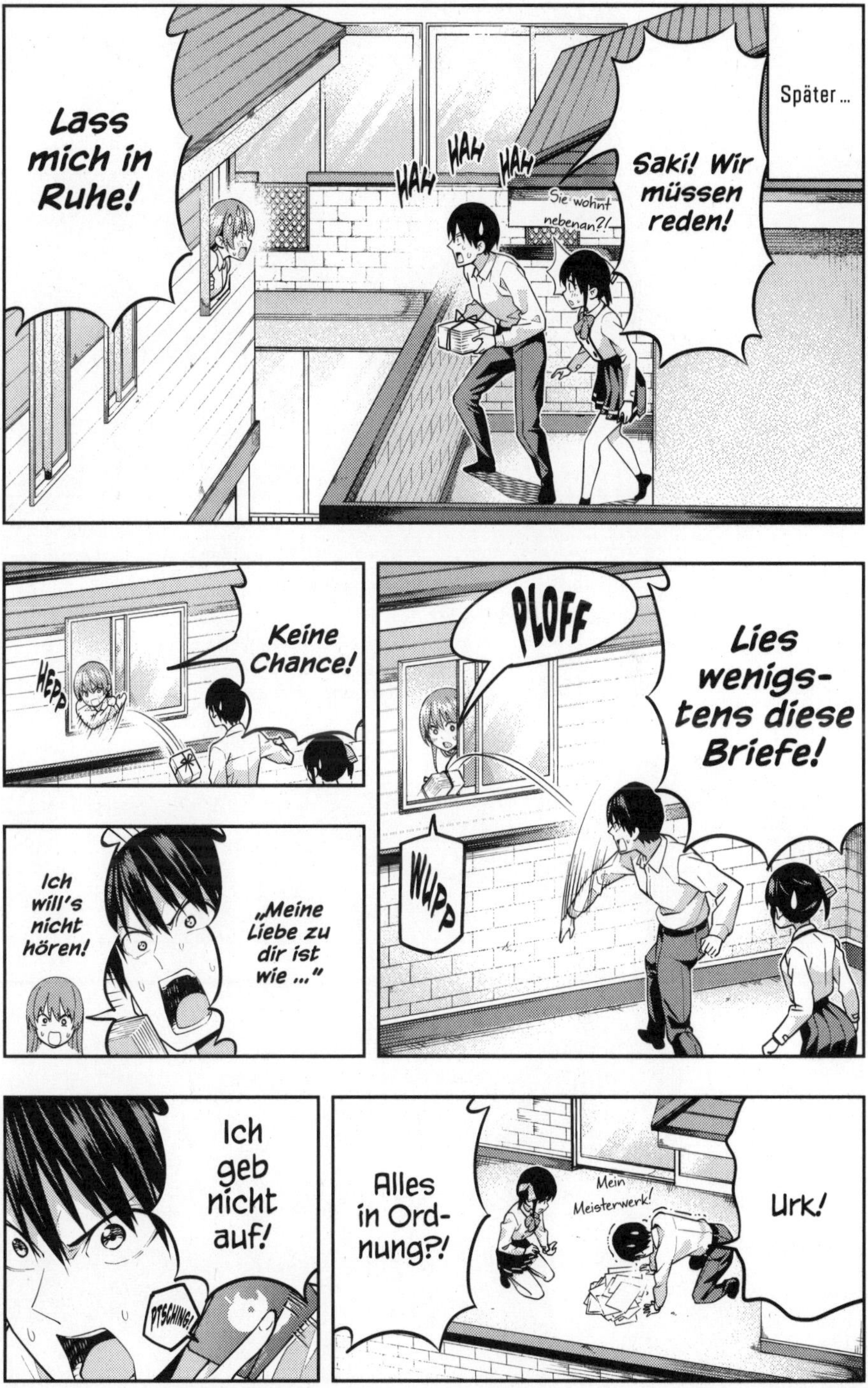
Später ...
Saki! Wir müssen reden!
HAH HAH HAH
Sie wohnt nebenan?!
Lass mich in Ruhe!
Lies wenigs-tens diese Briefe!
WUPP
PLOFF
Keine Chance!
HEPP
„Meine Liebe zu dir ist wie ...“
Ich will's nicht hören!
Urk!
Mein Meisterwerk!
Alles in Ord-nung?!
Ich geb nicht auf!
PTSCHING!

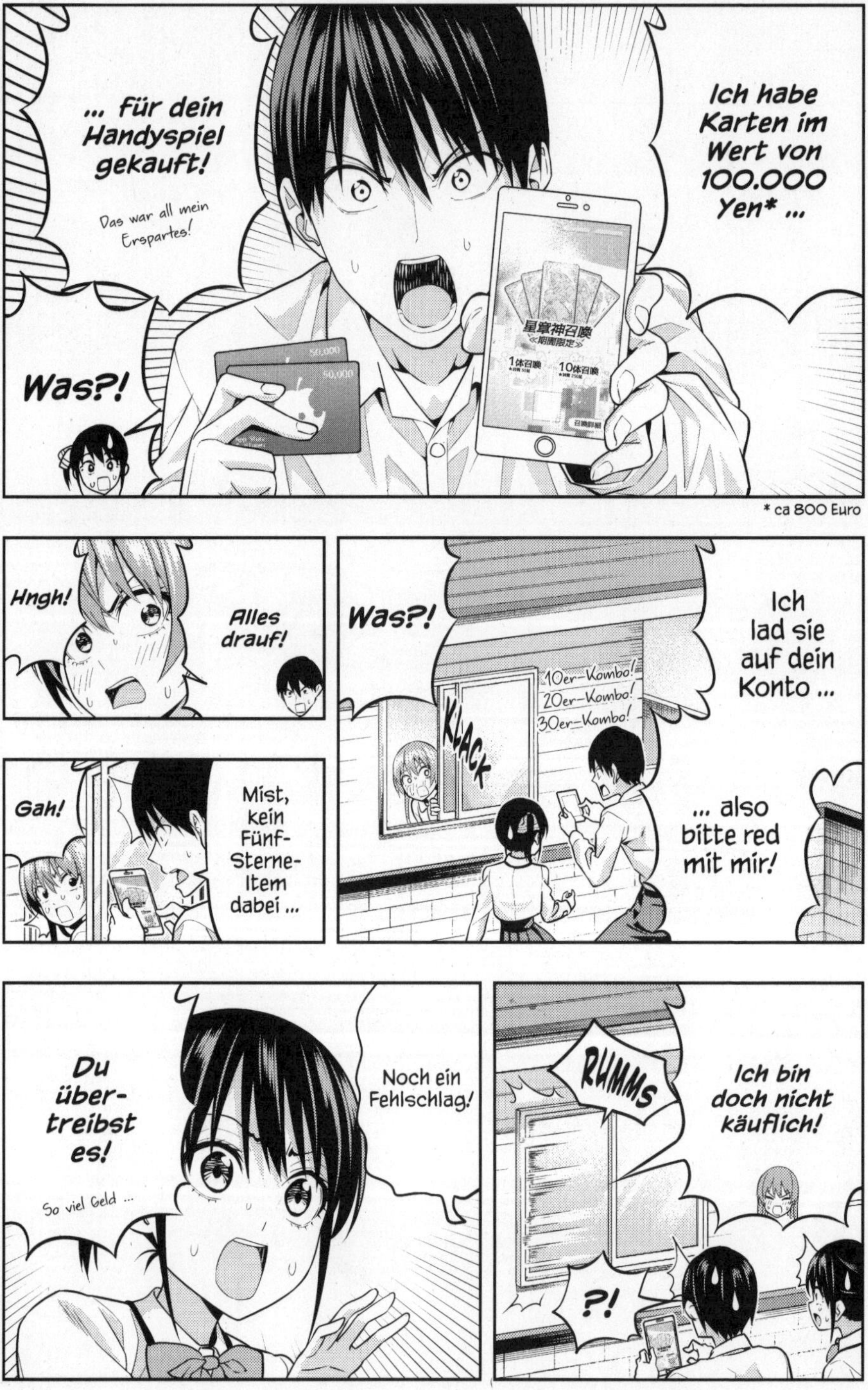
Ich habe Karten im Wert von 100.000 Yen* ...
... für dein Handyspiel gekauft!
Das war all mein Erspartes!
Was?!
Ich lad sie auf dein Konto ...
Was?!
10er-Kombo!
20er-Kombo!
30er-Kombo!
KLACK
... also bitte red mit mir!
Alles drauf!
Hngh!
Mist, kein Fünf-Sterne-Item dabei ...
Gah!
Ich bin doch nicht käuflich!
RUMMS
?!
Noch ein Fehlschlag!
Du übertreibst es!
So viel Geld ...

* ca 800 Euro

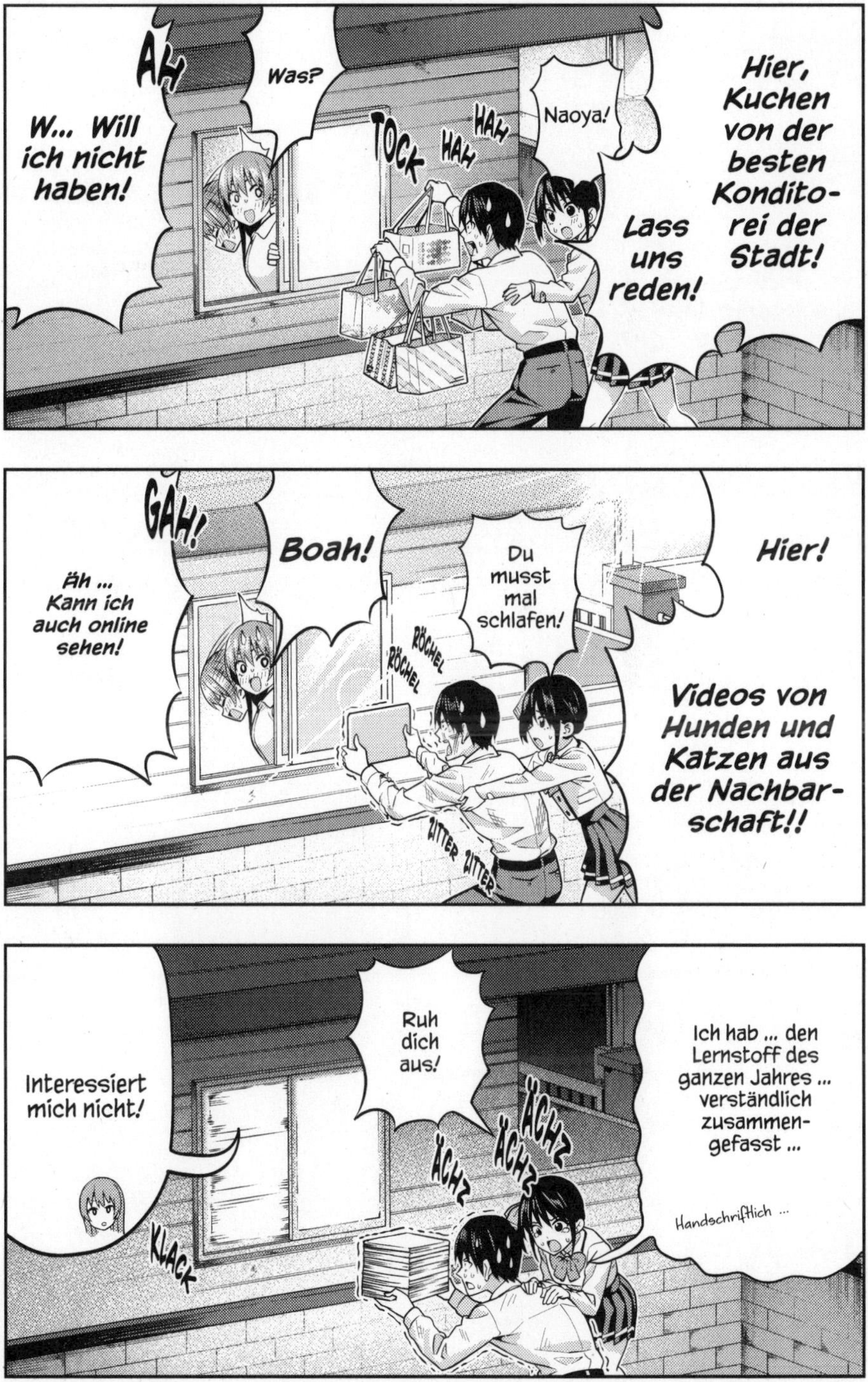
Hier, Kuchen von der besten Konditorei der Stadt!
Lass uns reden!
Naoya!
HAH HAH
TOCK
Was?
AH
W... Will ich nicht haben!
Hier!
Videos von Hunden und Katzen aus der Nachbarschaft!!
Du musst mal schlafen!
RÖCHEL RÖCHEL
ZITTER ZITTER
Boah!
GAH!
Äh ... Kann ich auch online sehen!
Ich hab ... den Lernstoff des ganzen Jahres ... verständlich zusammengefasst ...
Handschriftlich ...
ÄCHZ ÄCHZ ÄCHZ
Ruh dich aus!
Interessiert mich nicht!
KLACK

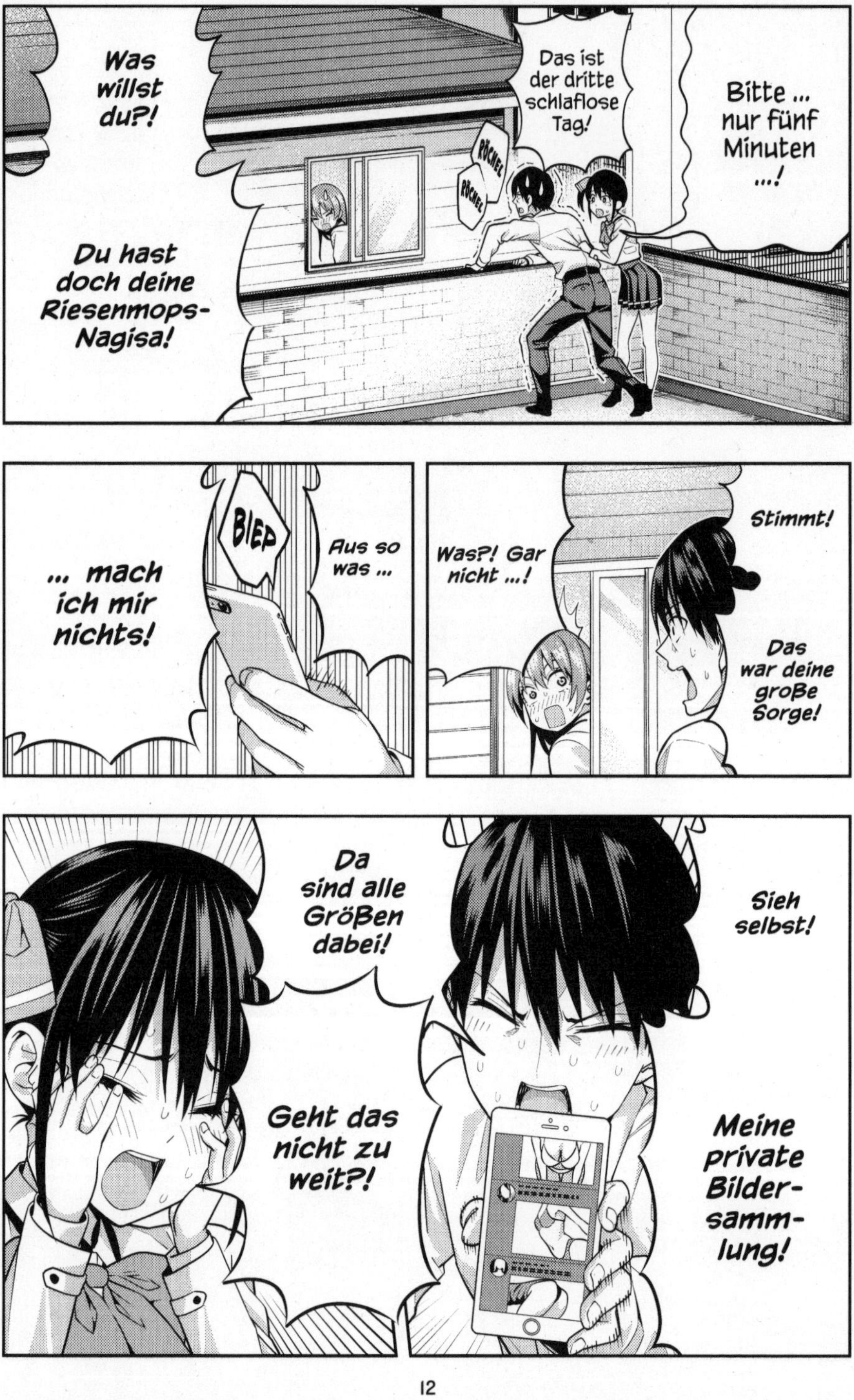
Bitte ... nur fünf Minuten ...!
Das ist der dritte schlaflose Tag!
RÖCHEL
RÖCHEL
Was willst du?!
Du hast doch deine Riesenmops-Nagisa!
Stimmt!
Das war deine große Sorge!
Was?! Gar nicht ...!
Aus so was ...
BIEP
... mach ich mir nichts!
Sieh selbst!
Meine private Bilder-sammlung!
Da sind alle Größen dabei!
Geht das nicht zu weit?!

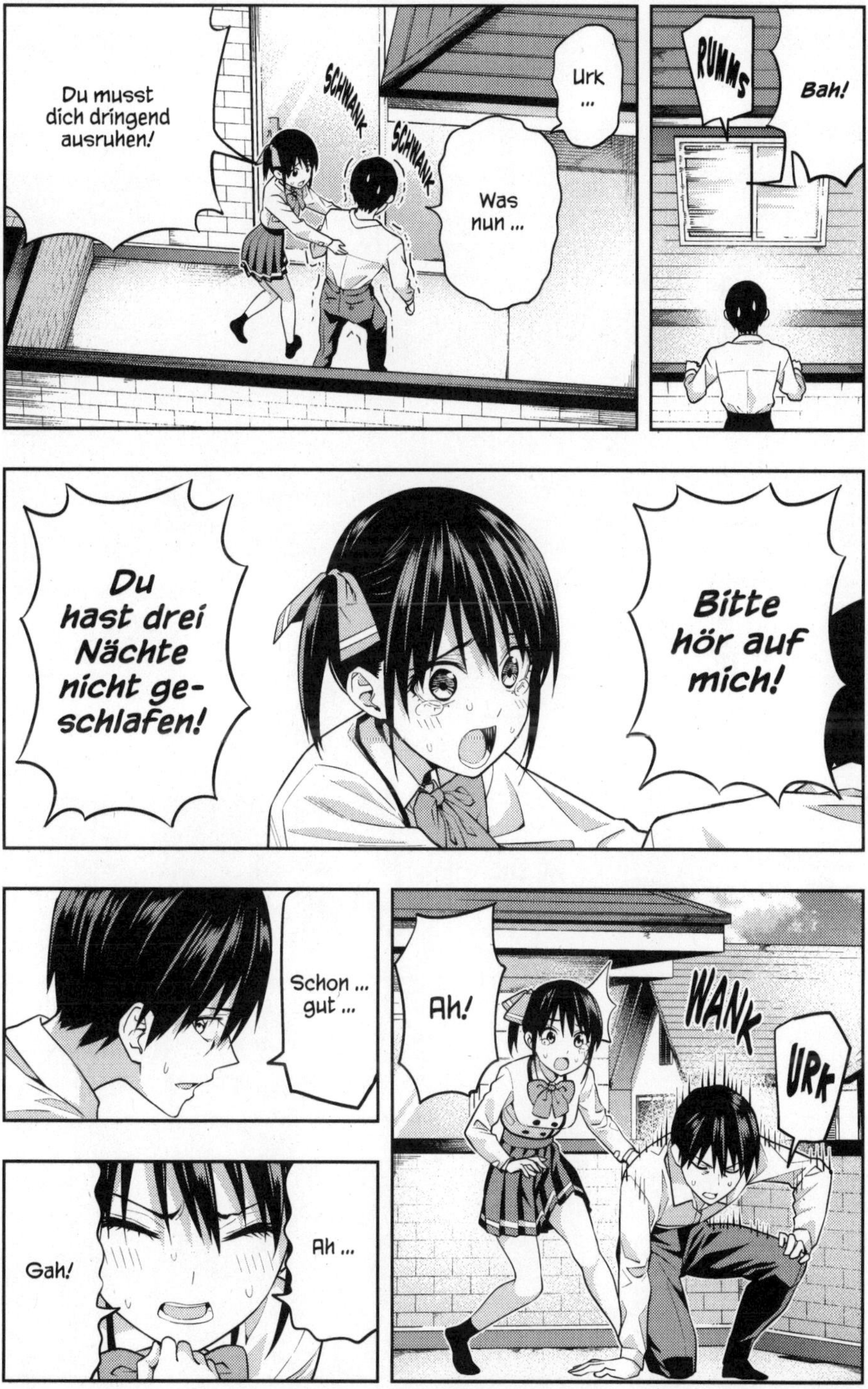
RUMMS
Bah!
Urk ...
Was nun ...
SCHWANK
SCHWANK
Du musst dich dringend ausruhen!
Bitte hör auf mich!
Du hast drei Nächte nicht geschlafen!
WANK
URK
Ah!
Schon ... gut ...
Ah ...
Gah!

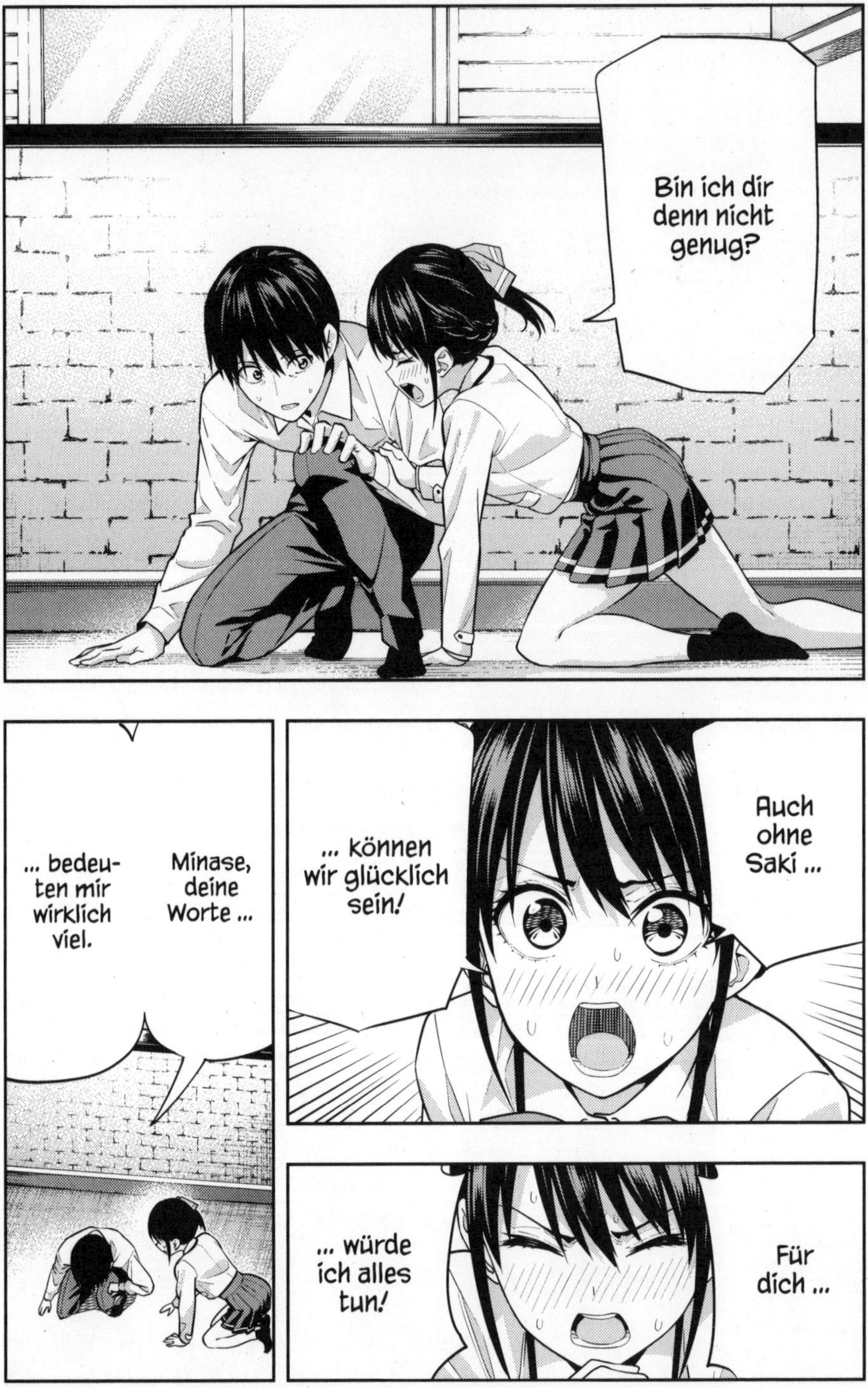
Bin ich dir denn nicht genug?
Auch ohne Saki ...
... können wir glücklich sein!
Für dich ...
... würde ich alles tun!
Minase, deine Worte ...
... bedeuten mir wirklich viel.

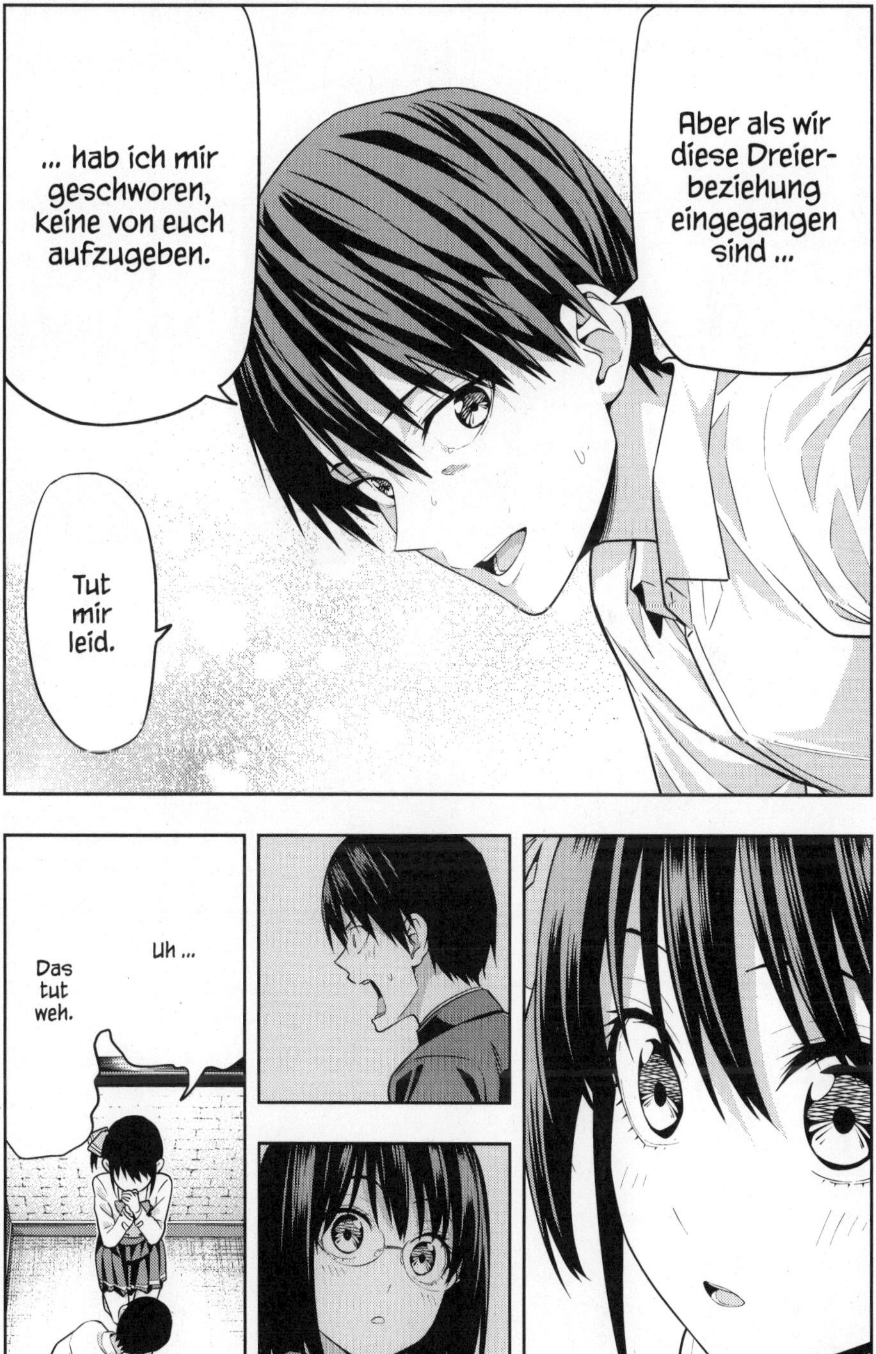

Aber als wir diese Dreierbeziehung eingegangen sind ...
... hab ich mir geschworen, keine von euch aufzugeben.
Tut mir leid.
Uh ...
Das tut weh.

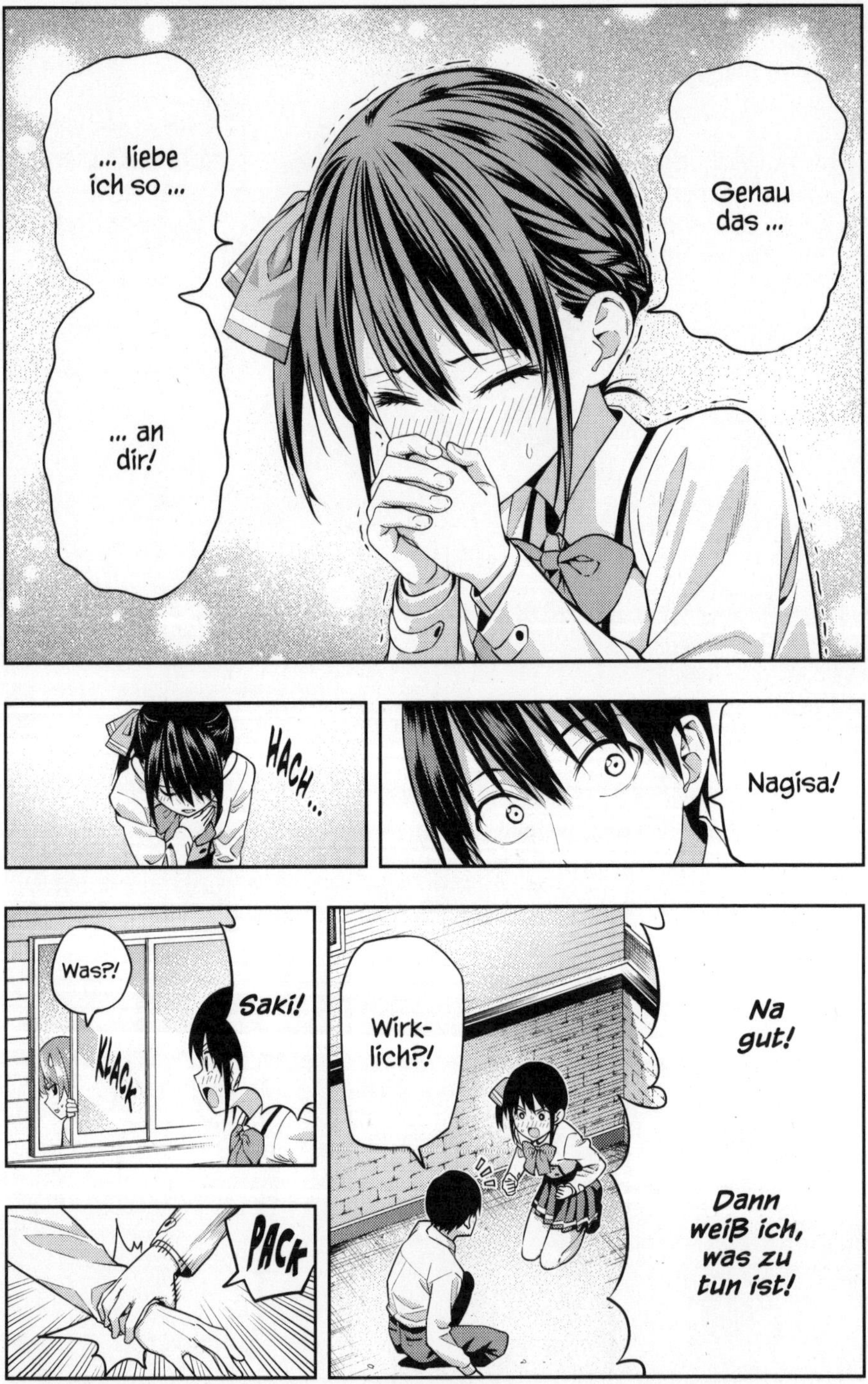
Genau das ...
... liebe ich so ...
... an dir!
Nagisa!
HACH ...
Na gut!
Dann weiß ich, was zu tun ist!
Wirk-lich?!
Saki!
Was?!
KLACK
PACK

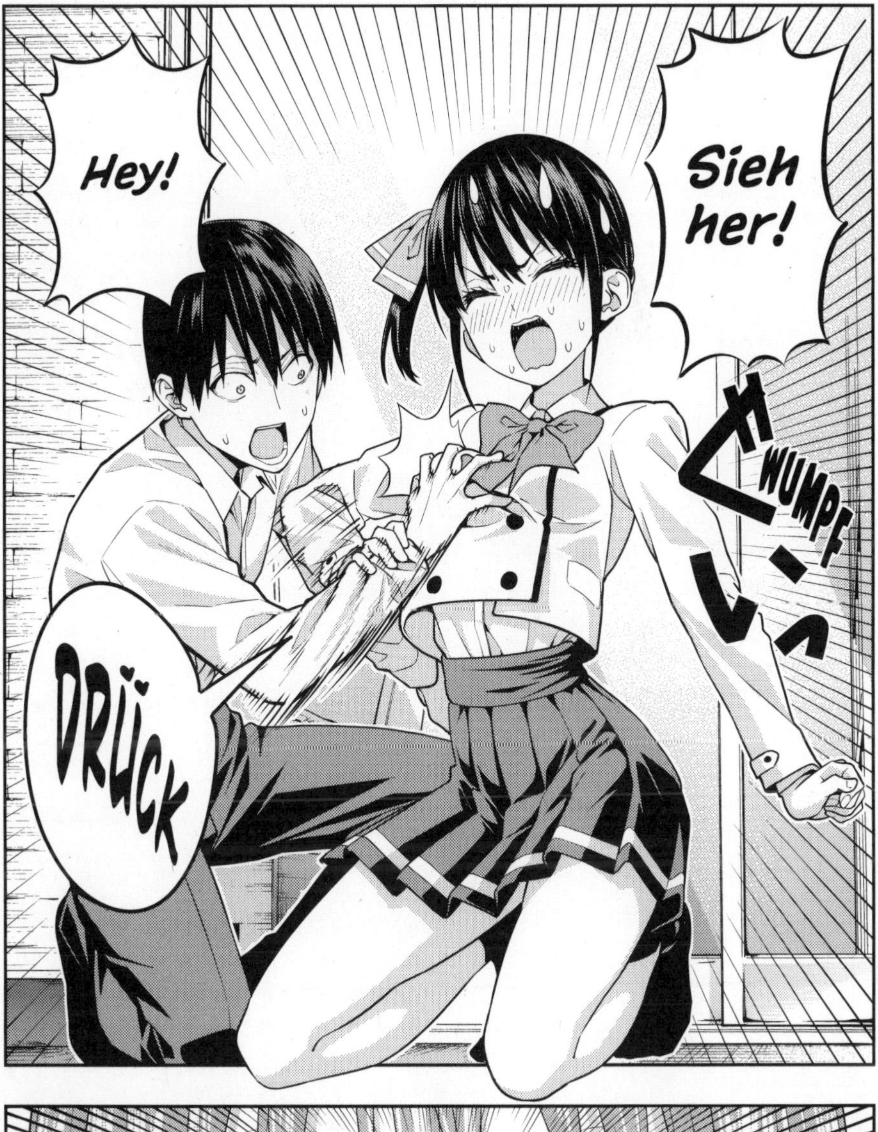
Sieh her!
Hey!
WUMPF
DRÜCK

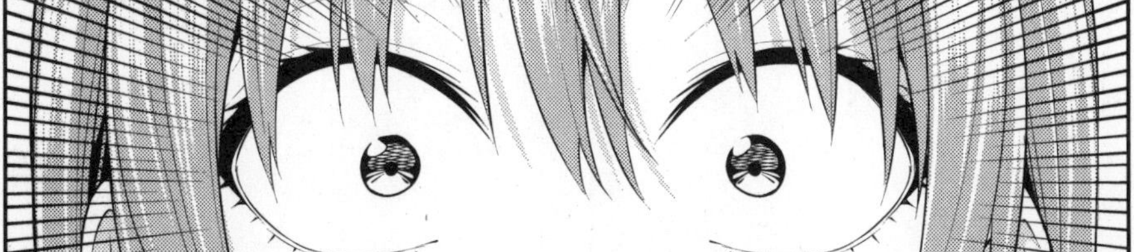

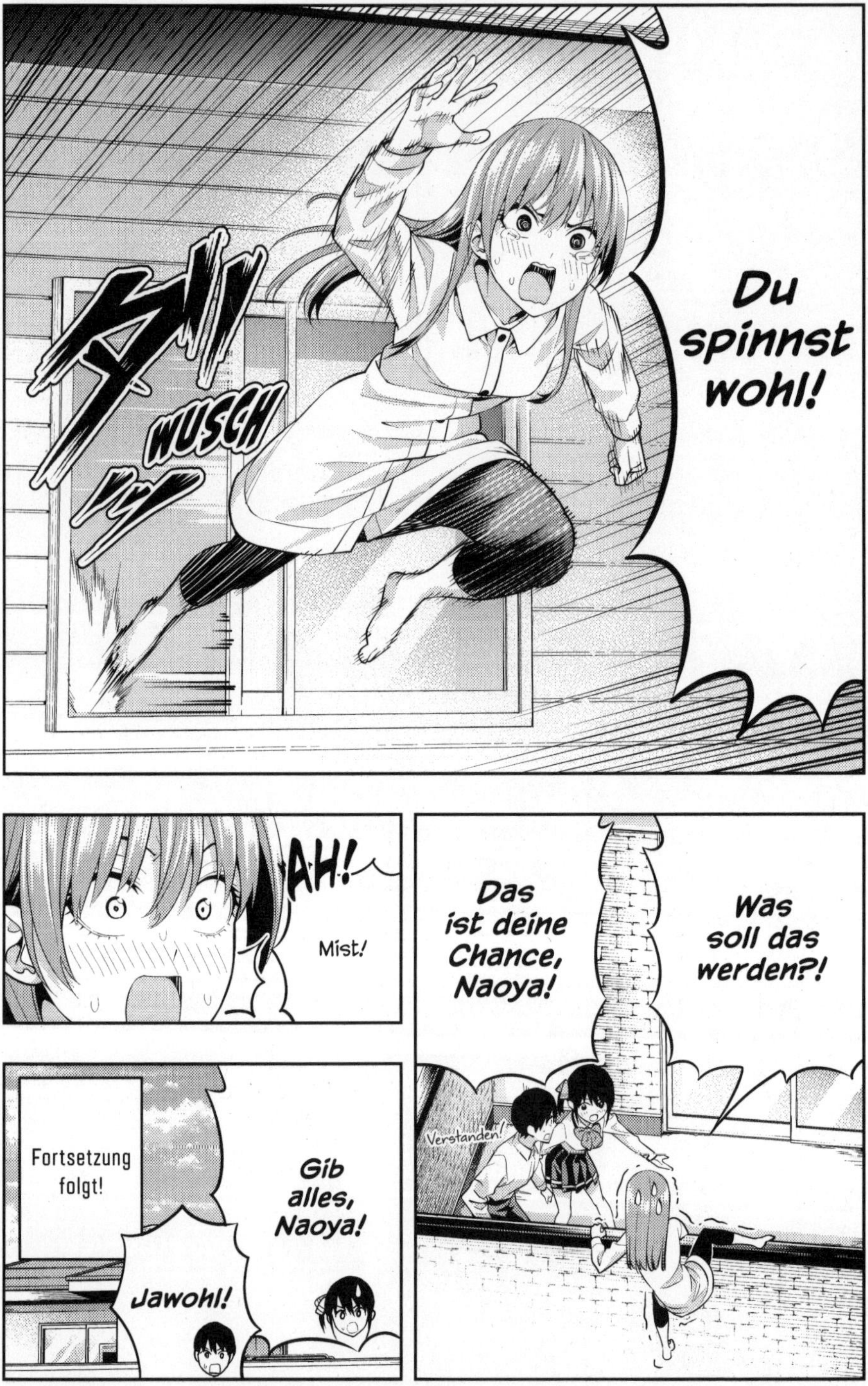
WUSCH
Du spinnst wohl!
Was soll das werden?!
Das ist deine Chance, Naoya!
Verstanden!
AH!
Mist!
Gib alles, Naoya!
Jawohl!
Fortsetzung folgt!

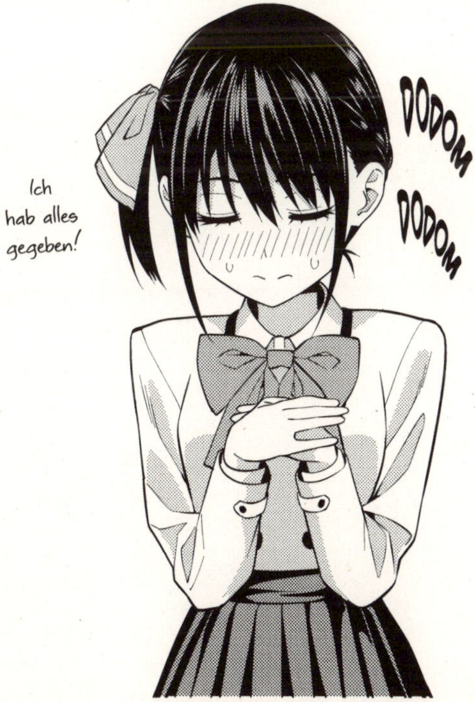
Ich hab alles gegeben!
DODOM
DODOM

HIROYUKI

KANOJO MO KANOJO

Gelegenheit macht Liebe

Kapitel 11: Sakis Gründe

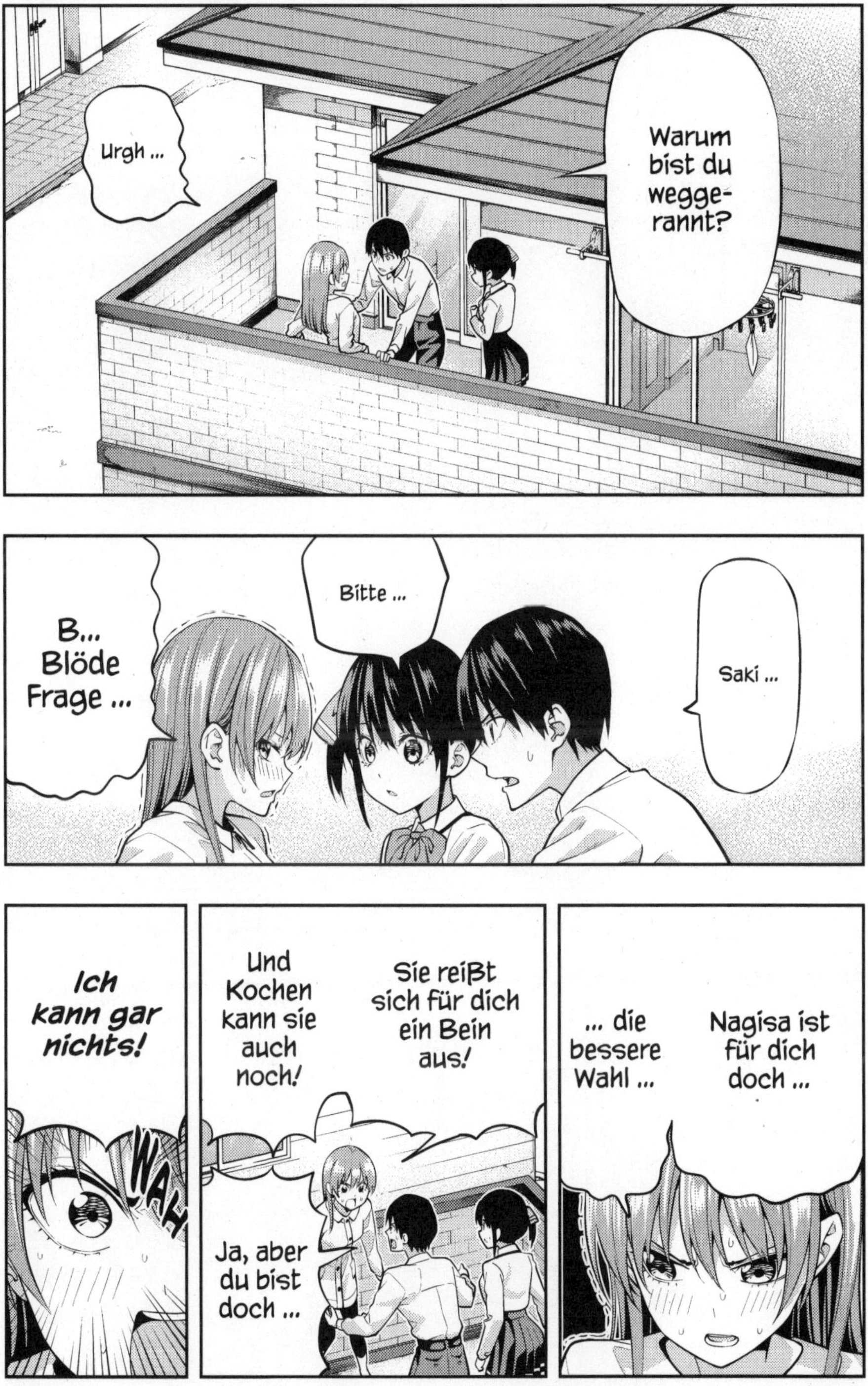

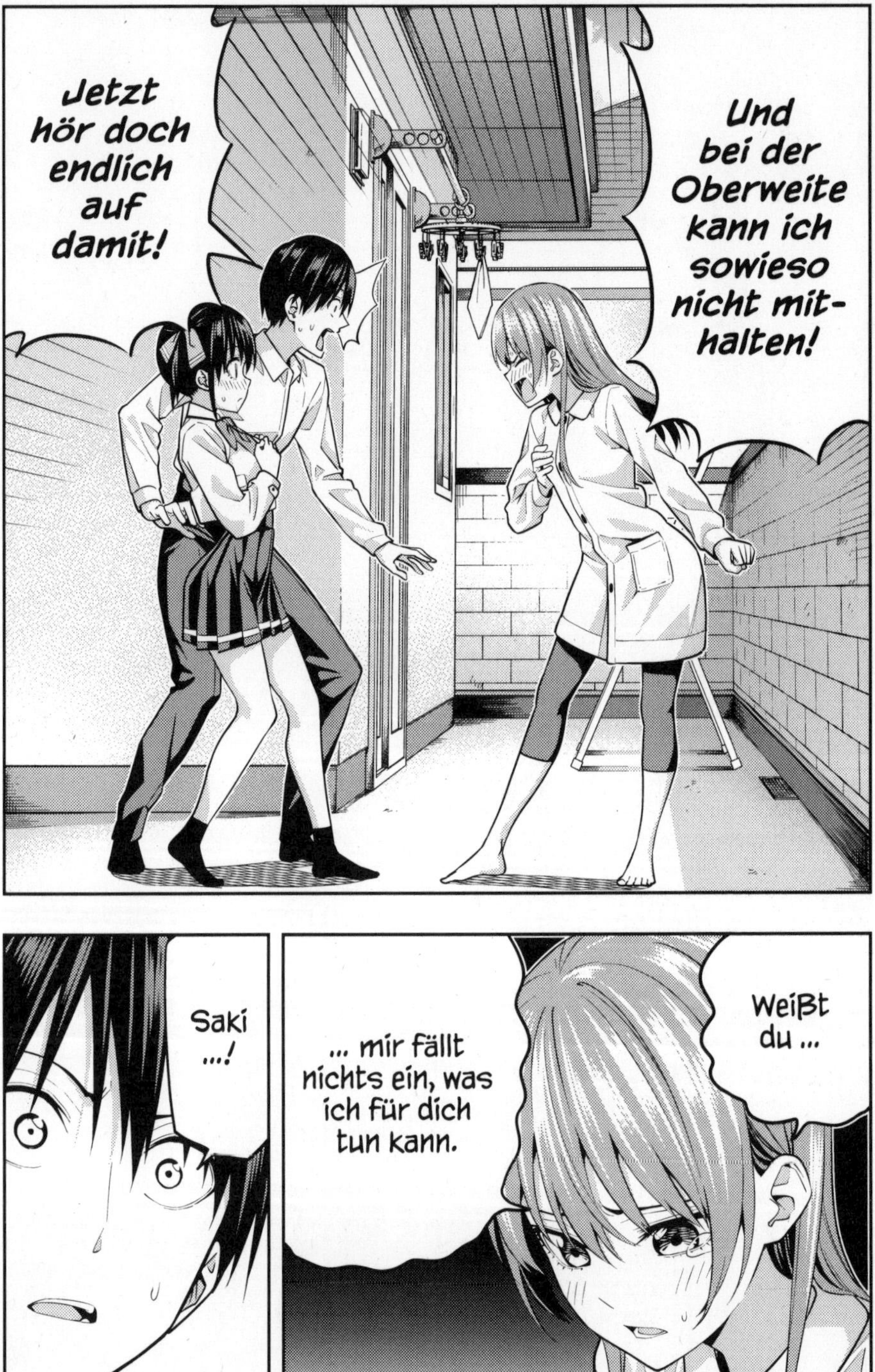
Und bei der Oberweite kann ich sowieso nicht mit-halten!
Jetzt hör doch endlich auf damit!
Weißt du ...
... mir fällt nichts ein, was ich für dich tun kann.
Saki ...!

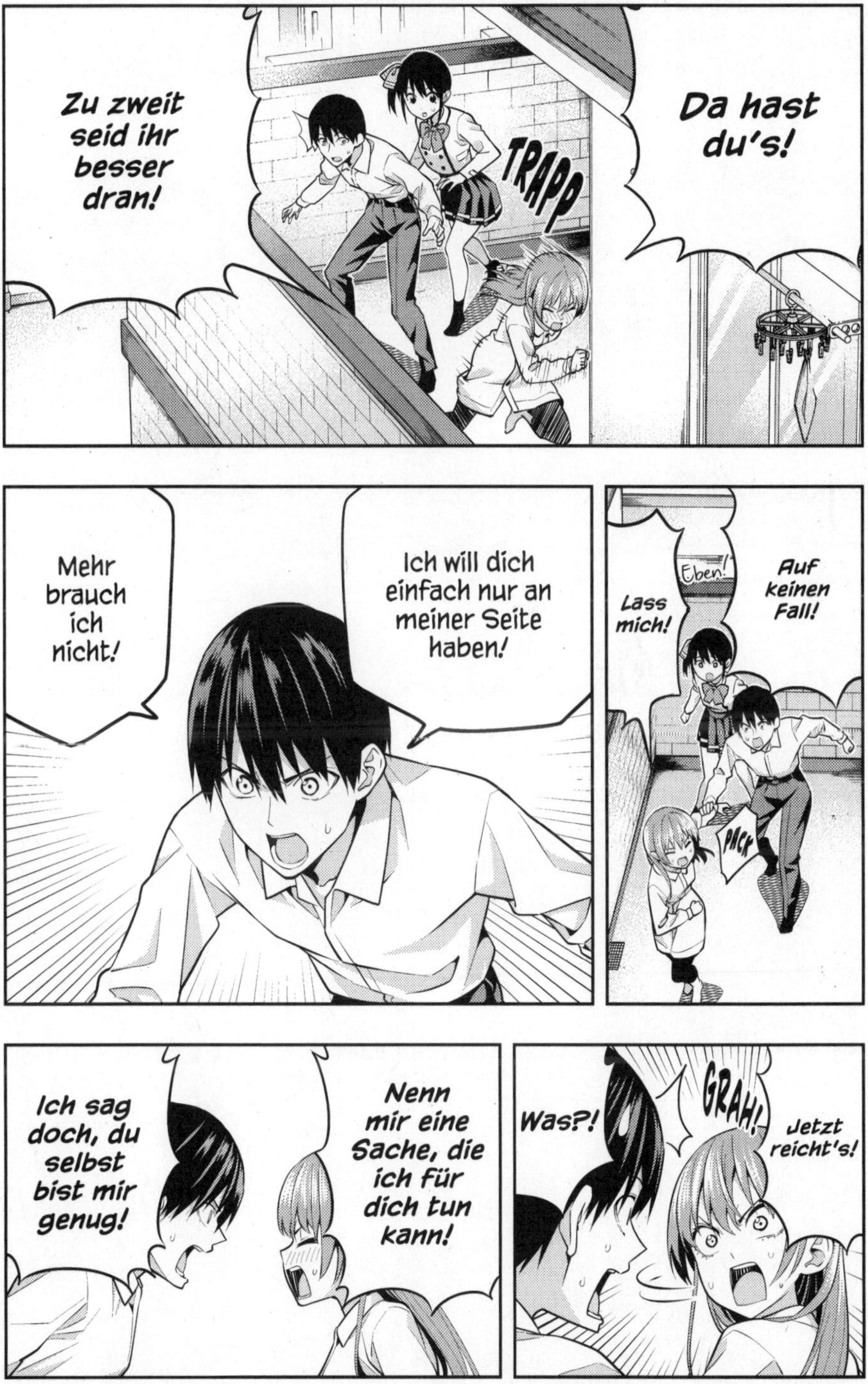
Da hast du's!
TRAPP
Zu zweit seid ihr besser dran!
Auf keinen Fall!
Eben!
Lass mich!
PACK
Ich will dich einfach nur an meiner Seite haben!
Mehr brauch ich nicht!
Jetzt reicht's!
GRAH!
Was?!
Nenn mir eine Sache, die ich für dich tun kann!
Ich sag doch, du selbst bist mir genug!

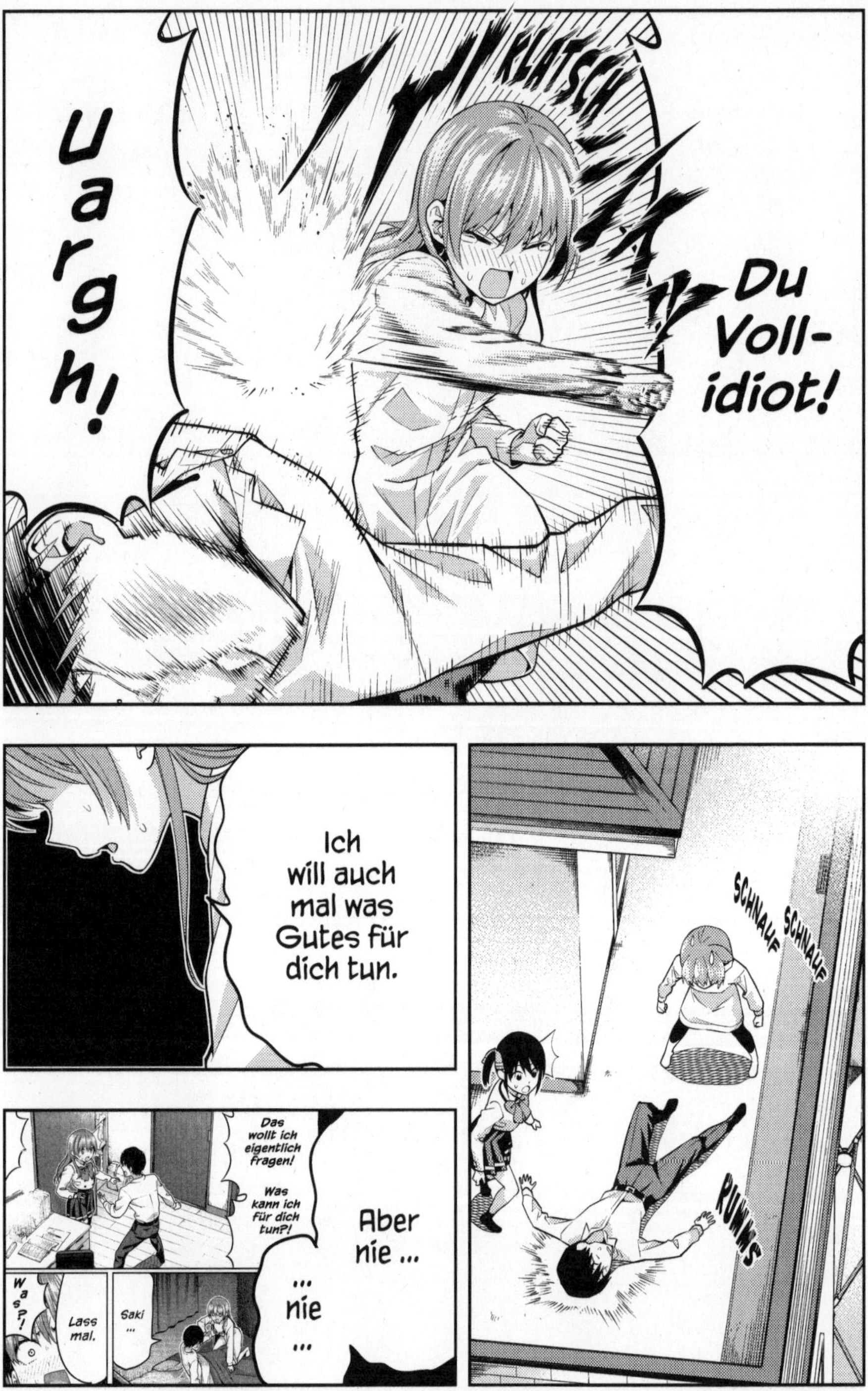
KLATSCH
Du Voll-idiot!
Uargh!
SCHNAUF
SCHNAUF
RUMMS
Ich will auch mal was Gutes für dich tun.
Aber nie ...
... nie ...
Das wollt ich eigentlich fragen!
Was kann ich für dich tun?!
Saki ...
Lass mal.
Was?!

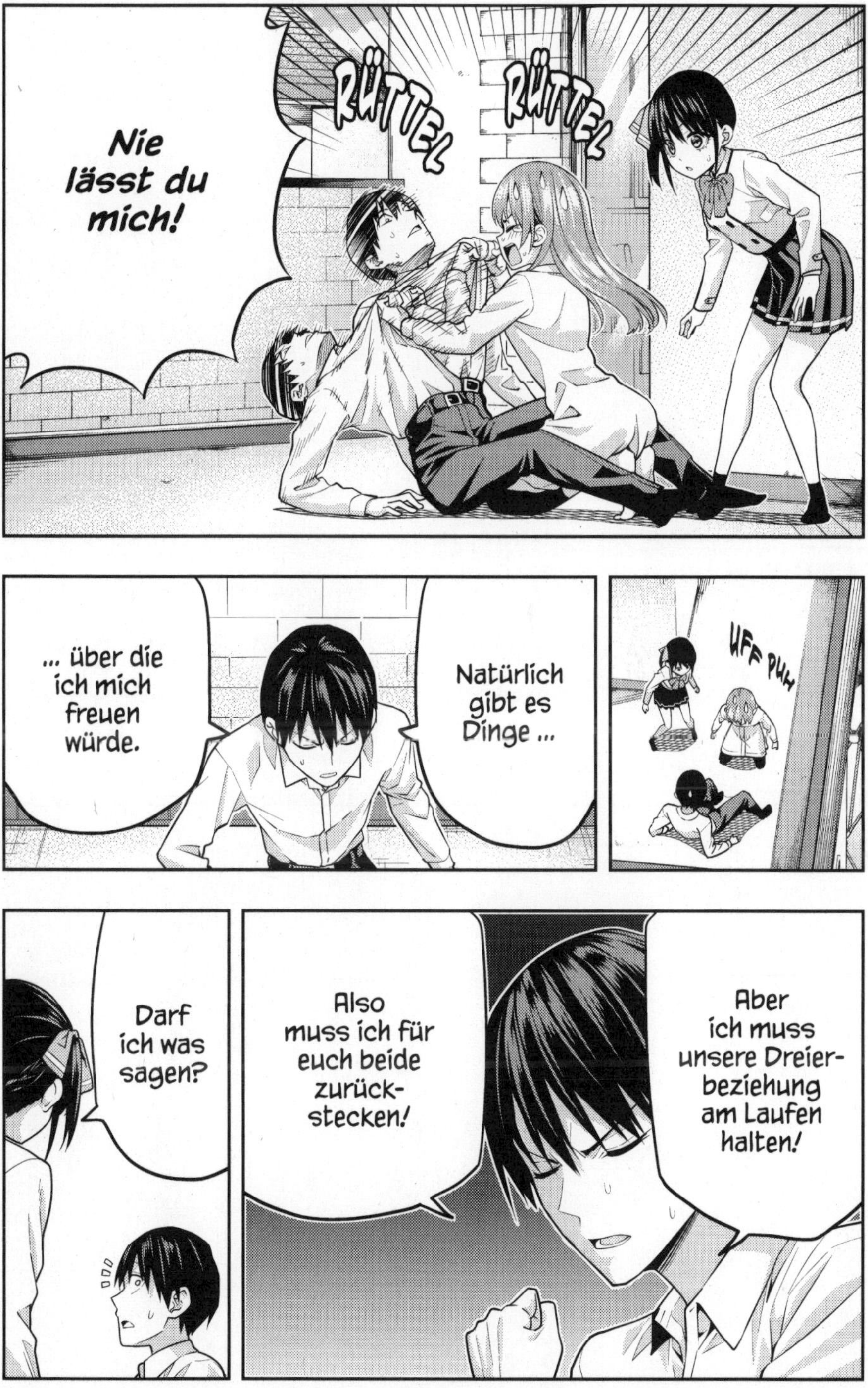
RÜTTEL
RÜTTEL
Nie lässt du mich!
UFF PUH
Natürlich gibt es Dinge ...
... über die ich mich freuen würde.
Aber ich muss unsere Dreier-beziehung am Laufen halten!
Also muss ich für euch beide zurück-stecken!
Darf ich was sagen?

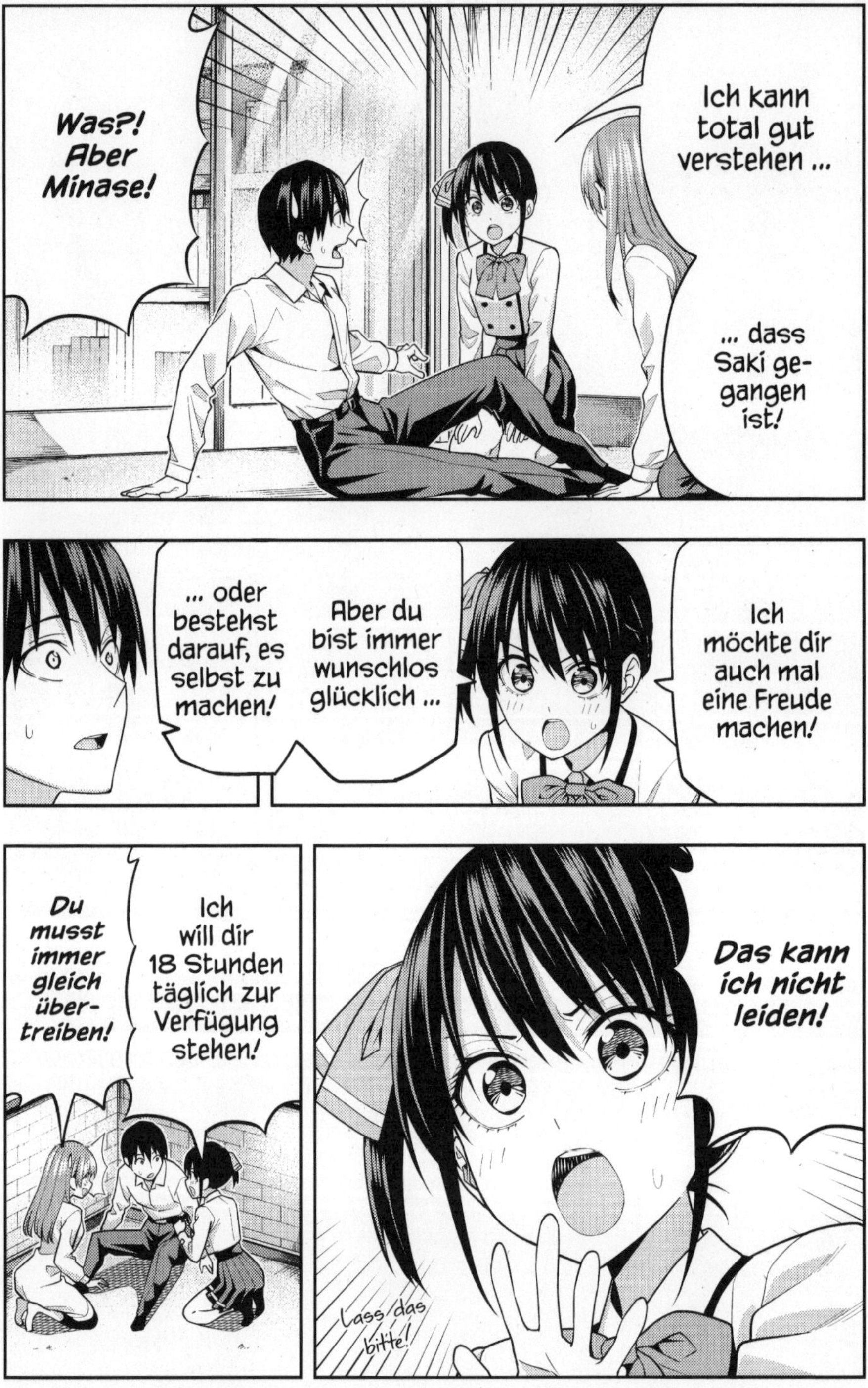
Ich kann total gut verstehen ...
... dass Saki gegangen ist!
Was?! Aber Minase!
Ich möchte dir auch mal eine Freude machen!
Aber du bist immer wunschlos glücklich ...
... oder bestehst darauf, es selbst zu machen!
Das kann ich nicht leiden!
Lass das bitte!
Ich will dir 18 Stunden täglich zur Verfügung stehen!
Du musst immer gleich übertreiben!

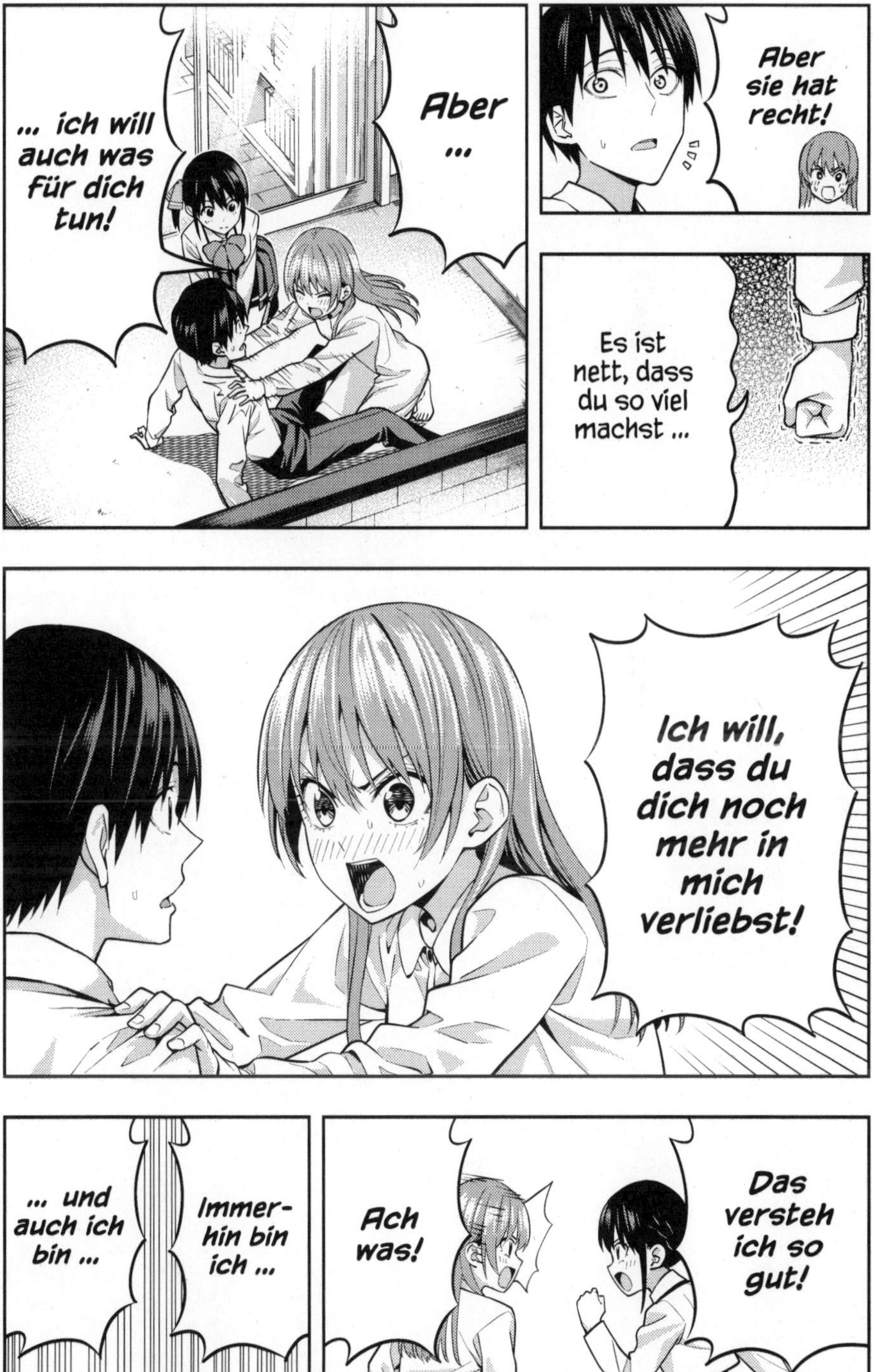
Aber sie hat recht!
Es ist nett, dass du so viel machst ...
Aber ...
... ich will auch was für dich tun!
Ich will, dass du dich noch mehr in mich verliebst!
Das versteh ich so gut!
Ach was!
Immer-hin bin ich ...
... und auch ich bin ...

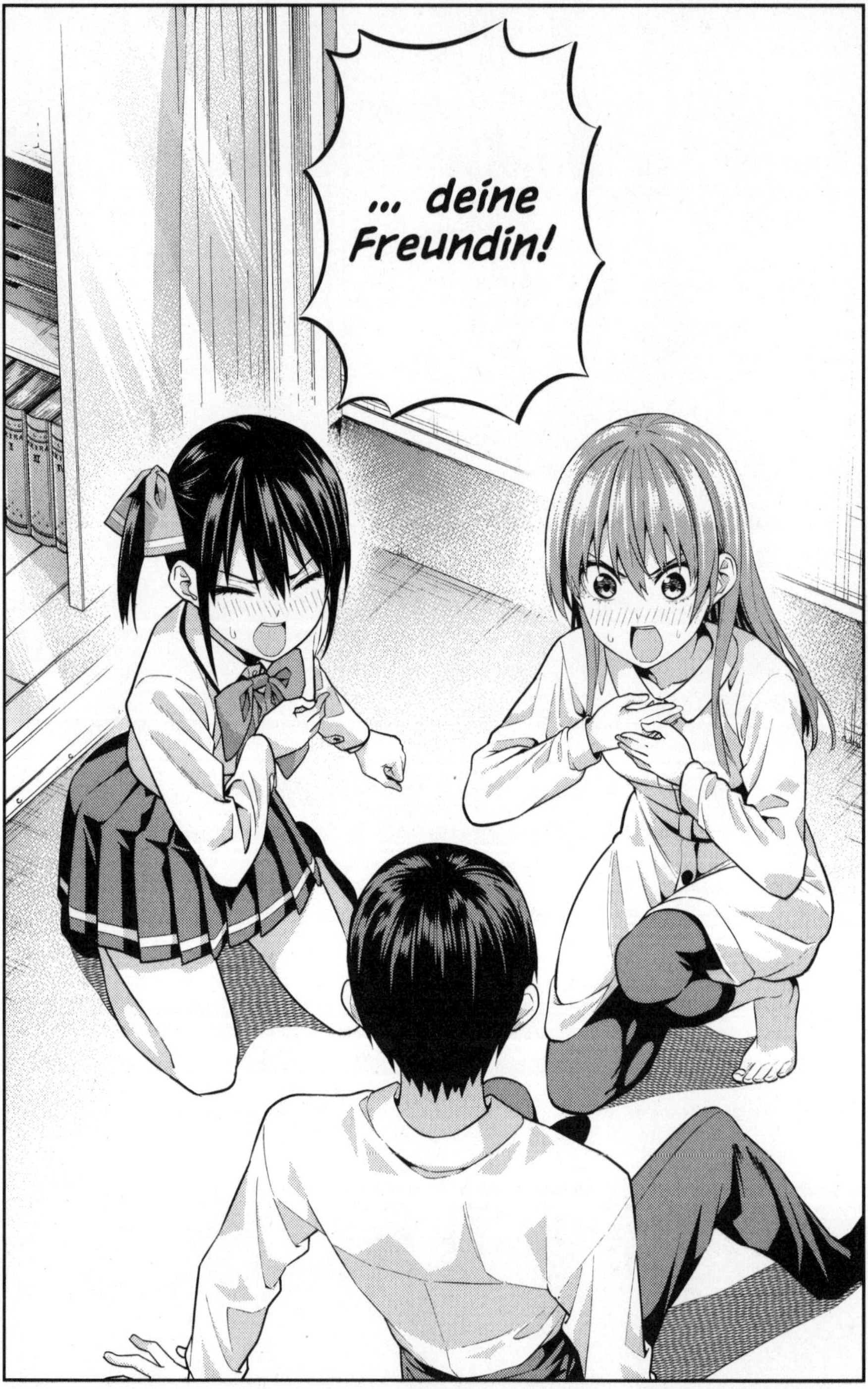
... deine Freundin!

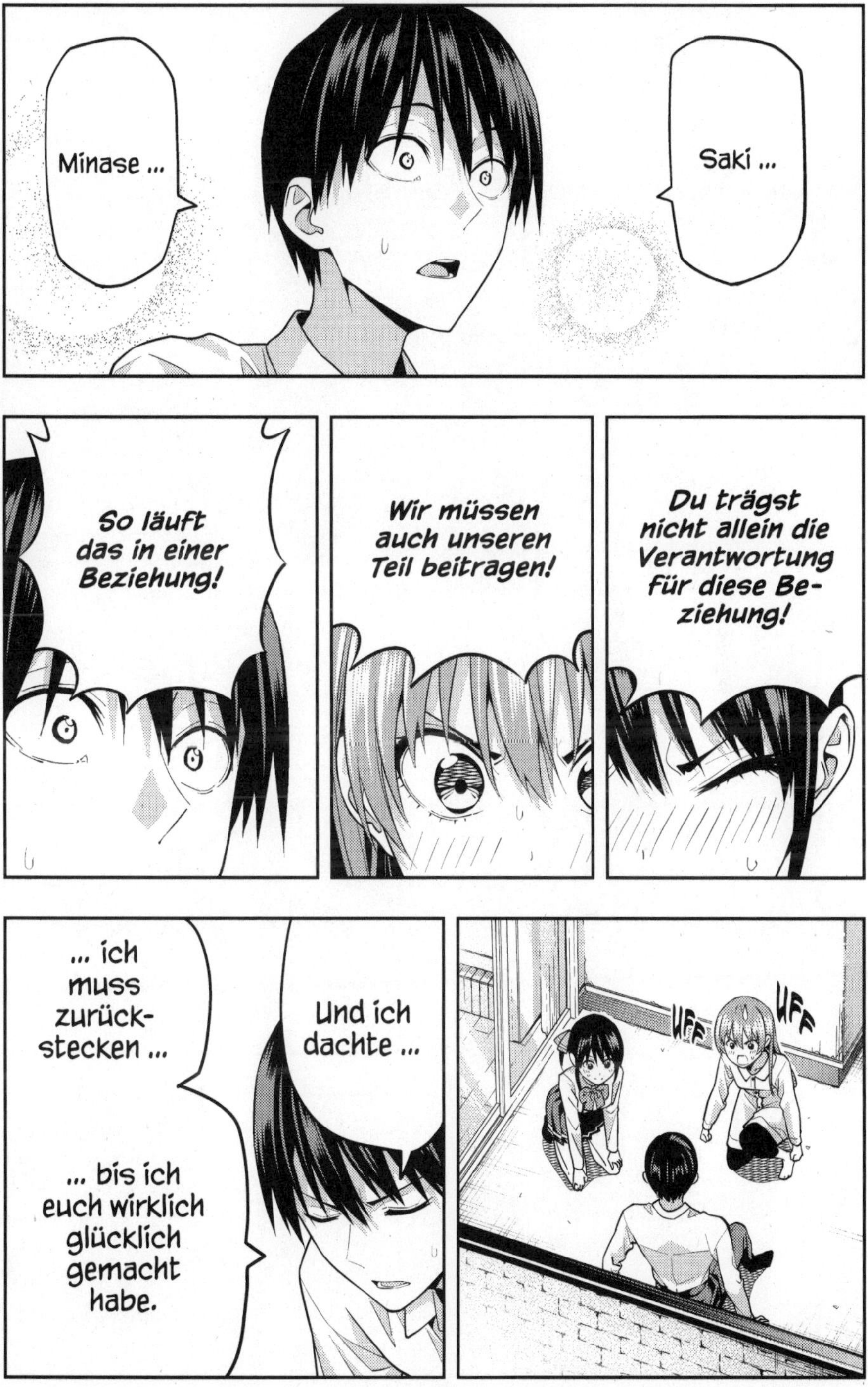
Saki ...
Minase ...
Du trägst nicht allein die Verantwortung für diese Beziehung!
Wir müssen auch unseren Teil beitragen!
So läuft das in einer Beziehung!
UFF
UFF
Und ich dachte ...
... ich muss zurückstecken ...
... bis ich euch wirklich glücklich gemacht habe.

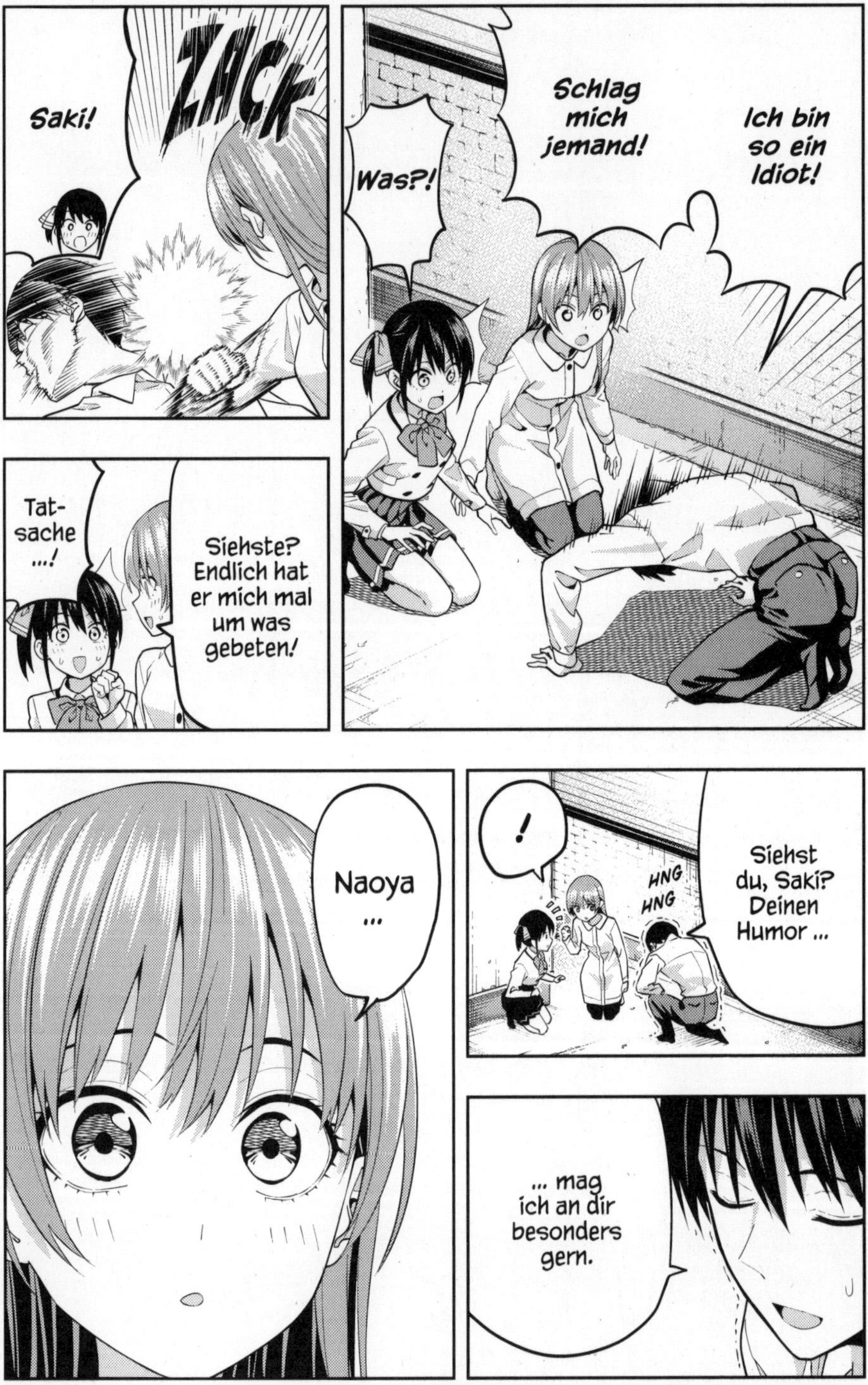
Ich bin so ein Idiot!
Schlag mich jemand!
Was?!
ZACK
Saki!
Siehste? Endlich hat er mich mal um was gebeten!
Tat-sache ...!
Siehst du, Saki? Deinen Humor ...
HNG HNG
!
... mag ich an dir besonders gern.
Naoya ...

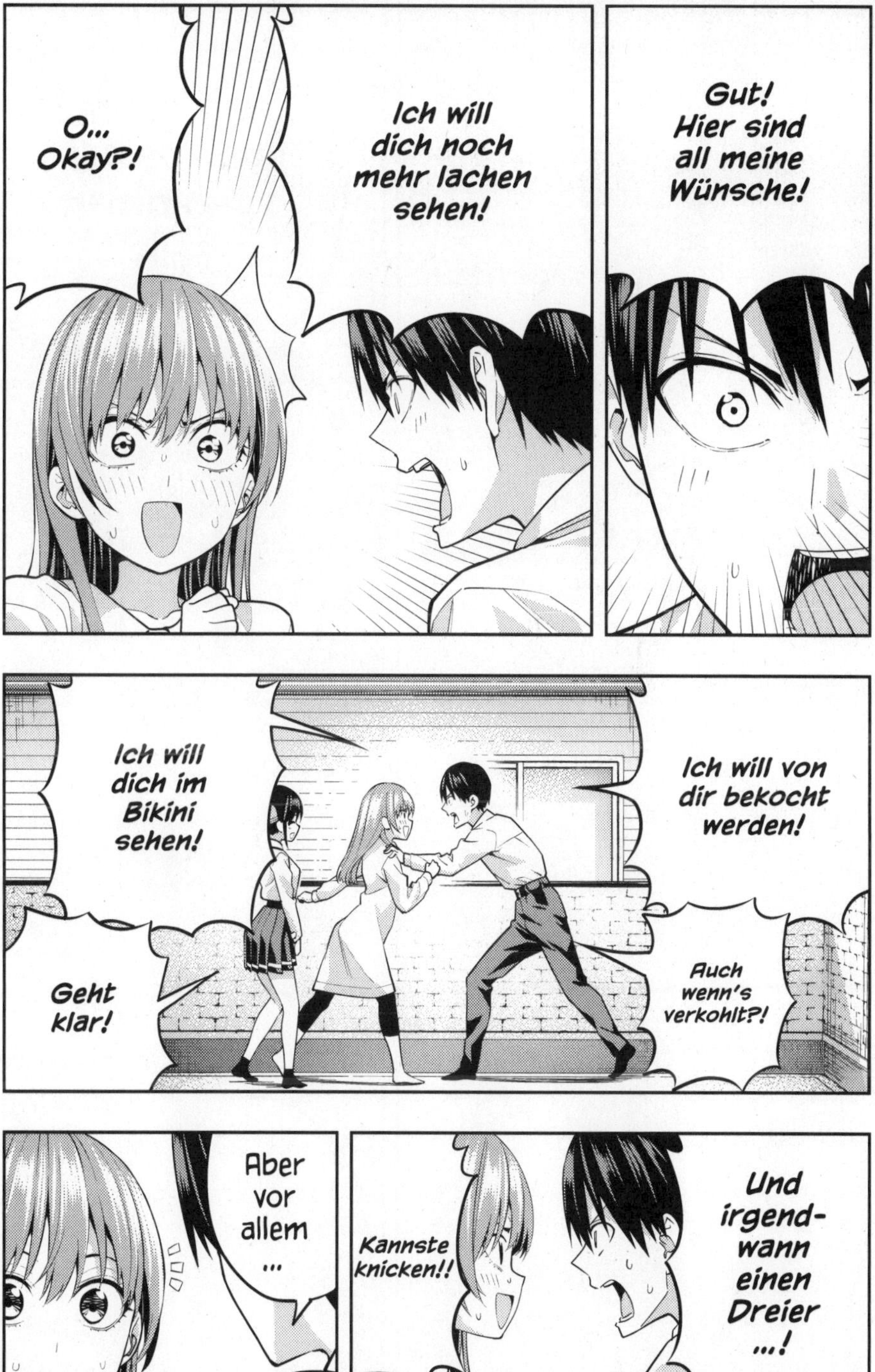
Ich will dich noch mehr lachen sehen!
O... Okay?!
Gut! Hier sind all meine Wünsche!
Ich will dich im Bikini sehen!
Geht klar!
Ich will von dir bekocht werden!
Auch wenn's verkohlt?!
Aber vor allem ...
Und irgend-wann einen Dreier ...!
Kannste knicken!!

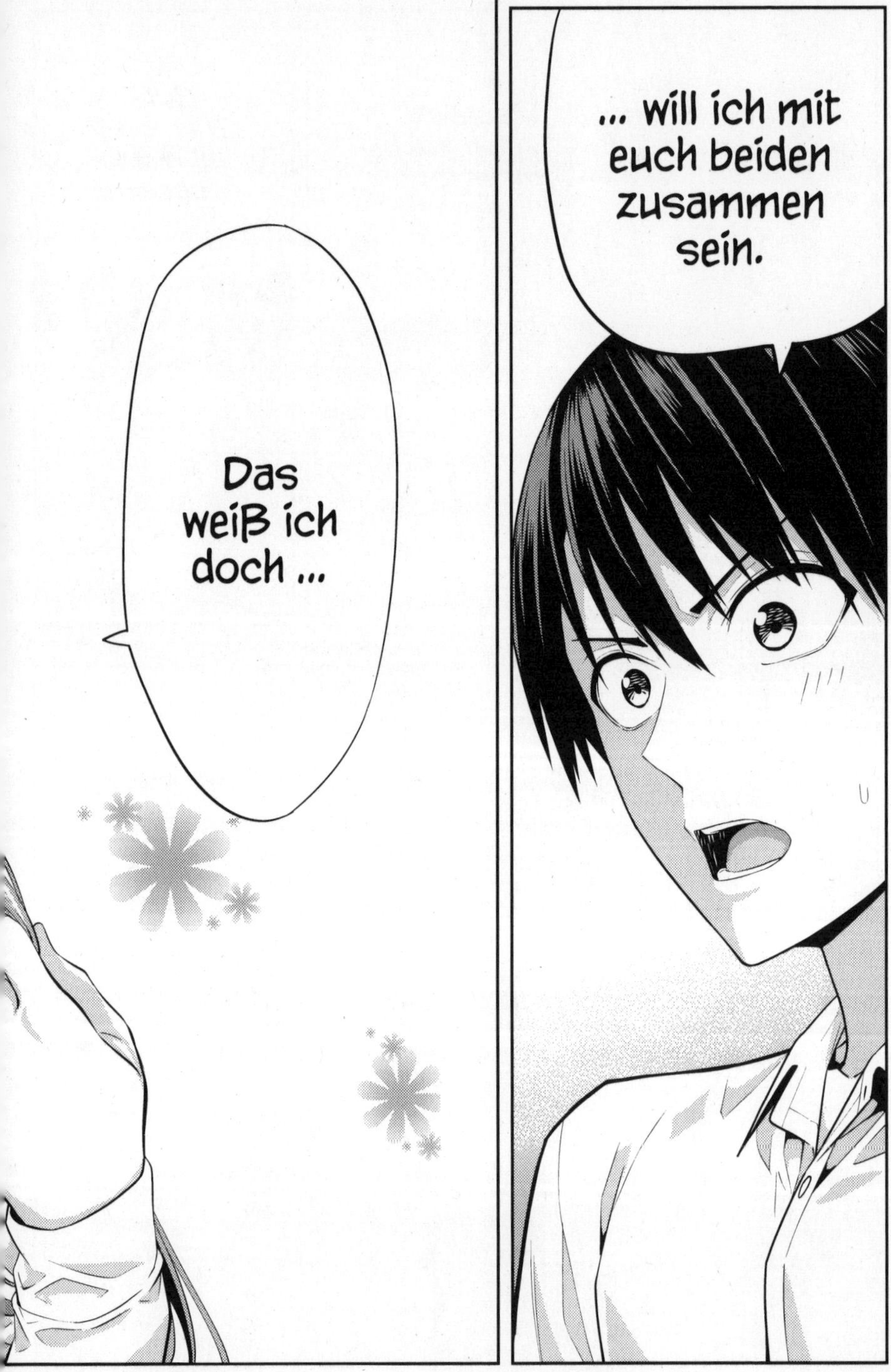
... will ich mit euch beiden zusammen sein.
Das weiß ich doch ...

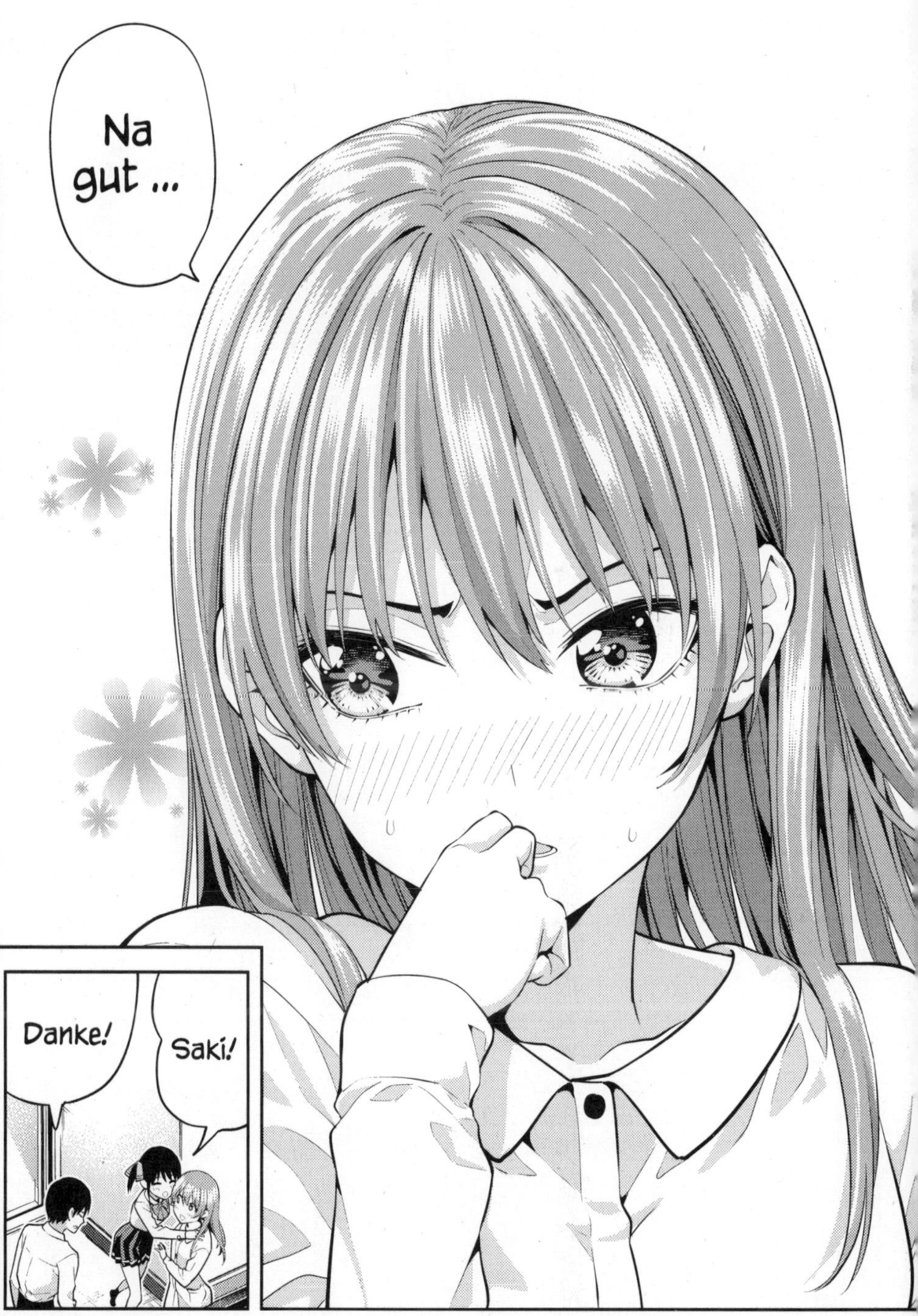
Na gut ...
Saki!
Danke!

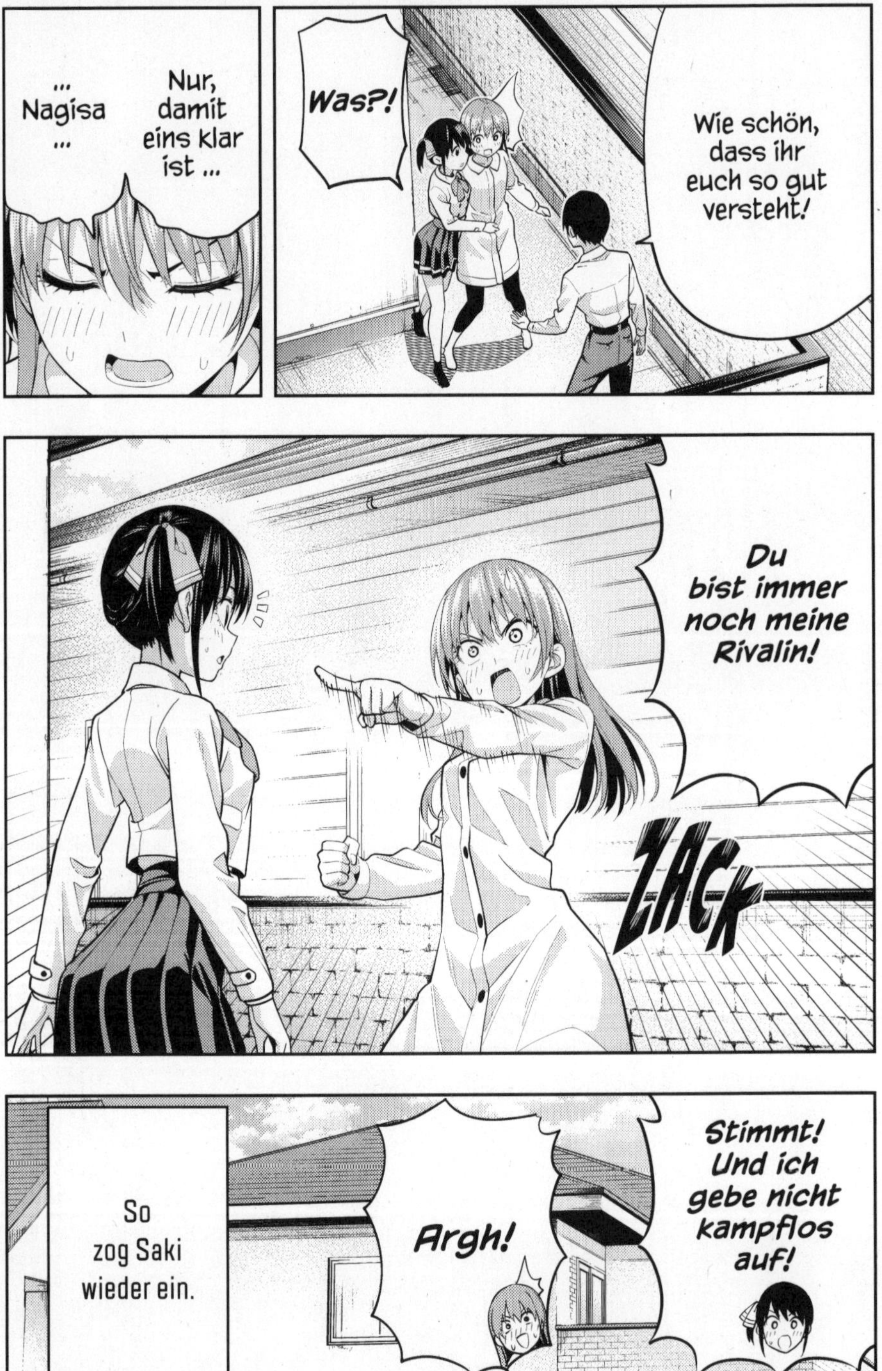
Wie schön, dass ihr euch so gut versteht!
Was?!
Nur, damit eins klar ist ...
... Nagisa ...
Du bist immer noch meine Rivalin!
ZACK
Stimmt! Und ich gebe nicht kampflos auf!
Argh!
So zog Saki wieder ein.

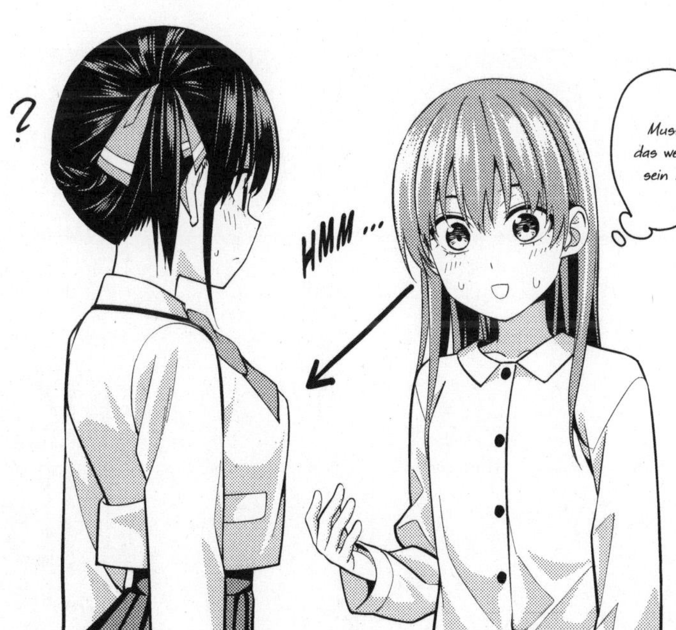

Muss das weich sein ...
HMM ...
?

HIROYUKI

KANOJO MO KANOJO

Gelegenheit macht Liebe

Kapitel 12: Die Freundinnen unter sich

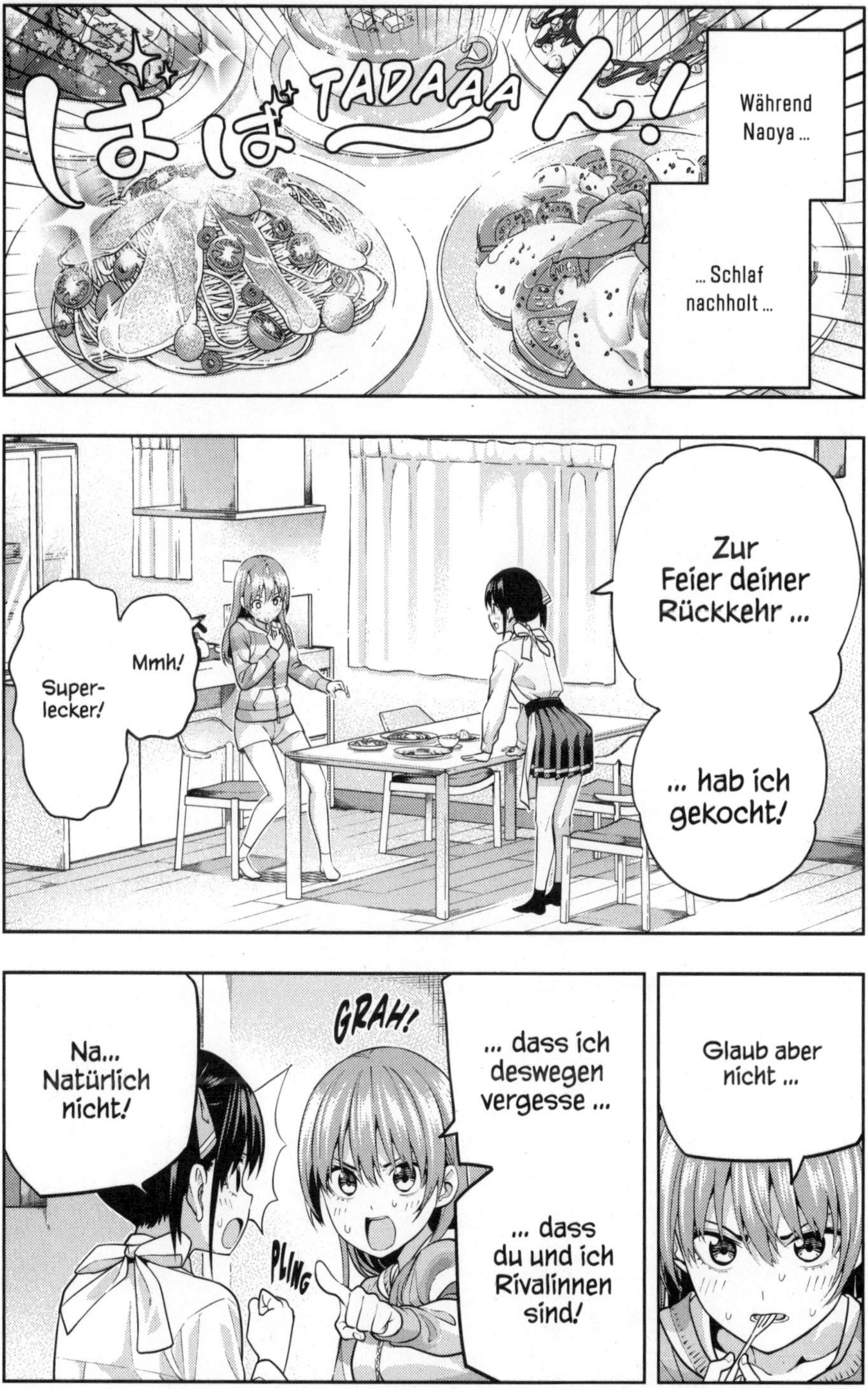

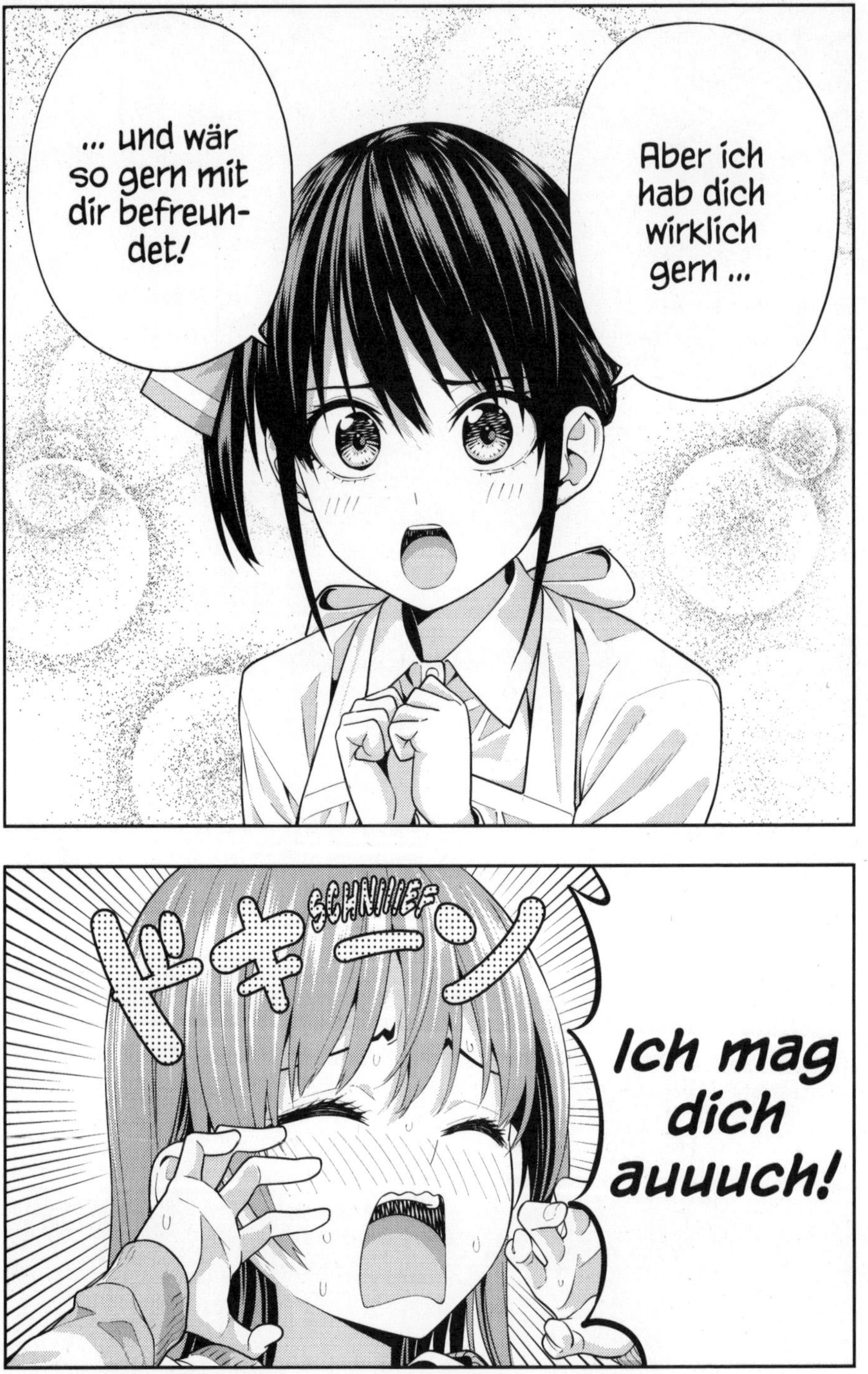
Aber ich hab dich wirklich gern ...
... und wär so gern mit dir befreundet!
ドキーン
SCHNIIIEF
Ich mag dich auuuch!

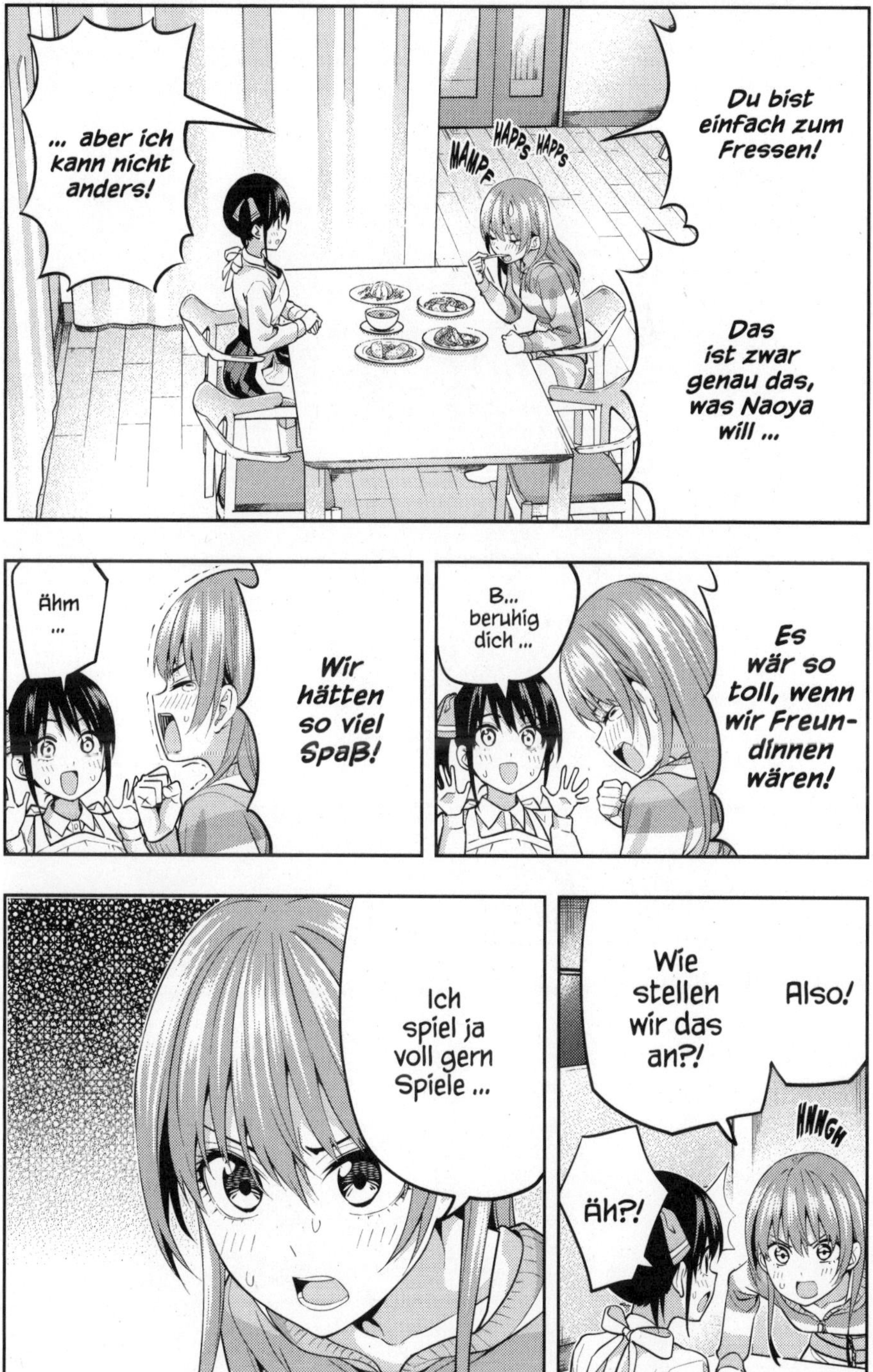
Du bist einfach zum Fressen!
HAPPS HAPPS
MAMPF
Das ist zwar genau das, was Naoya will ...
... aber ich kann nicht anders!
Es wär so toll, wenn wir Freundinnen wären!
B... beruhig dich ...
Wir hätten so viel Spaß!
Ähm ...
Also!
Wie stellen wir das an?!
HNNGH
Äh?!
Ich spiel ja voll gern Spiele ...

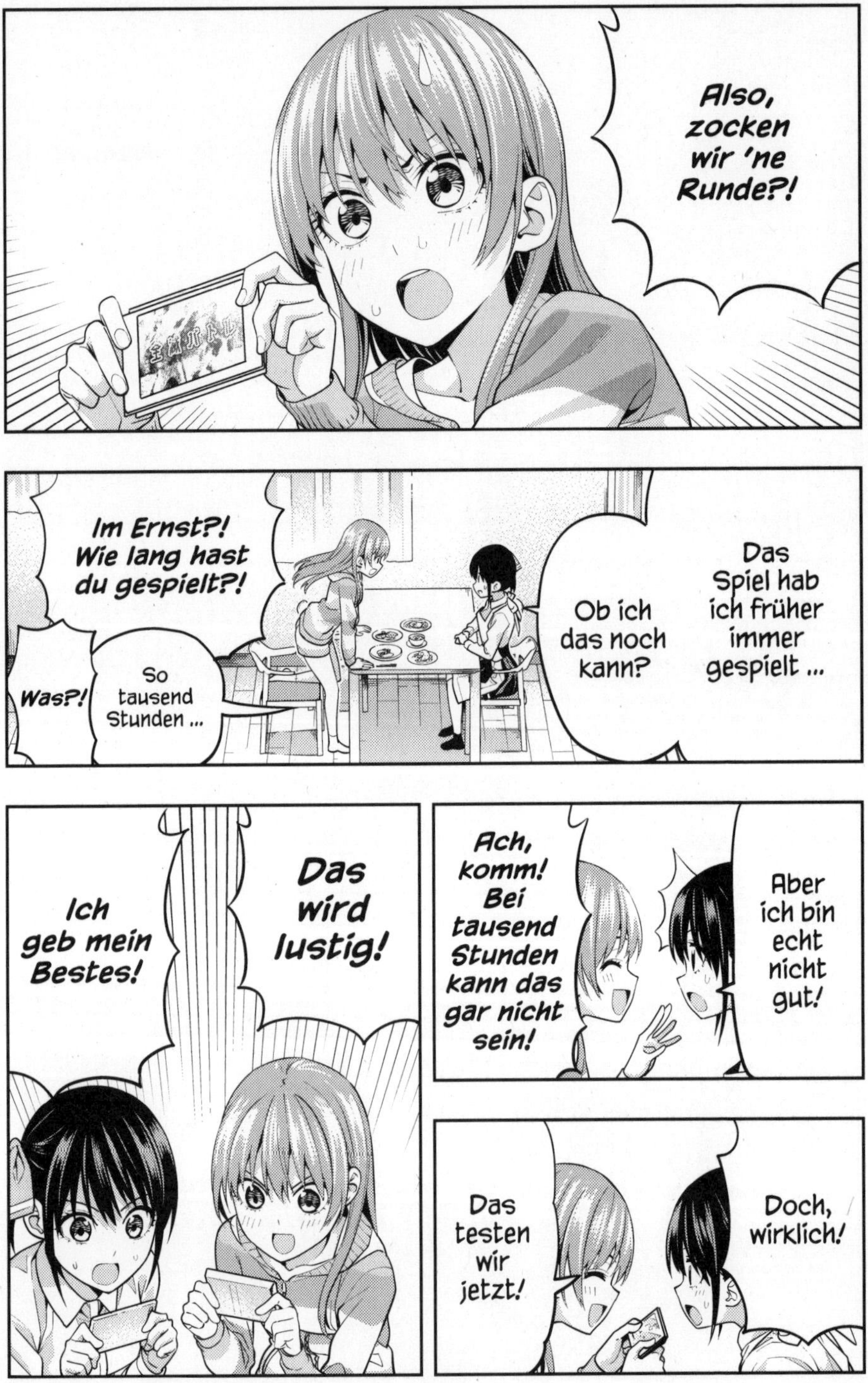
Also, zocken wir 'ne Runde?!
Das Spiel hab ich früher immer gespielt ...
Ob ich das noch kann?
Im Ernst?! Wie lang hast du gespielt?!
So tausend Stunden ...
Was?!
Aber ich bin echt nicht gut!
Ach, komm! Bei tausend Stunden kann das gar nicht sein!
Doch, wirklich!
Das testen wir jetzt!
Das wird lustig!
Ich geb mein Bestes!

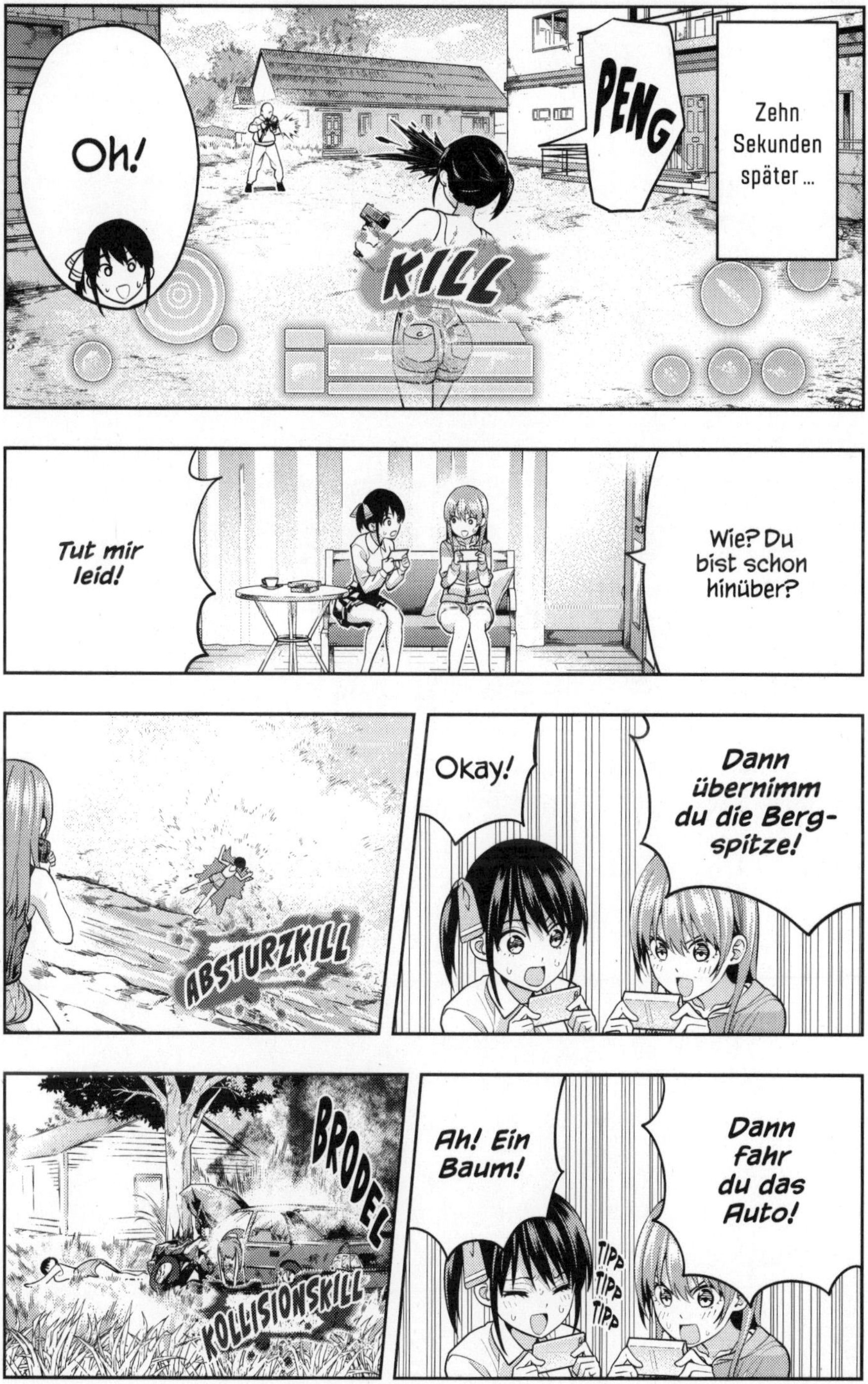

Zehn Sekunden später ...
PENG
KILL
Oh!
Wie? Du bist schon hinüber?
Tut mir leid!
Dann übernimm du die Berg-spitze!
Okay!
ABSTURZKILL
Dann fahr du das Auto!
TIPP TIPP TIPP
Ah! Ein Baum!
BRODEL
KOLLISIONSKILL

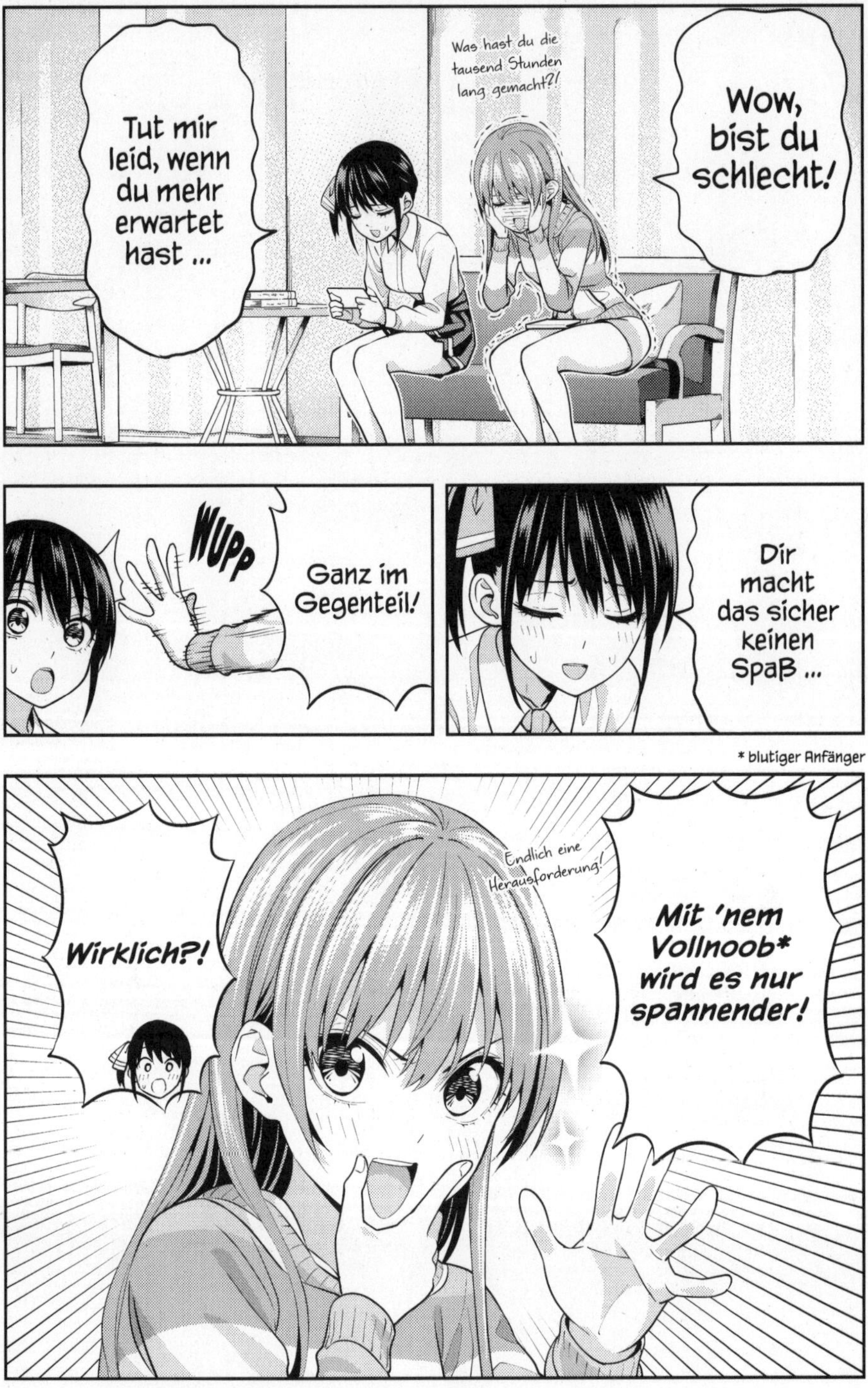
Wow, bist du schlecht!
Was hast du die tausend Stunden lang gemacht?!
Tut mir leid, wenn du mehr erwartet hast ...
Dir macht das sicher keinen Spaß ...
WUPP
Ganz im Gegenteil!
* blutiger Anfänger
Mit 'nem Vollnoob* wird es nur spannender!
Endlich eine Herausforderung!
Wirklich?!

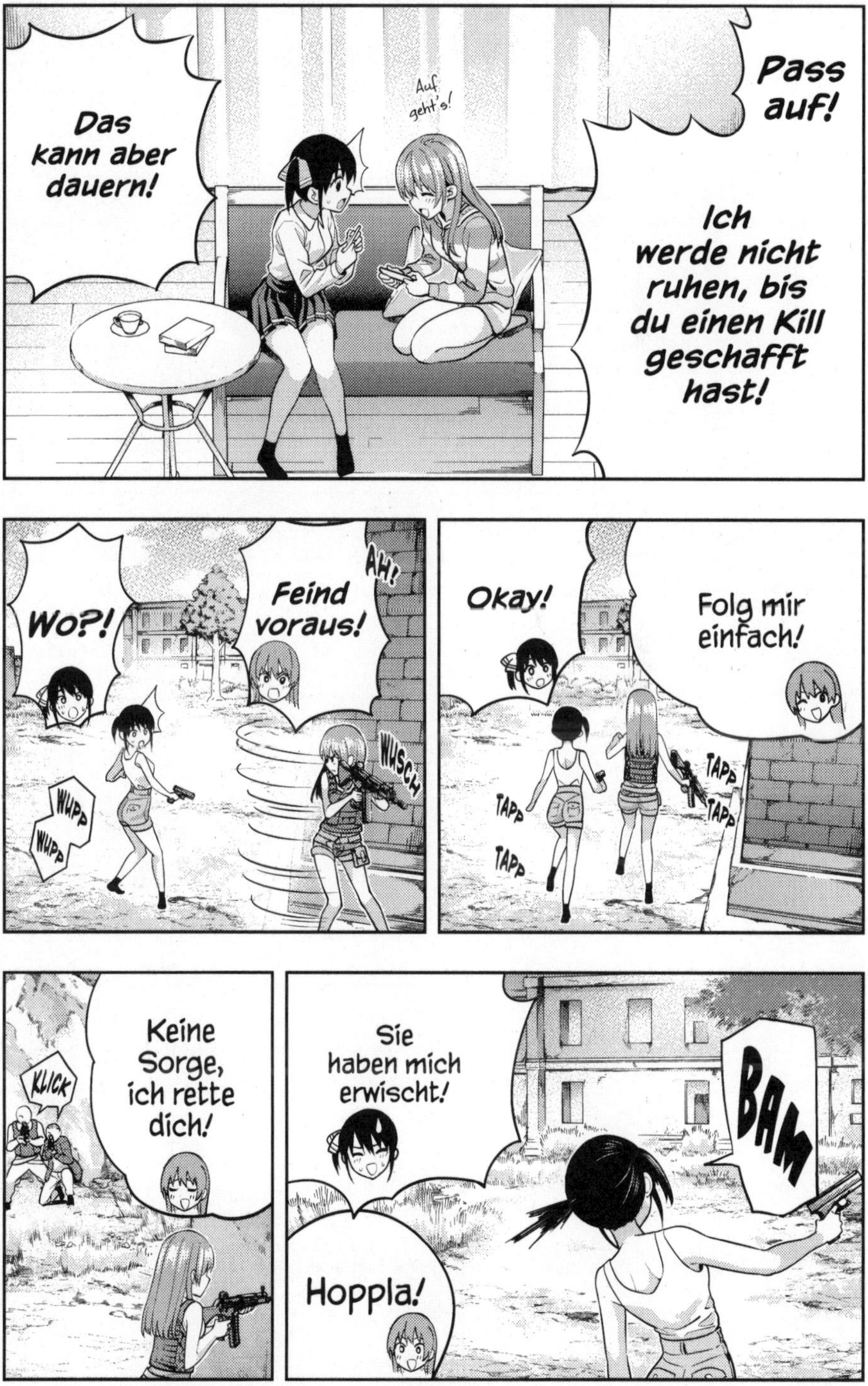
Pass auf!
Ich werde nicht ruhen, bis du einen Kill geschafft hast!
Auf geht's!
Das kann aber dauern!
Folg mir einfach!
Okay!
TAPP
TAPP
TAPP
TAPP
AH!
Feind voraus!
WUSCH
Wo?!
WUPP
WUPP
Sie haben mich erwischt!
BAM
Hoppla!
Keine Sorge, ich rette dich!
KLICK

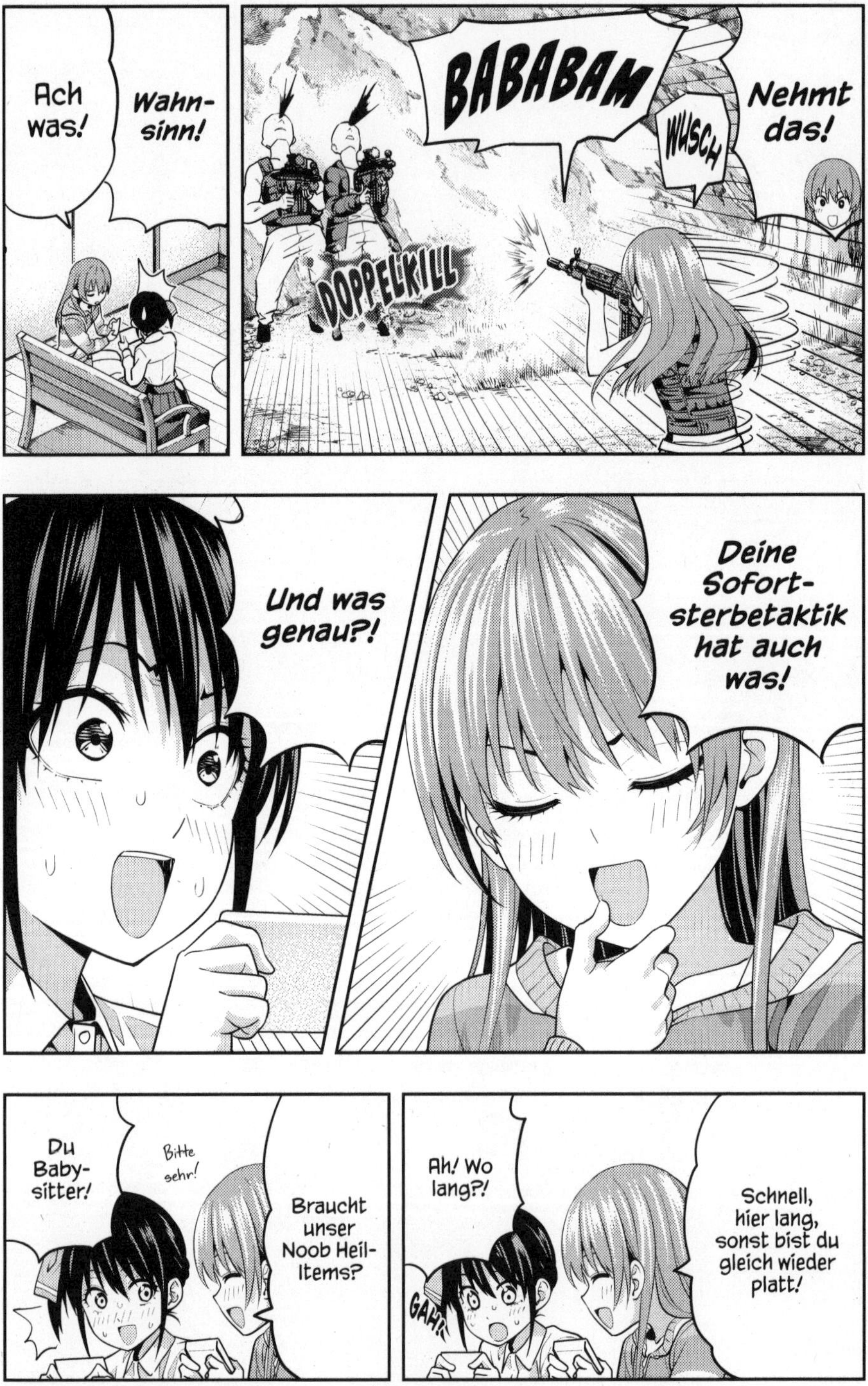
Nehmt das!
BABABAM
WUSCH
DOPPELKILL
Wahn-sinn!
Ach was!
Deine Sofort-sterbetaktik hat auch was!
Und was genau?!
Schnell, hier lang, sonst bist du gleich wieder platt!
GAH!?
Ah! Wo lang?!
Braucht unser Noob Heil-Items?
Bitte sehr!
Du Baby-sitter!

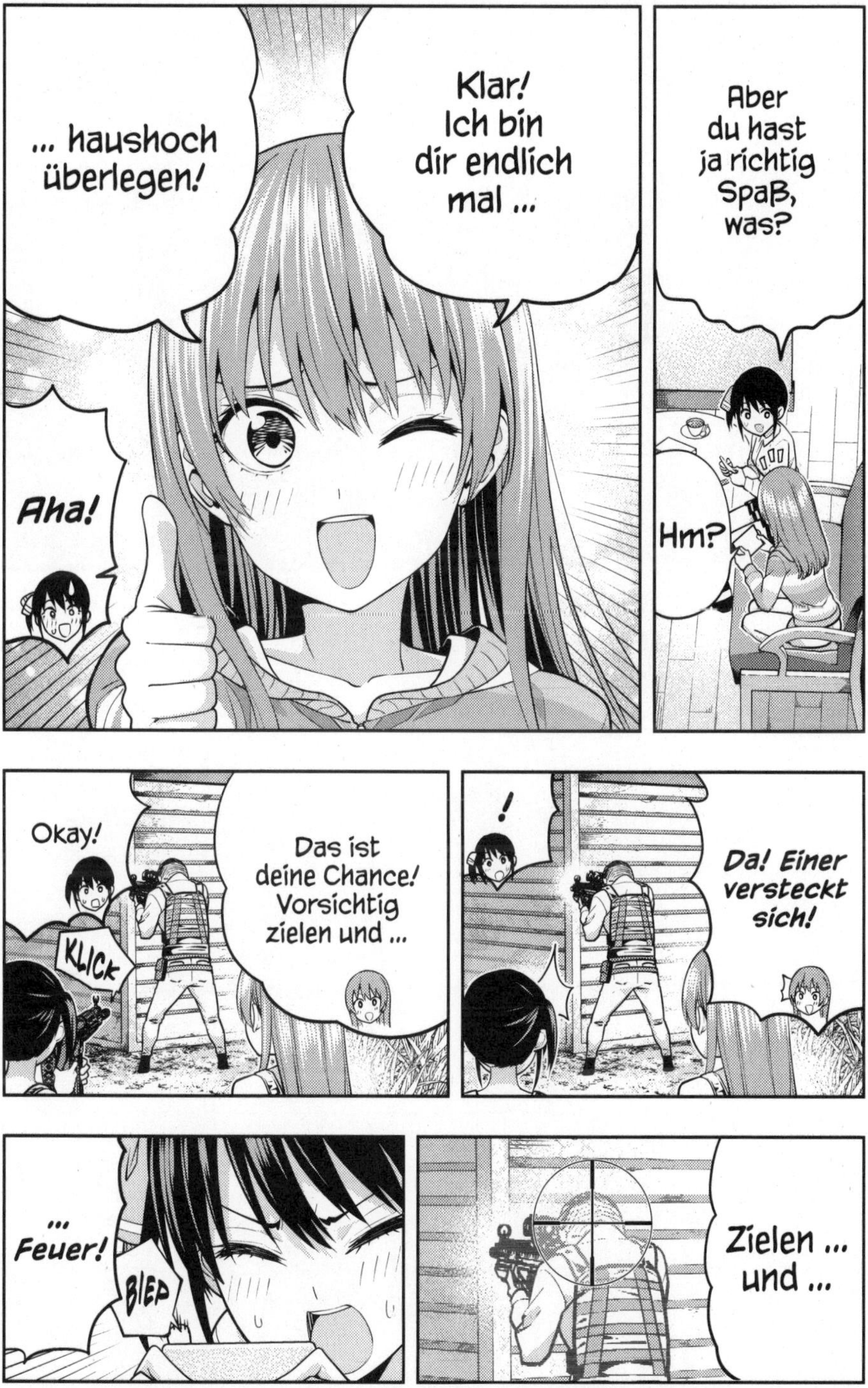
Aber du hast ja richtig Spaß, was?
Hm?
Klar! Ich bin dir endlich mal ...
... haushoch überlegen!
Aha!
!
Da! Einer versteckt sich!
Das ist deine Chance! Vorsichtig zielen und ...
KLICK
Okay!
Zielen ... und ...
... Feuer!
BIEP

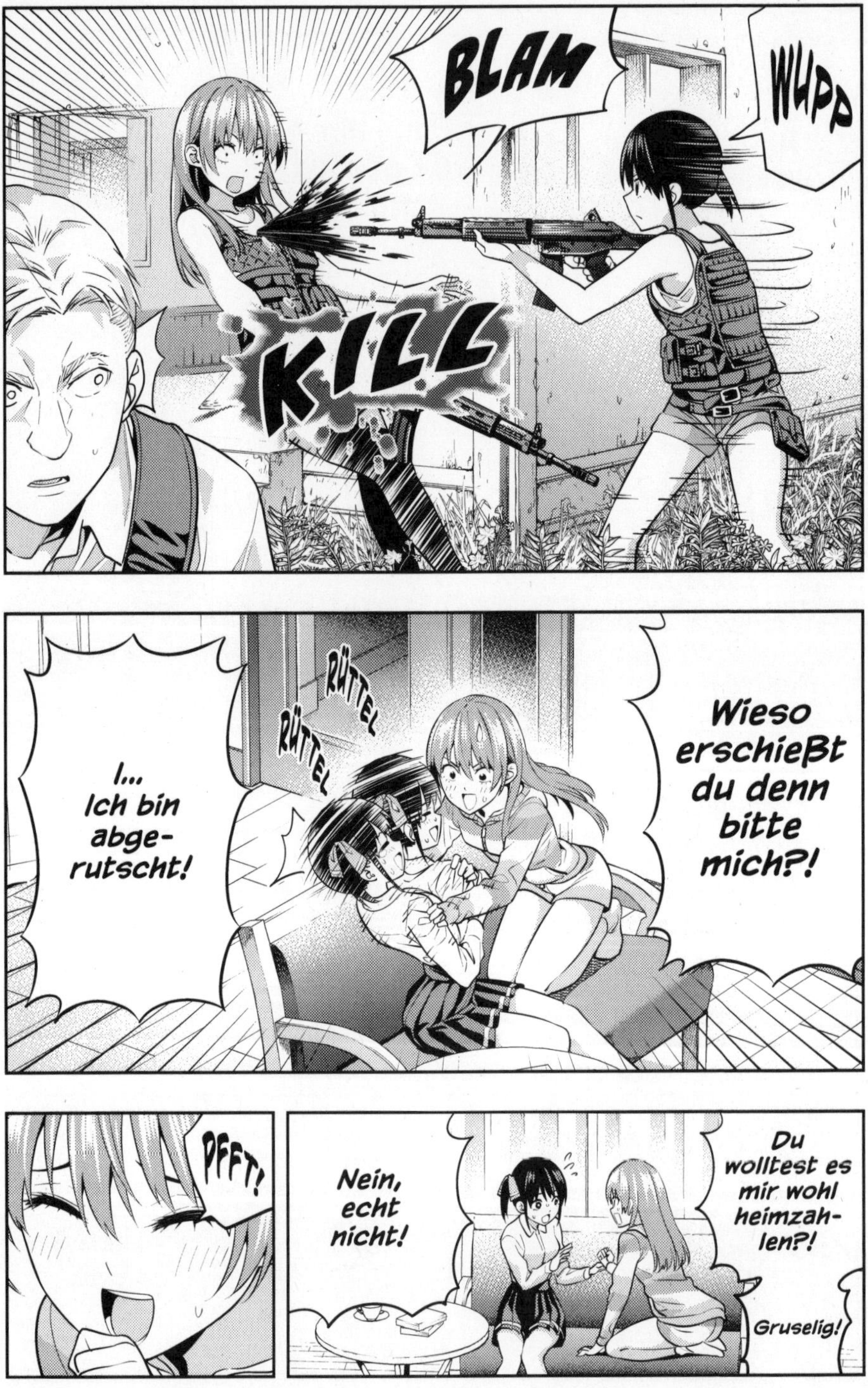
WUPP
BLAM
KILL
Wieso erschießt du denn bitte mich?!
RÜTTEL
RÜTTEL
I... Ich bin abgerutscht!
Du wolltest es mir wohl heimzahlen?!
Nein, echt nicht!
Gruselig!
PFFT!

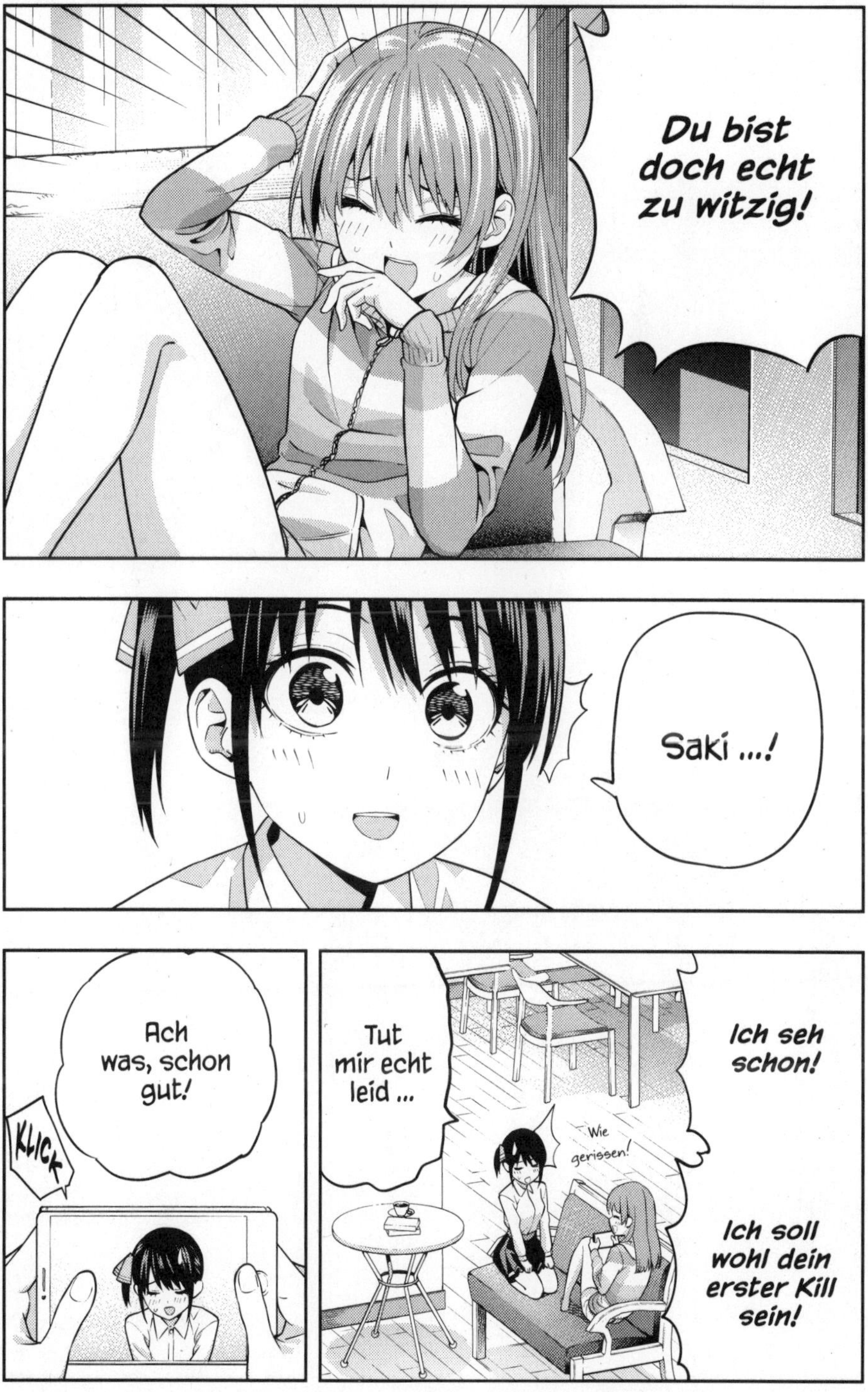
Du bist doch echt zu witzig!
Saki ...!
Ich seh schon!
Ich soll wohl dein erster Kill sein!
Wie gerissen!
Tut mir echt leid ...
Ach was, schon gut!
KLICK

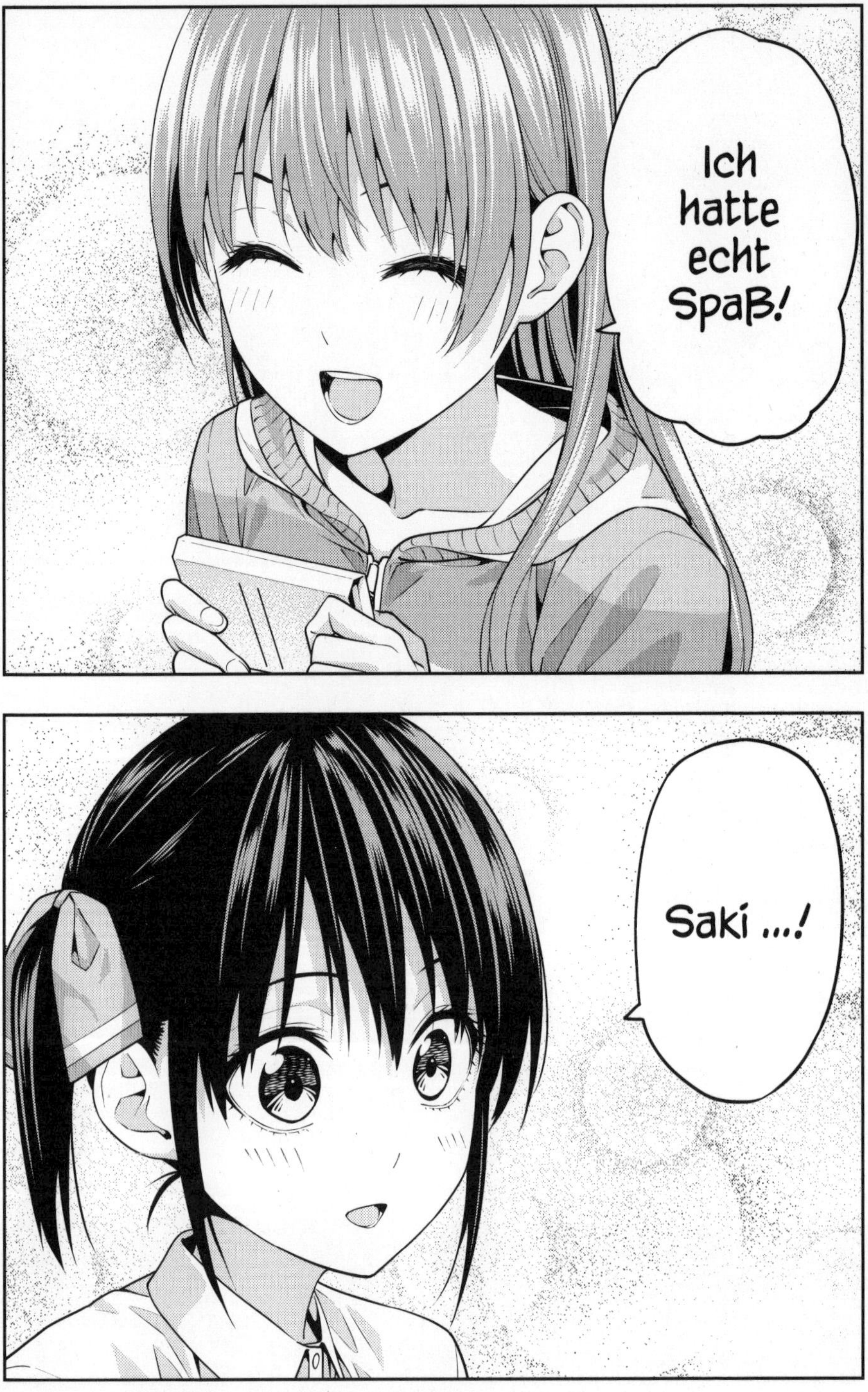
Ich hatte echt Spaß!
Saki ...!

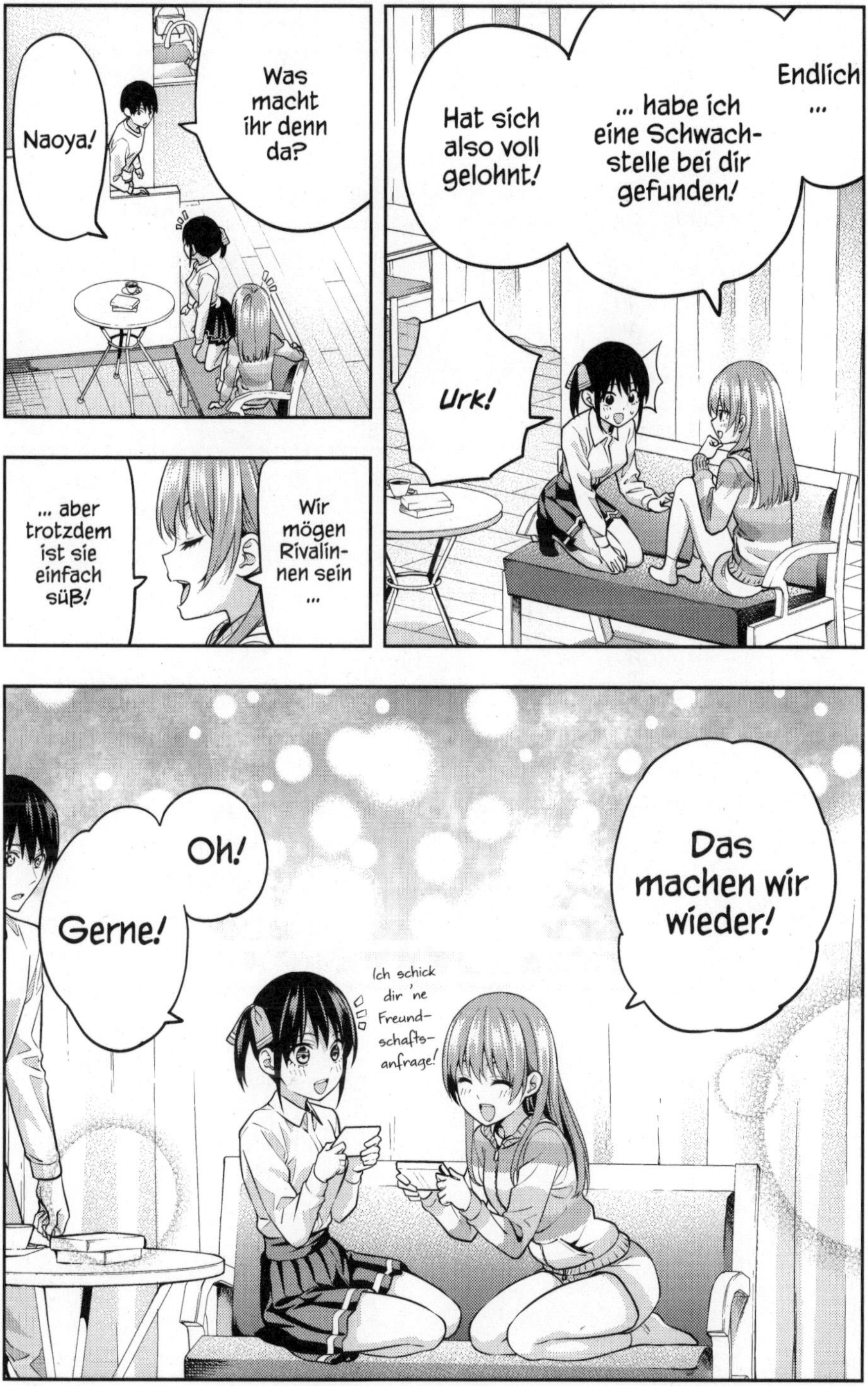
Endlich ...
... habe ich eine Schwachstelle bei dir gefunden!
Hat sich also voll gelohnt!
Urk!
Was macht ihr denn da?
Naoya!
Wir mögen Rivalinnen sein ...
... aber trotzdem ist sie einfach süß!
Das machen wir wieder!
Ich schick dir 'ne Freundschaftsanfrage!
Oh!
Gerne!

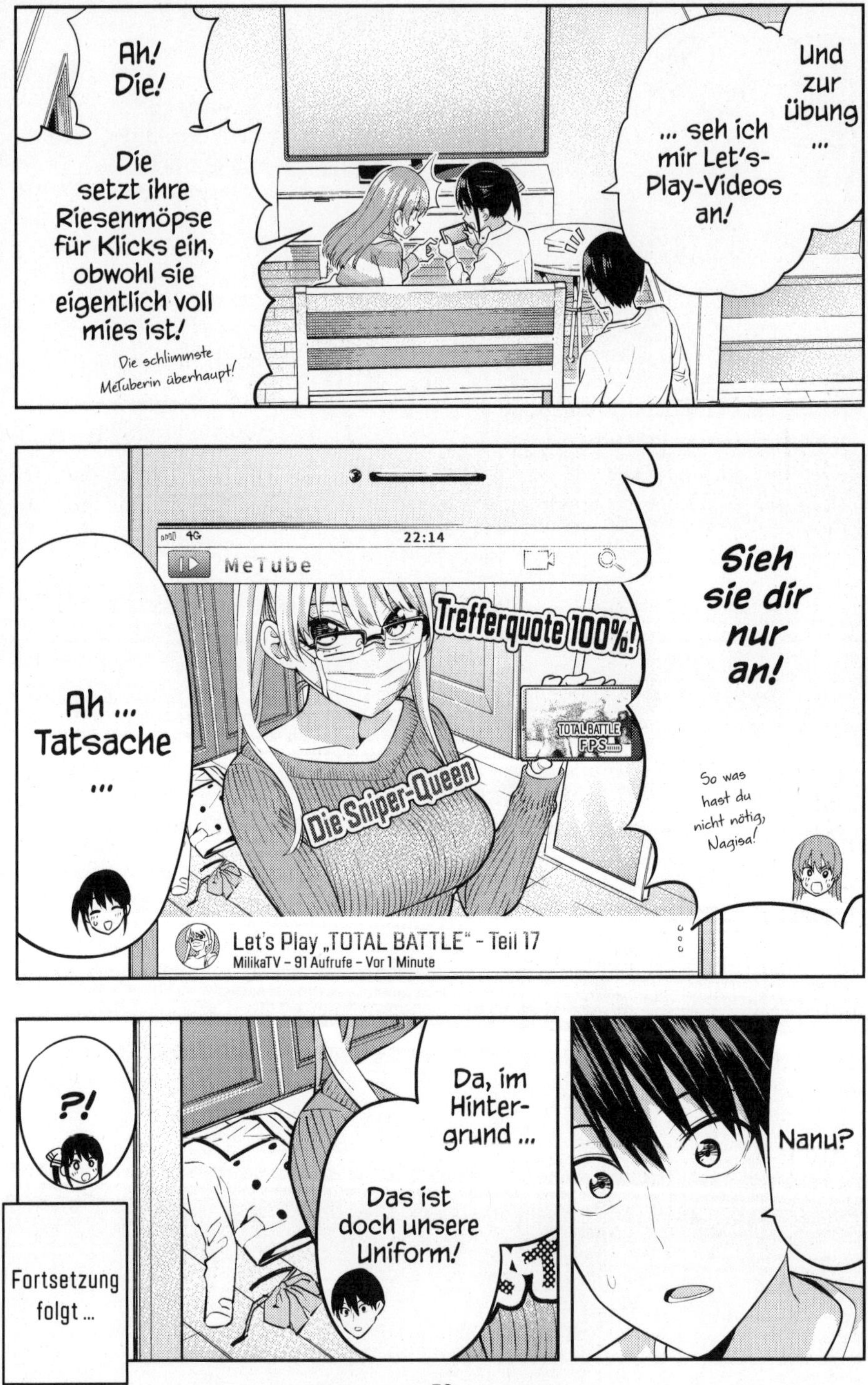
Und zur übung ...
... seh ich mir Let's-Play-Videos an!
Ah! Die!
Die setzt ihre Riesenmöpse für Klicks ein, obwohl sie eigentlich voll mies ist!
Die schlimmste MeTuberin überhaupt!
22:14
MeTube
Trefferquote 100%!
TOTAL BATTLE FPS
Die Sniper-Queen
Let's Play „TOTAL BATTLE" - Teil 17
MilikaTV – 91 Aufrufe – Vor 1 Minute
Sieh sie dir nur an!
So was hast du nicht nötig, Nagisa!
Ah ... Tatsache ...
Nanu?
Da, im Hintergrund ...
Das ist doch unsere Uniform!
?!
Fortsetzung folgt ...

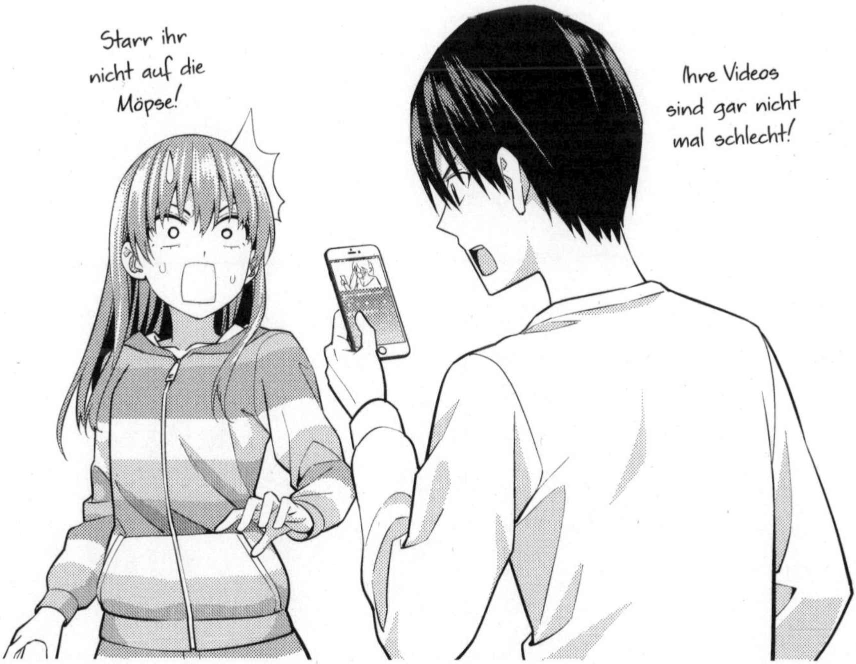
Ihre Videos sind gar nicht mal schlecht!
Starr ihr nicht auf die Möpse!

HIROYUKI

KANOJO MO KANOJO

Gelegenheit macht Liebe

Kapitel 13: Milika

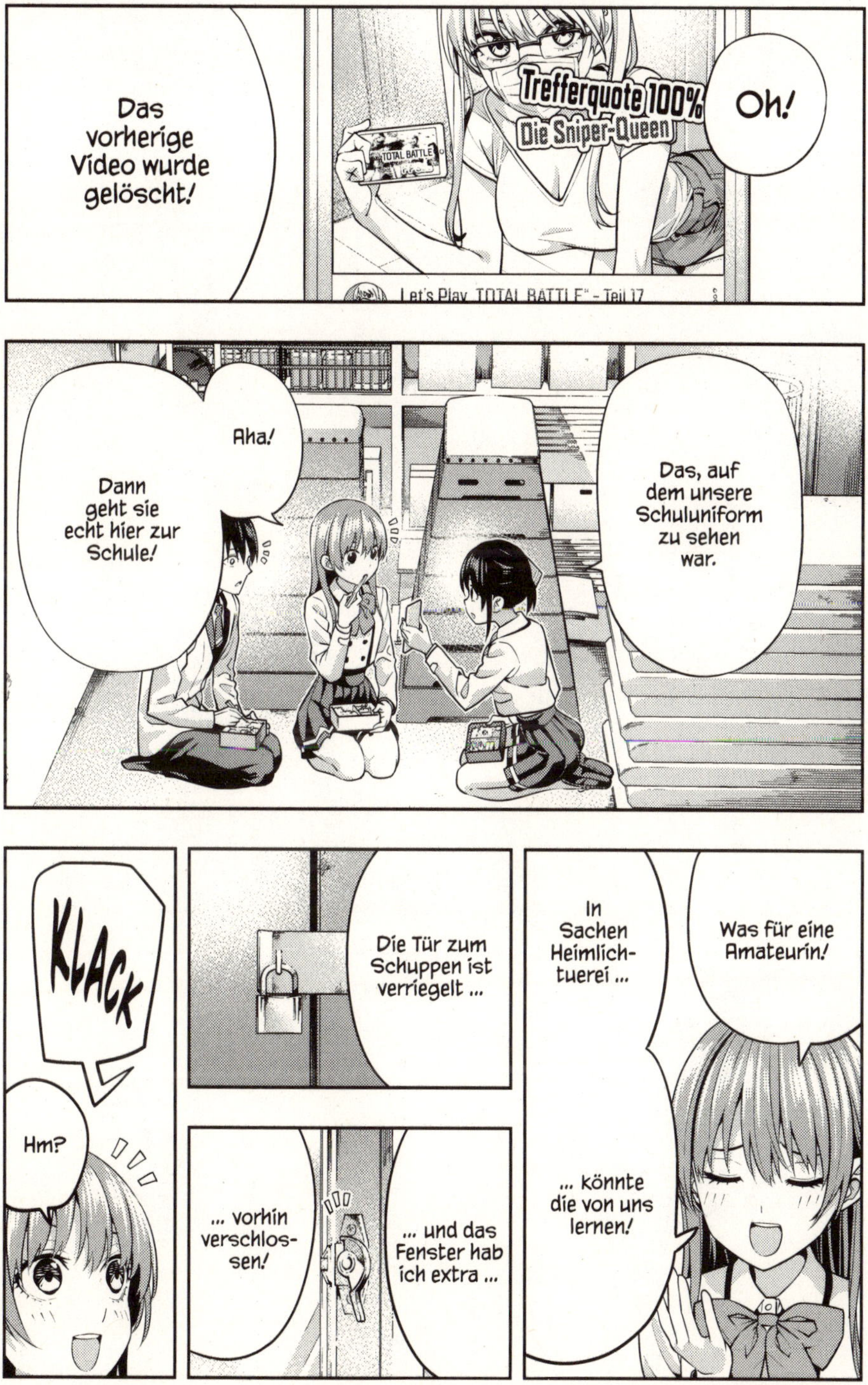

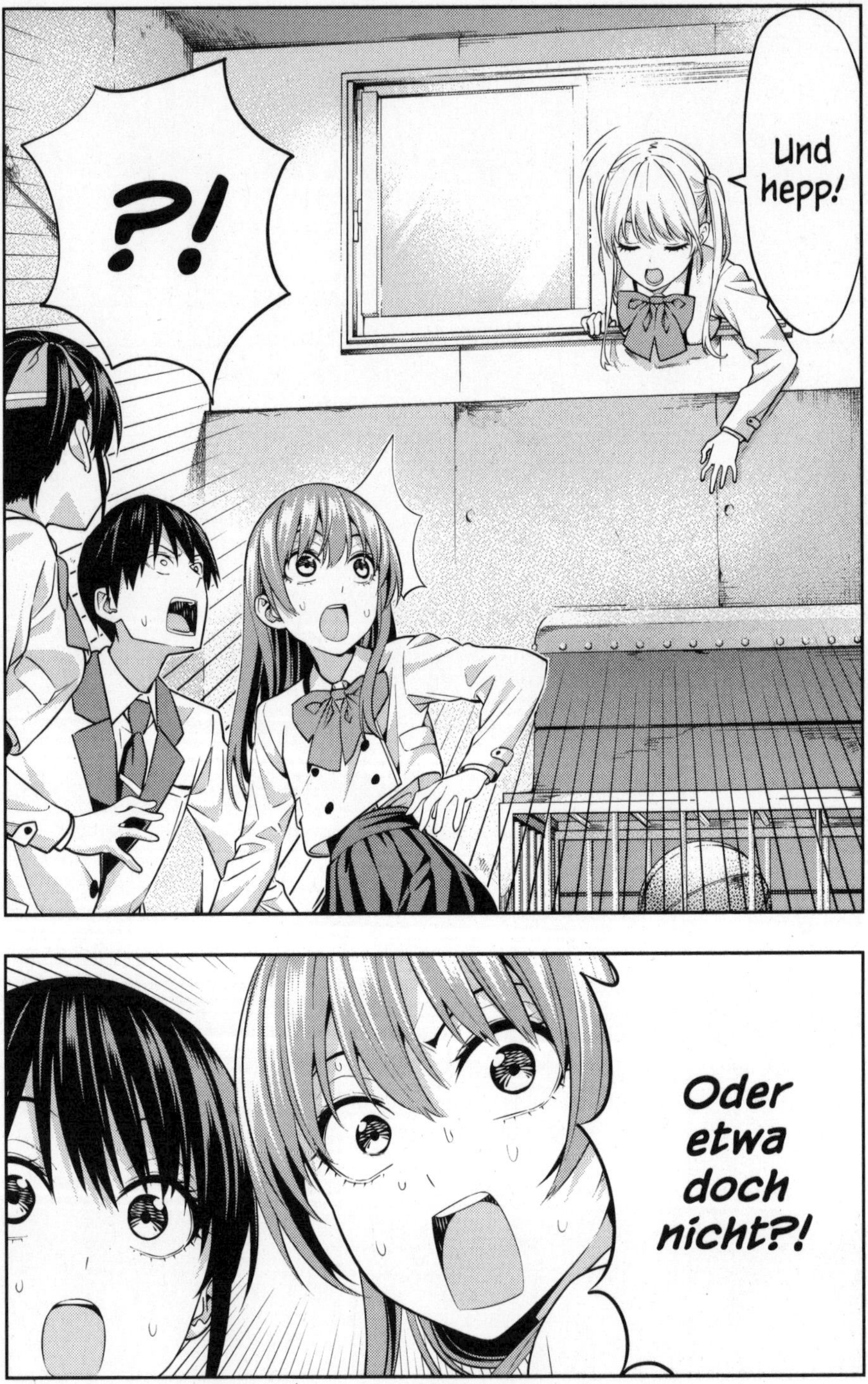

Und hepp!
?!
Oder etwa doch nicht?!

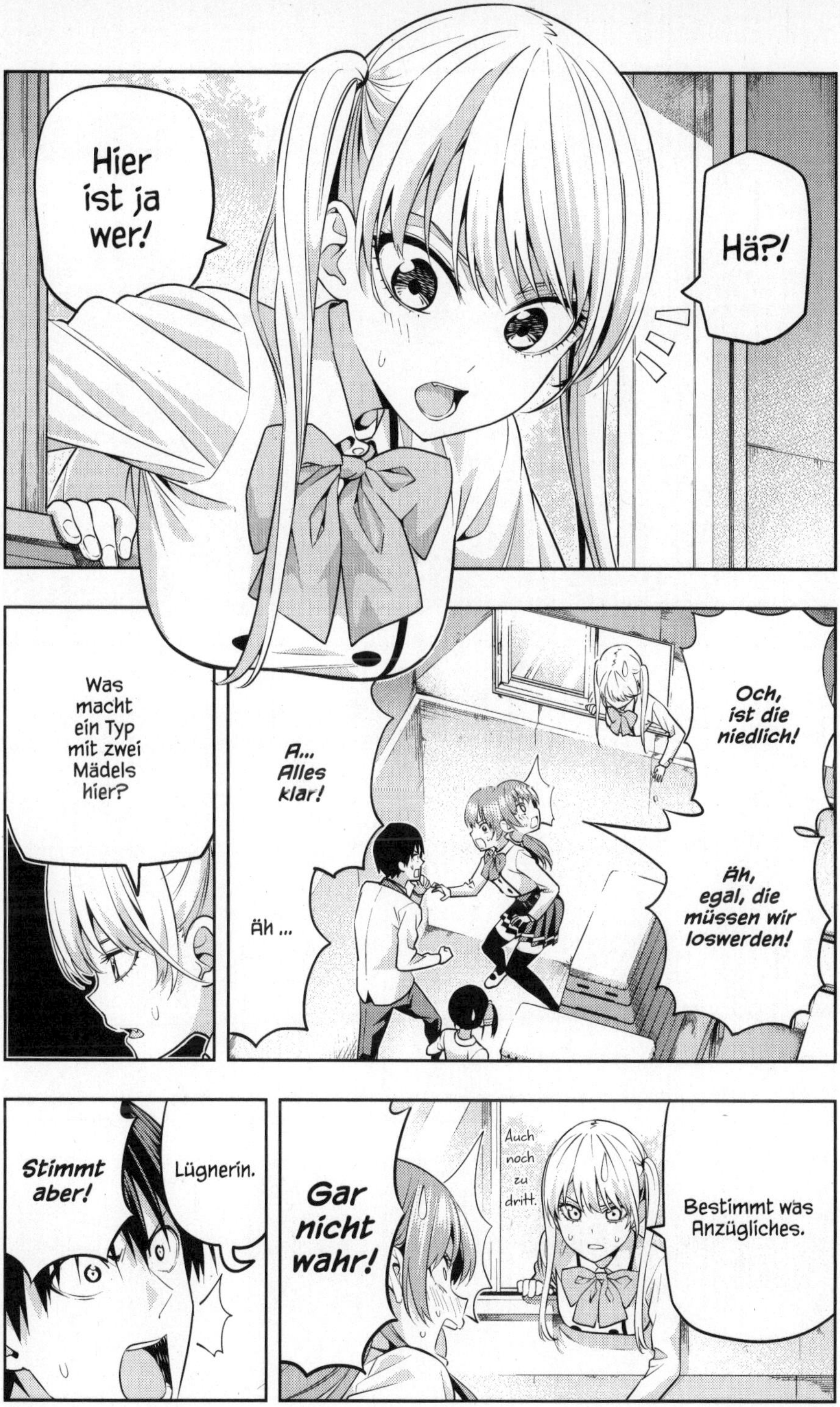
Hä?!
Hier ist ja wer!
Och, ist die niedlich!
A... Alles klar!
Äh, egal, die müssen wir loswerden!
Äh ...
Was macht ein Typ mit zwei Mädels hier?
Bestimmt was Anzügliches.
Auch noch zu dritt.
Gar nicht wahr!
Lügnerin.
Stimmt aber!

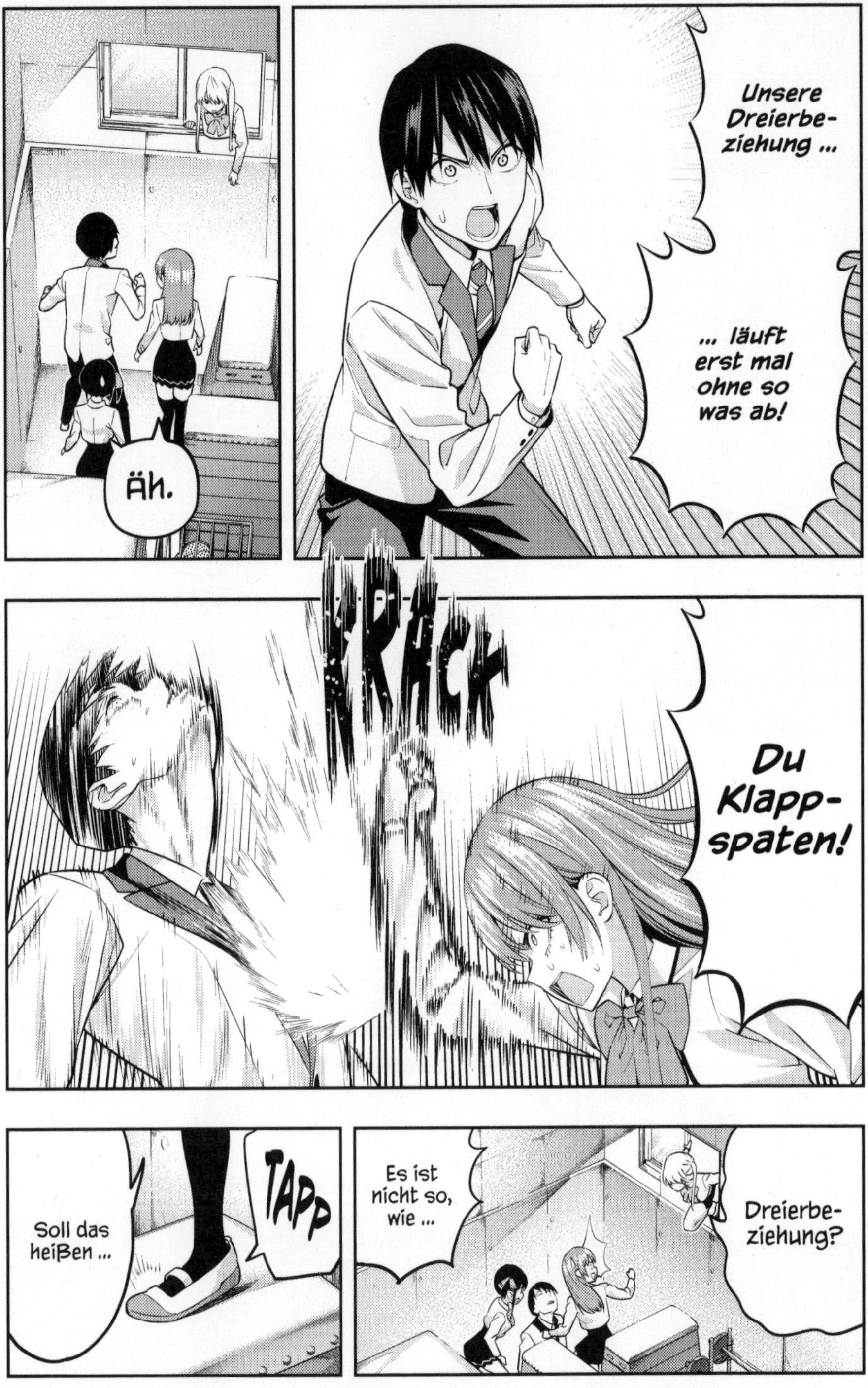
Unsere Dreierbe-
ziehung ...
... läuft erst mal ohne so was ab!
Äh.
KRACK
Du Klapp-
spaten!
Dreierbe-
ziehung?
Es ist nicht so, wie ...
Soll das heißen ...
TAPP

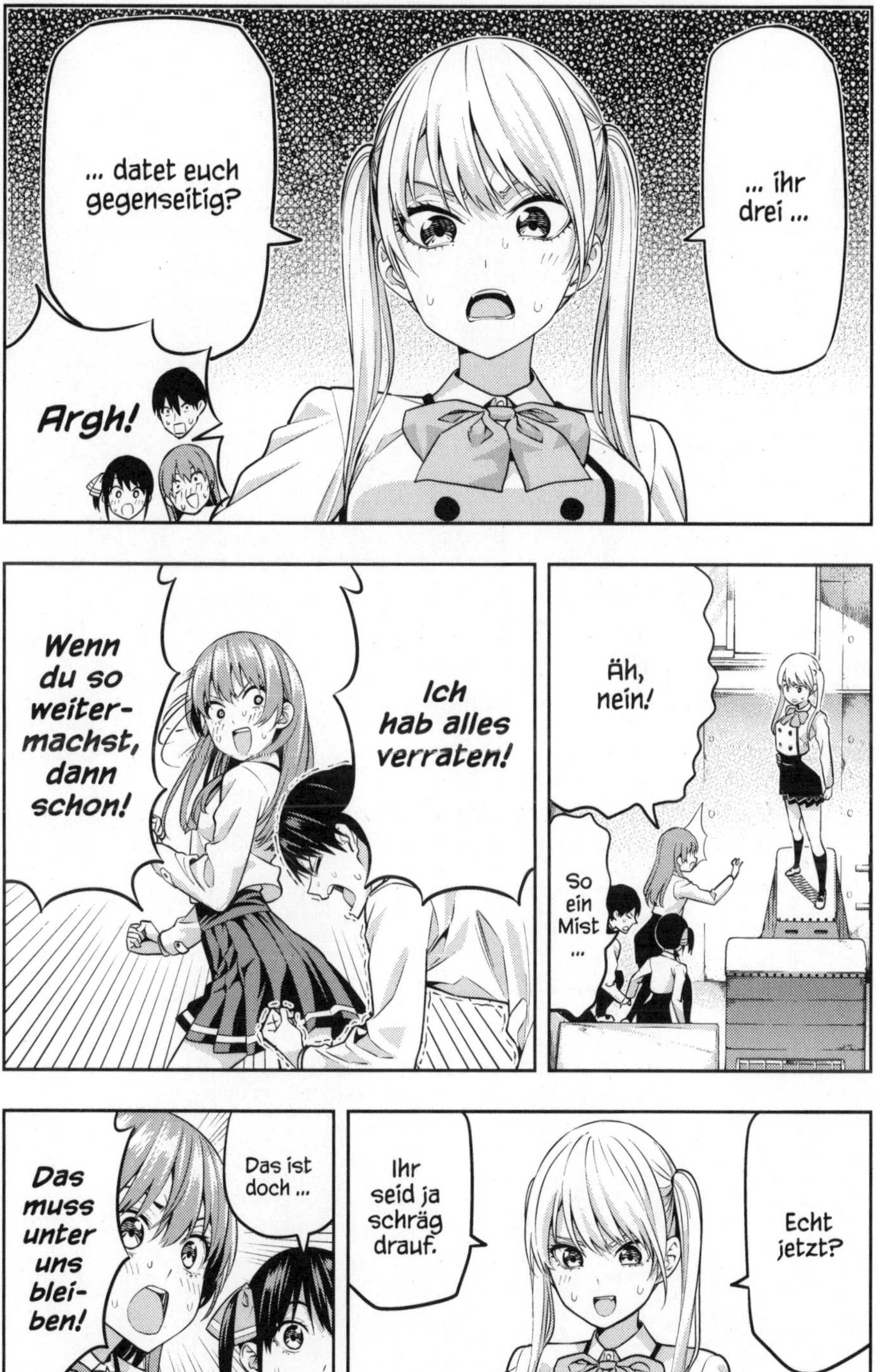
... ihr drei ...
... datet euch gegenseitig?
Argh!
Äh, nein!
So ein Mist ...
Ich hab alles verraten!
Wenn du so weitermachst, dann schon!
Echt jetzt?
Ihr seid ja schräg drauf.
Das ist doch ...
Das muss unter uns bleiben!

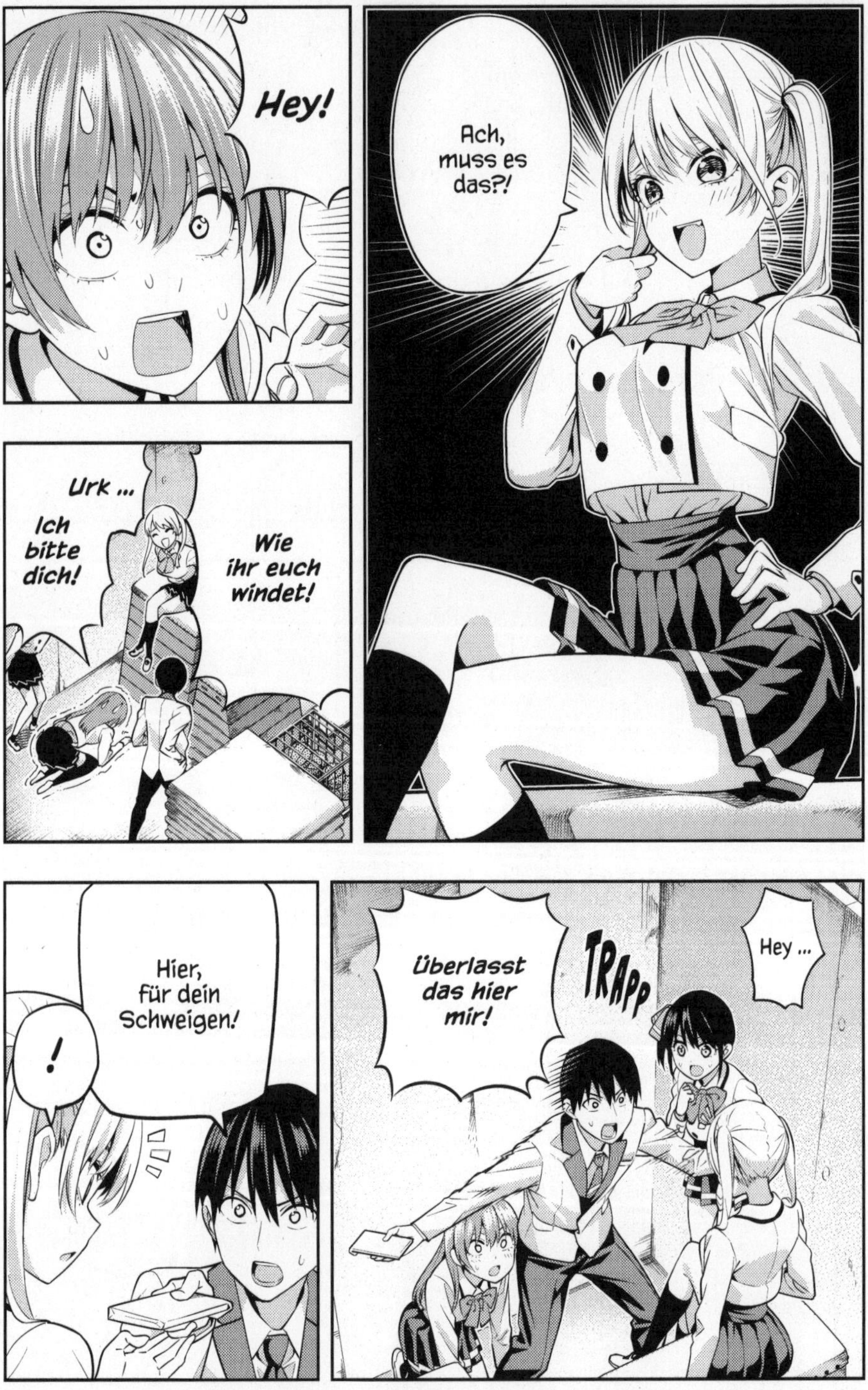
Ach, muss es das?!
Hey!
Wie ihr euch windet!
Urk ...
Ich bitte dich!
Hey ...
TRAPP
Überlasst das hier mir!
Hier, für dein Schweigen!
!

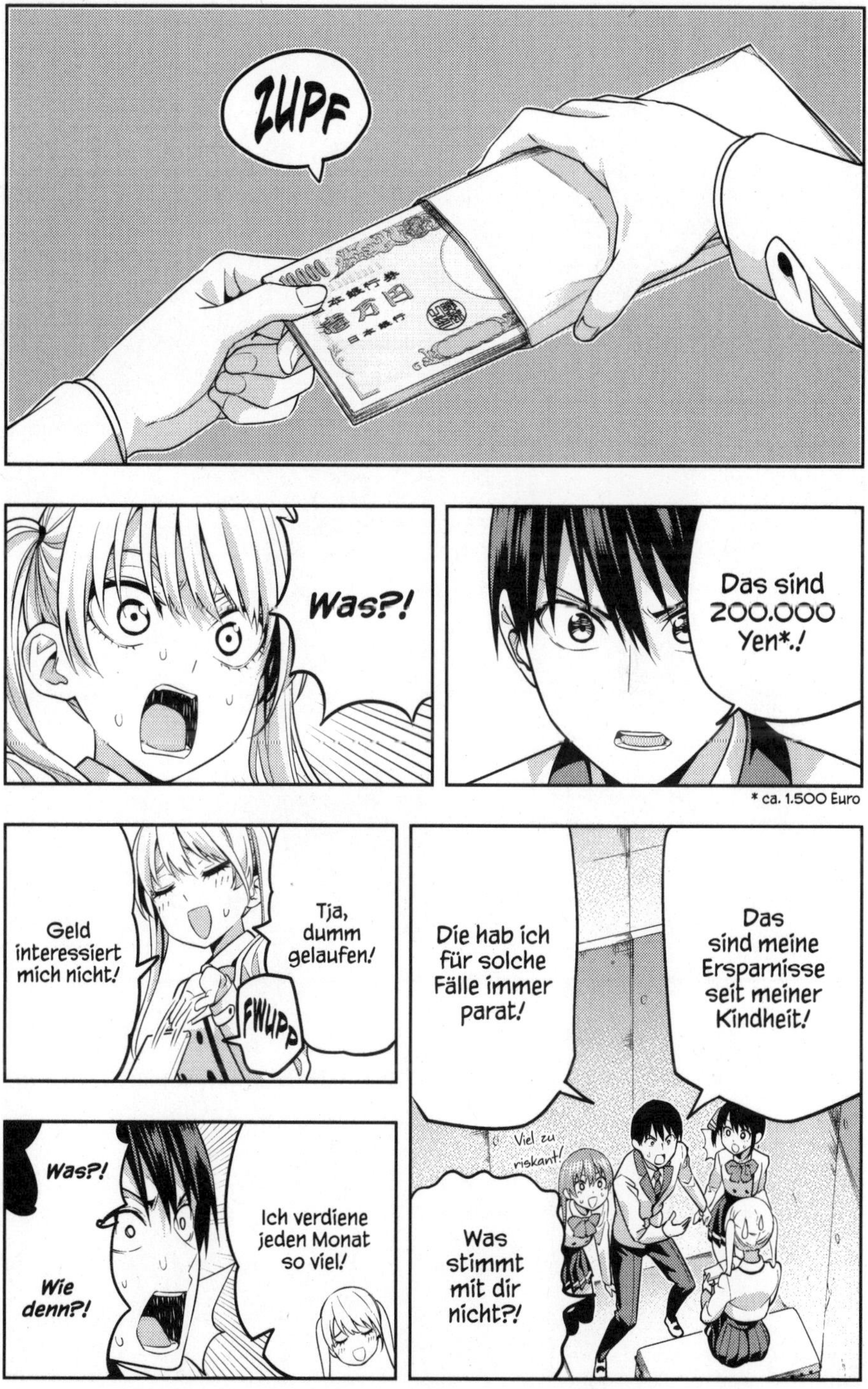
ZUPF
Das sind 200.000 Yen*.!
Was?!
Das sind meine Ersparnisse seit meiner Kindheit!
Die hab ich für solche Fälle immer parat!
Viel zu riskant!
Was stimmt mit dir nicht?!
Tja, dumm gelaufen!
Geld interessiert mich nicht!
FWUPP
Ich verdiene jeden Monat so viel!
Was?!
Wie denn?!

* ca. 1.500 Euro

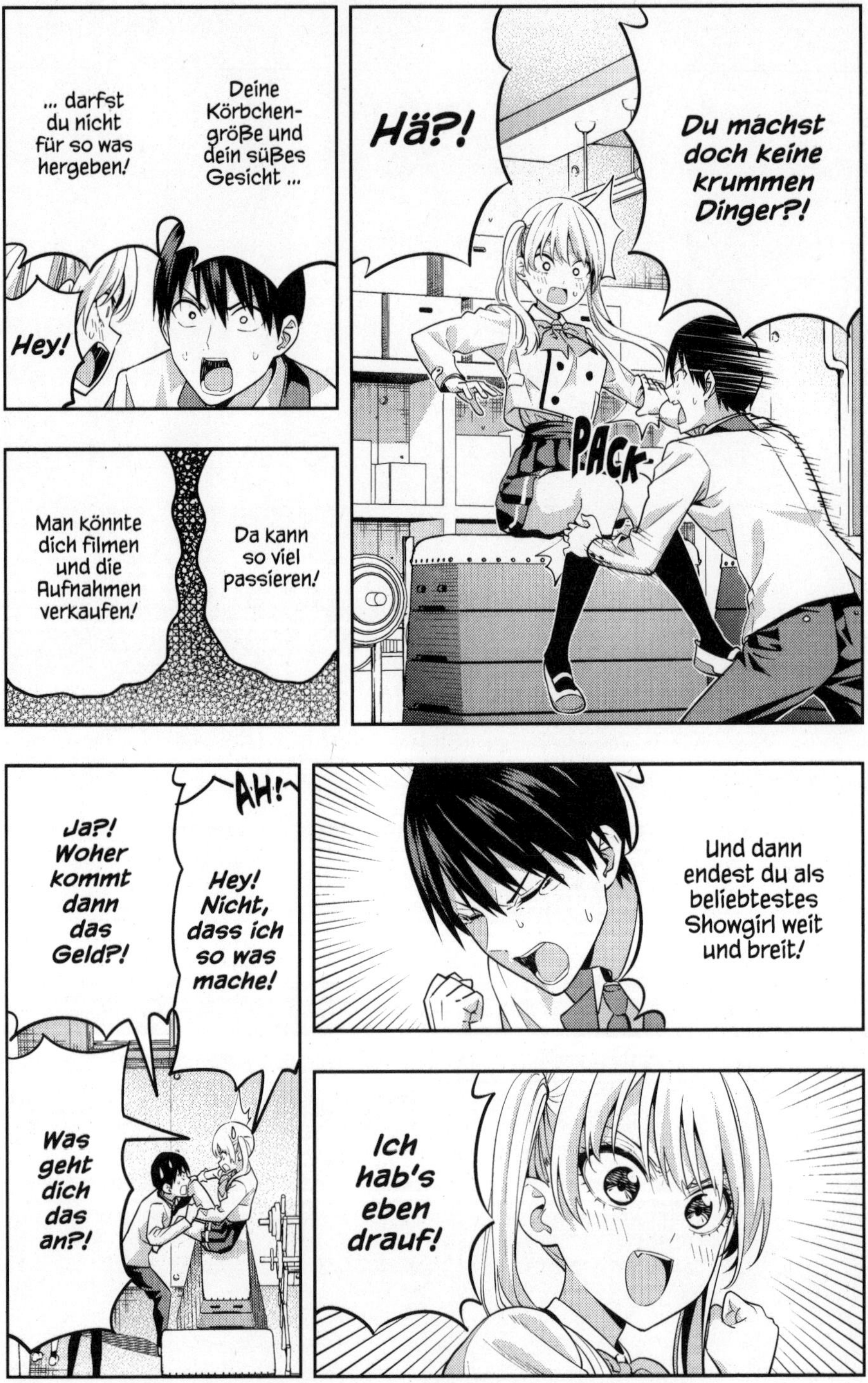
Du machst doch keine krummen Dinger?!
Hä?!
PACK
Deine Körbchen-größe und dein süßes Gesicht ...
... darfst du nicht für so was hergeben!
Hey!
Da kann so viel passieren!
Man könnte dich filmen und die Aufnahmen verkaufen!
Und dann endest du als beliebtestes Showgirl weit und breit!
AH!
Hey! Nicht, dass ich so was mache!
Ja?! Woher kommt dann das Geld?!
Ich hab's eben drauf!
Was geht dich das an?!

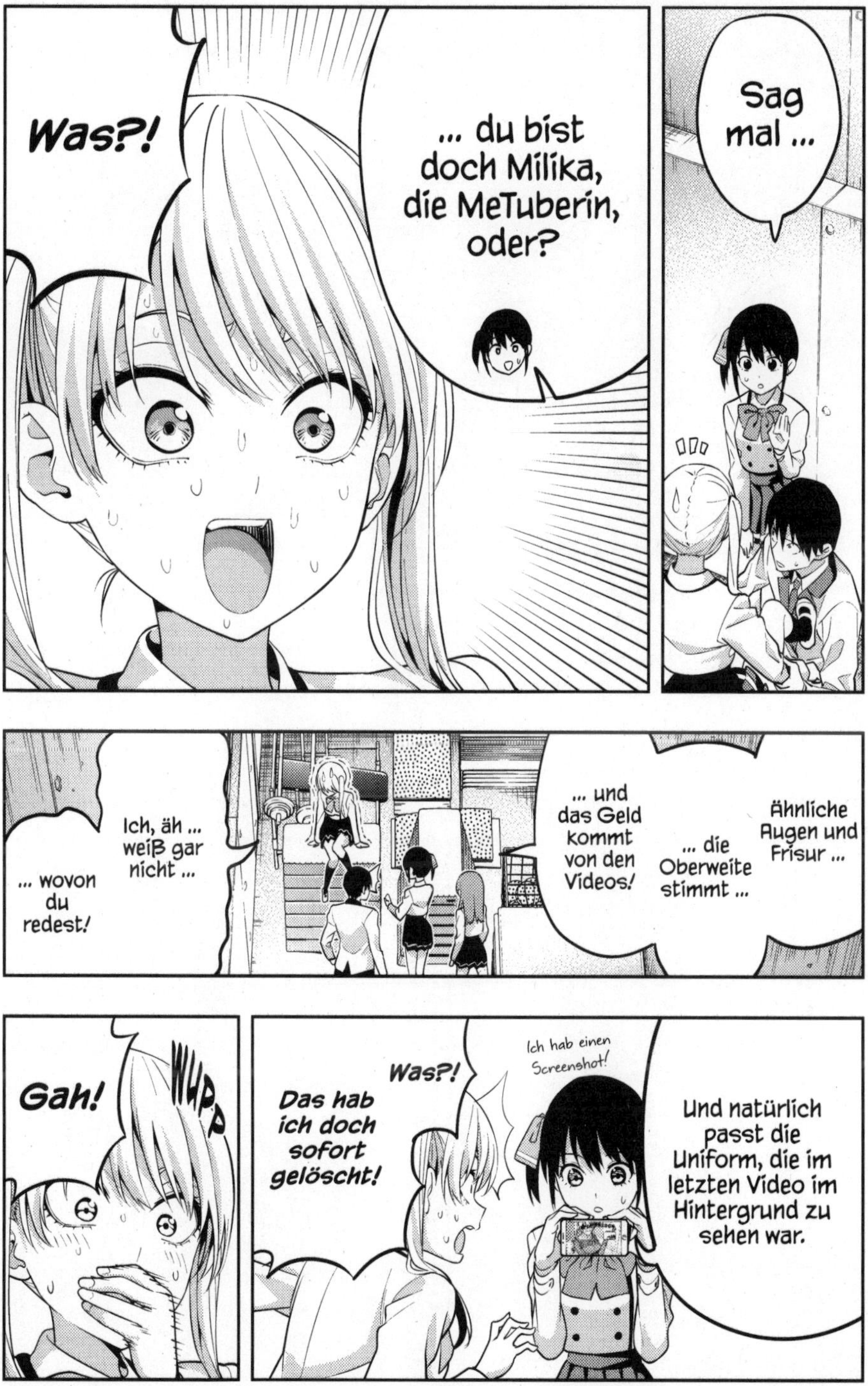
Sag mal ...
... du bist doch Milika, die MeTuberin, oder?
Was?!
Ähnliche Augen und Frisur ...
... die Oberweite stimmt ...
... und das Geld kommt von den Videos!
Ich, äh ... weiß gar nicht ...
... wovon du redest!
Und natürlich passt die Uniform, die im letzten Video im Hintergrund zu sehen war.
Ich hab einen Screenshot!
Was?!
Das hab ich doch sofort gelöscht!
WUPP
Gah!

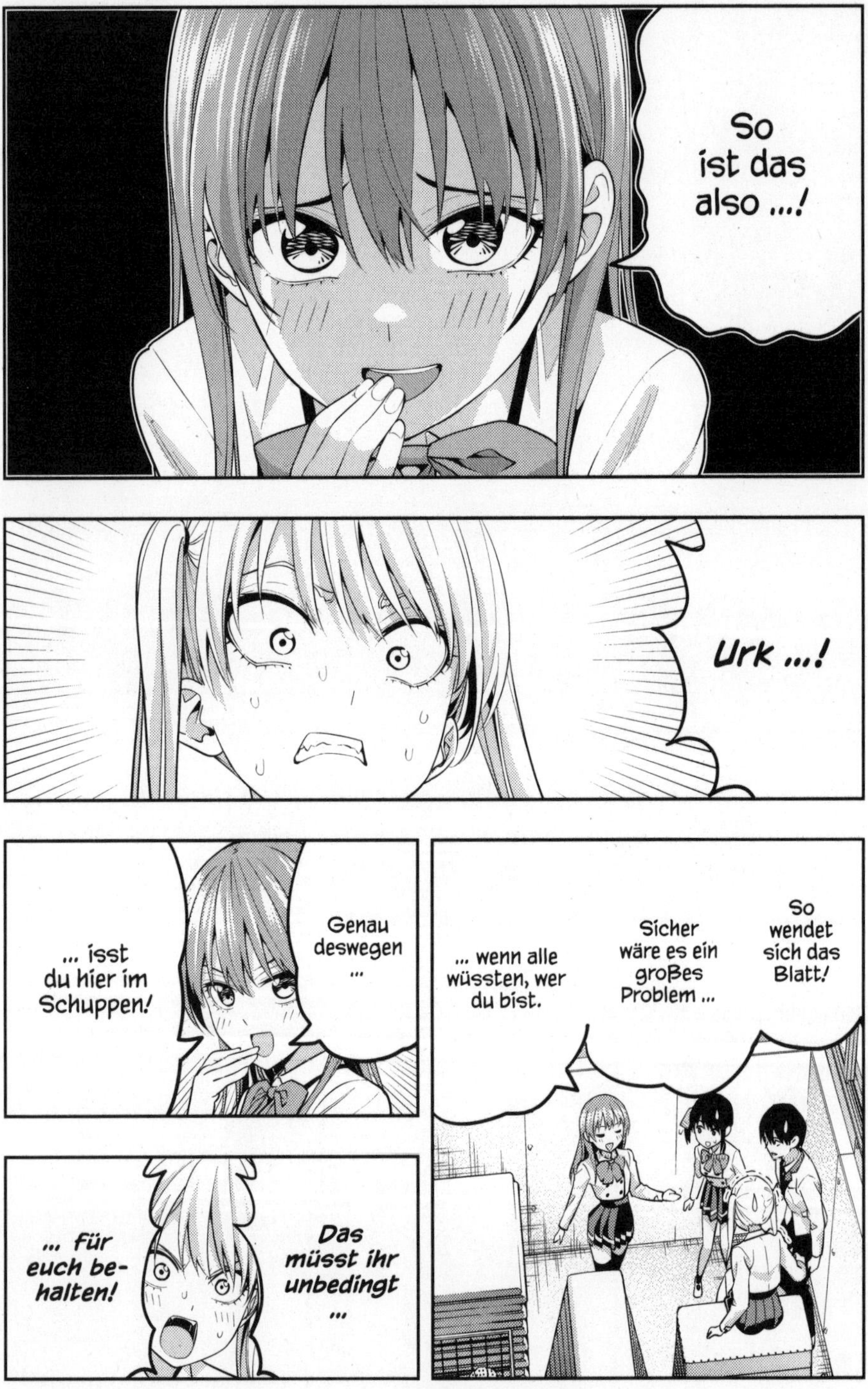
So ist das also ...!
Urk ...!
So wendet sich das Blatt!
Sicher wäre es ein großes Problem ...
... wenn alle wüssten, wer du bist.
Genau deswegen ...
... isst du hier im Schuppen!
Das müsst ihr unbedingt ...
... für euch behalten!

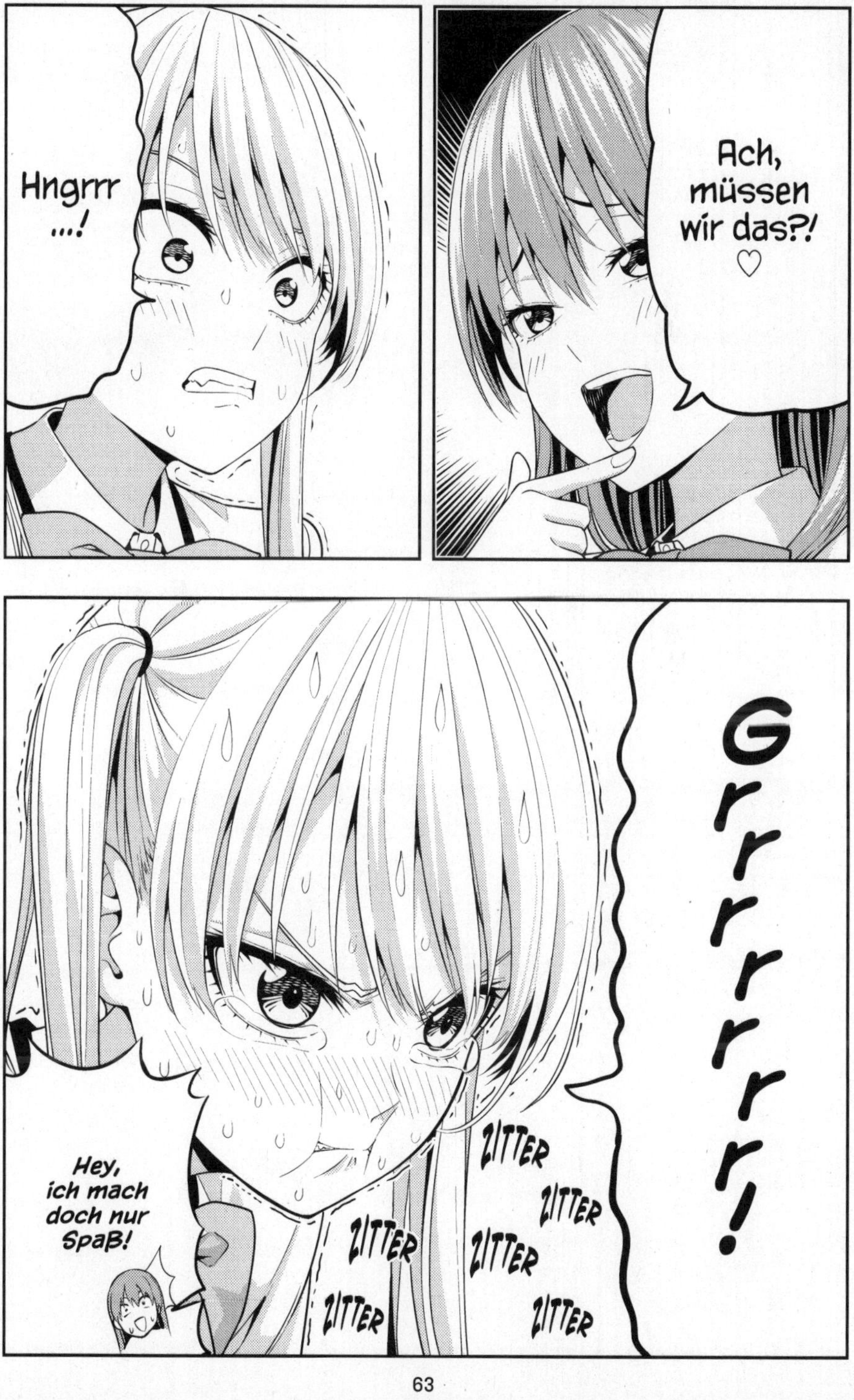
Ach, müssen wir das?! ♡
Hngrrr ...!
Grrrrrr!
ZITTER ZITTER ZITTER ZITTER ZITTER ZITTER
Hey, ich mach doch nur Spaß!

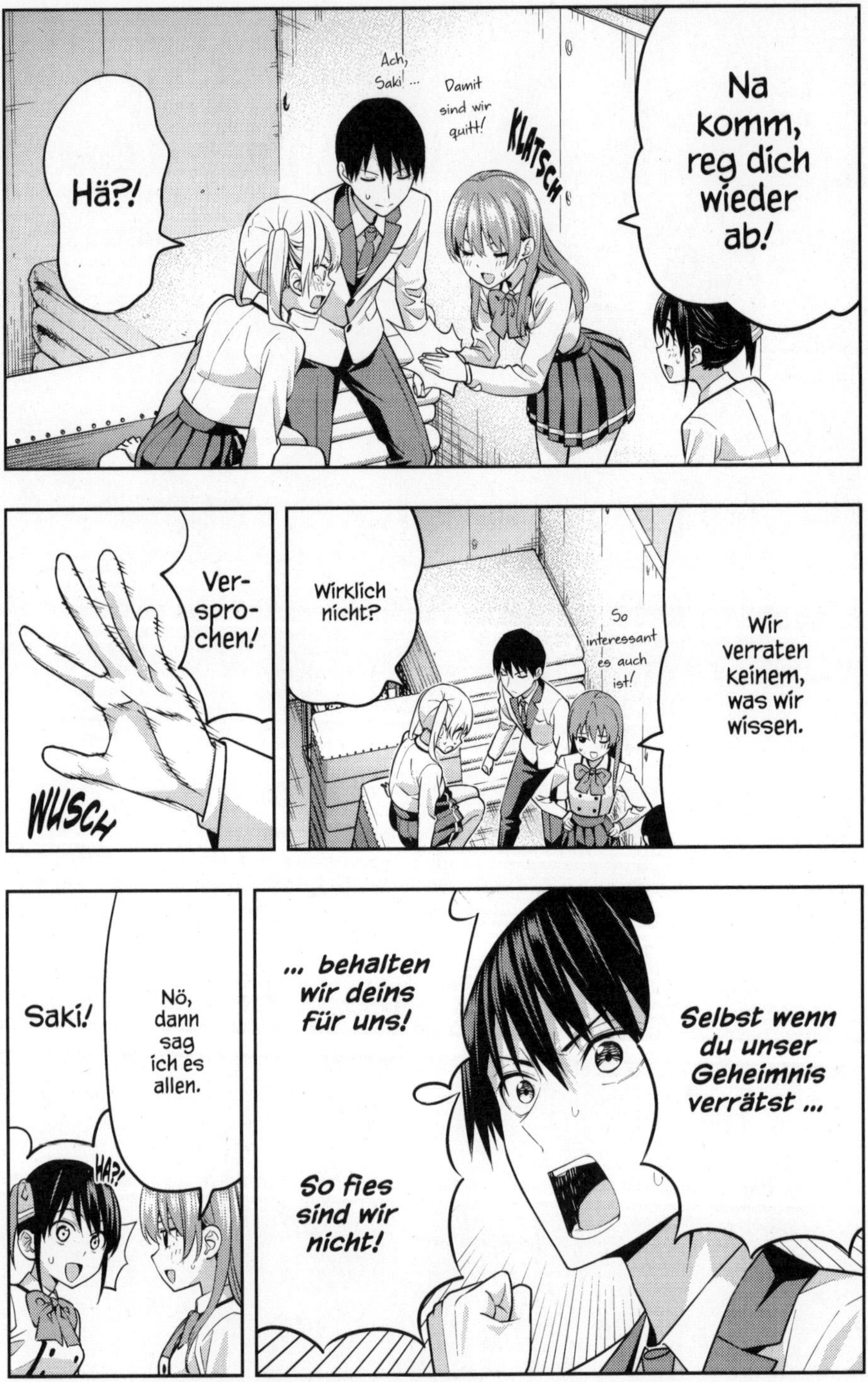
Na komm, reg dich wieder ab!
KLATSCH
Damit sind wir quitt!
Ach, Saki ...
Hä?!
Wir verraten keinem, was wir wissen.
So interessant es auch ist!
Wirklich nicht?
Ver-sprochen!
WUSCH
Selbst wenn du unser Geheimnis verrätst ...
... behalten wir deins für uns!
So fies sind wir nicht!
Nö, dann sag ich es allen.
Saki!
HA?!

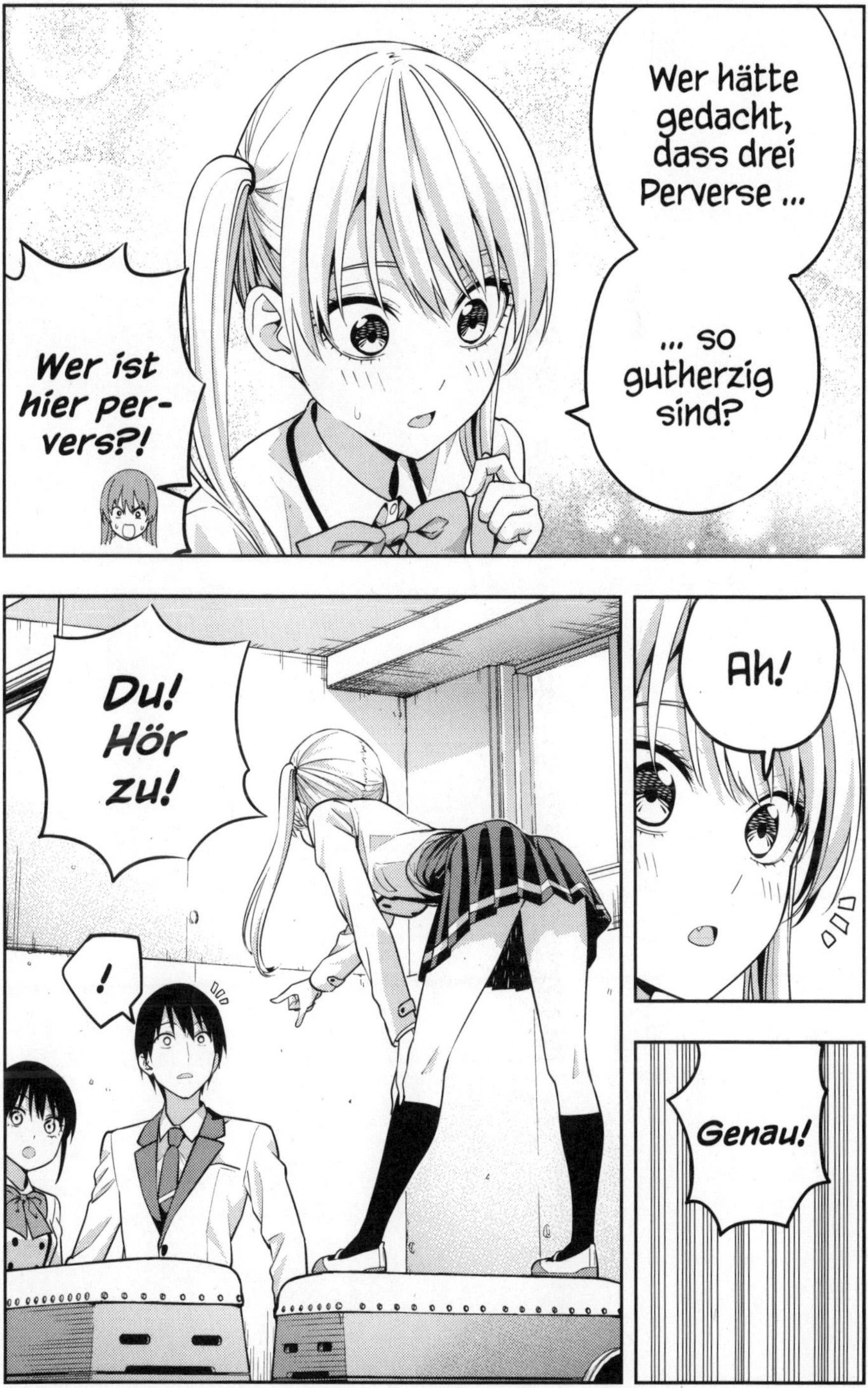

Wer hätte gedacht, dass drei Perverse ...
... so gutherzig sind?
Wer ist hier pervers?!
Ah!
Genau!
Du! Hör zu!
!

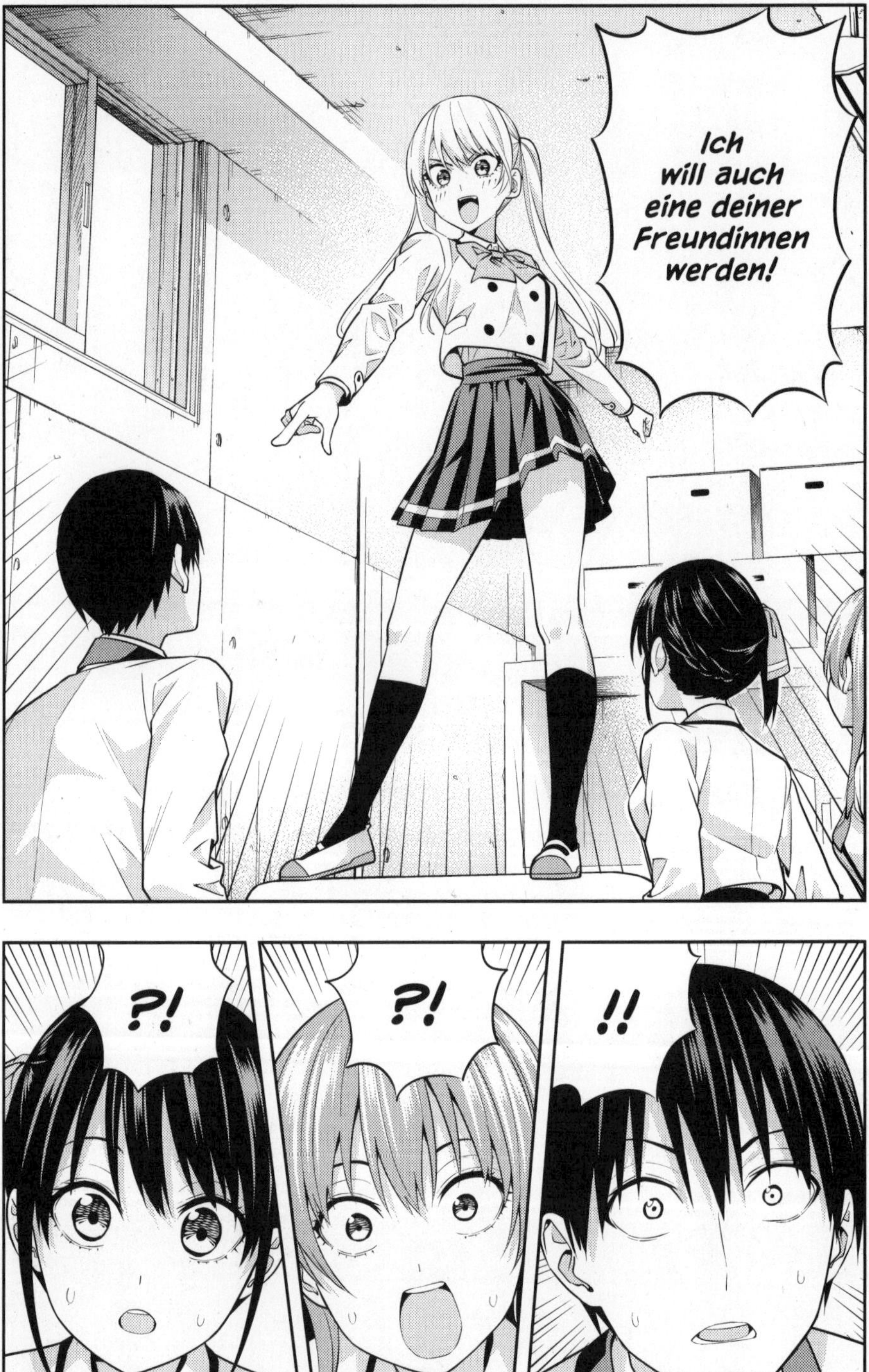
Ich will auch eine deiner Freundinnen werden!
!!
?!
?!

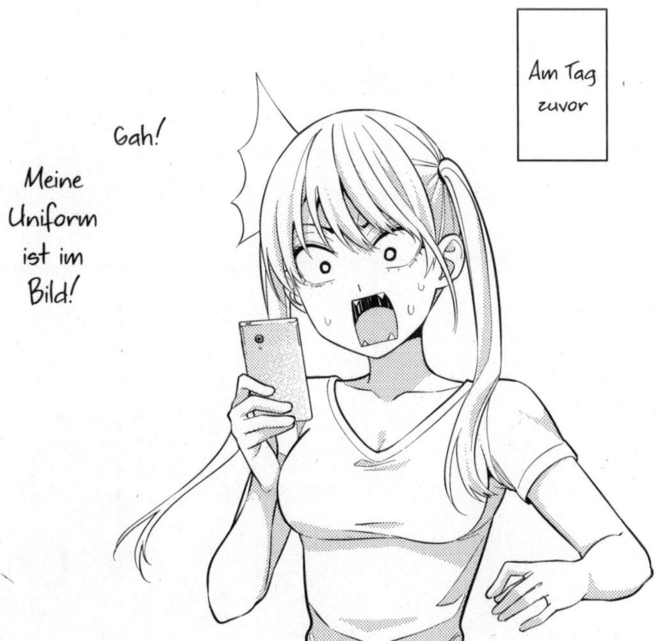
Am Tag zuvor
Gah!
Meine Uniform ist im Bild!

HIROYUKI

KANOJO MO KANOJO

Gelegenheit macht Liebe

Kapitel 14: Eine dritte Freundin

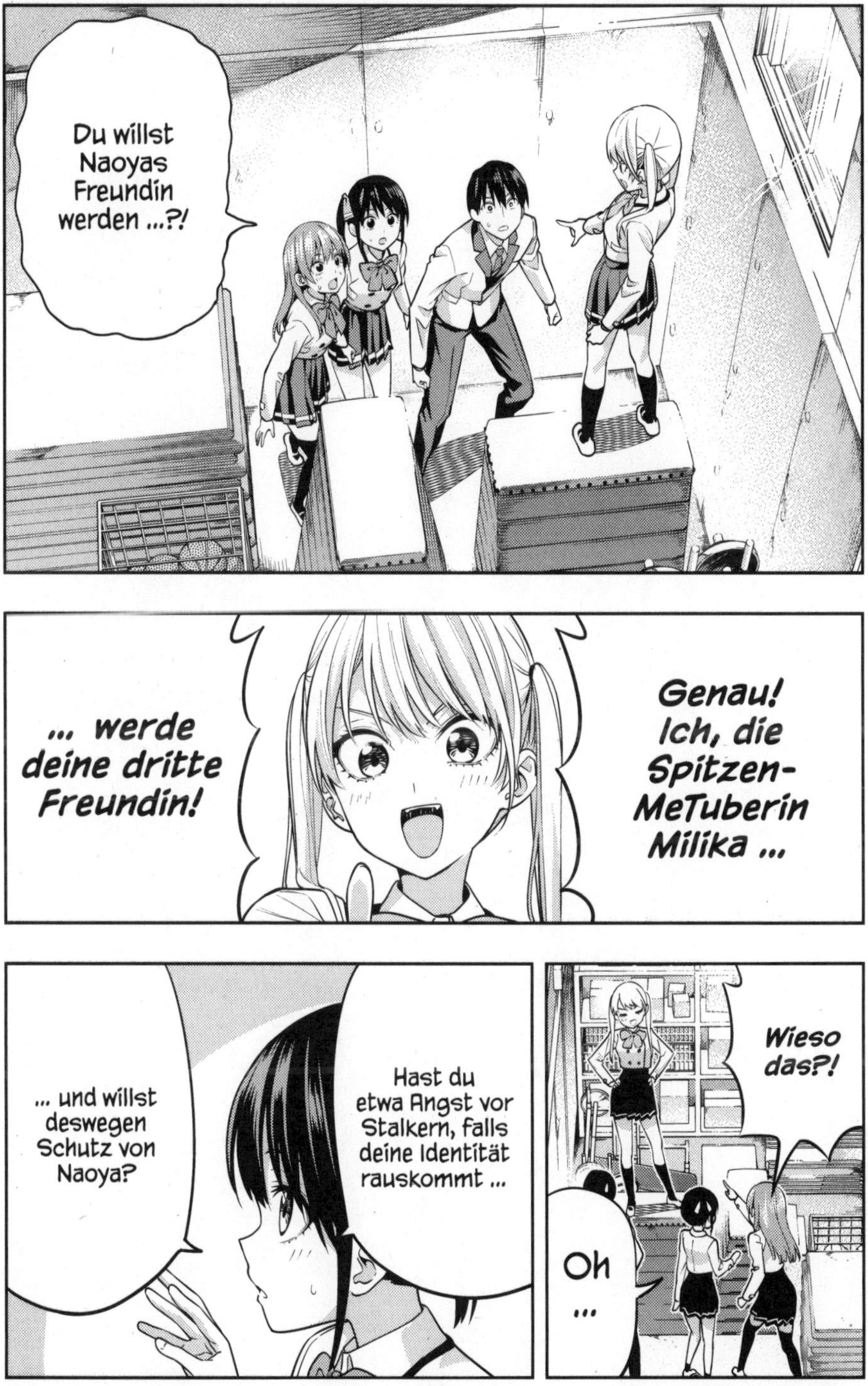

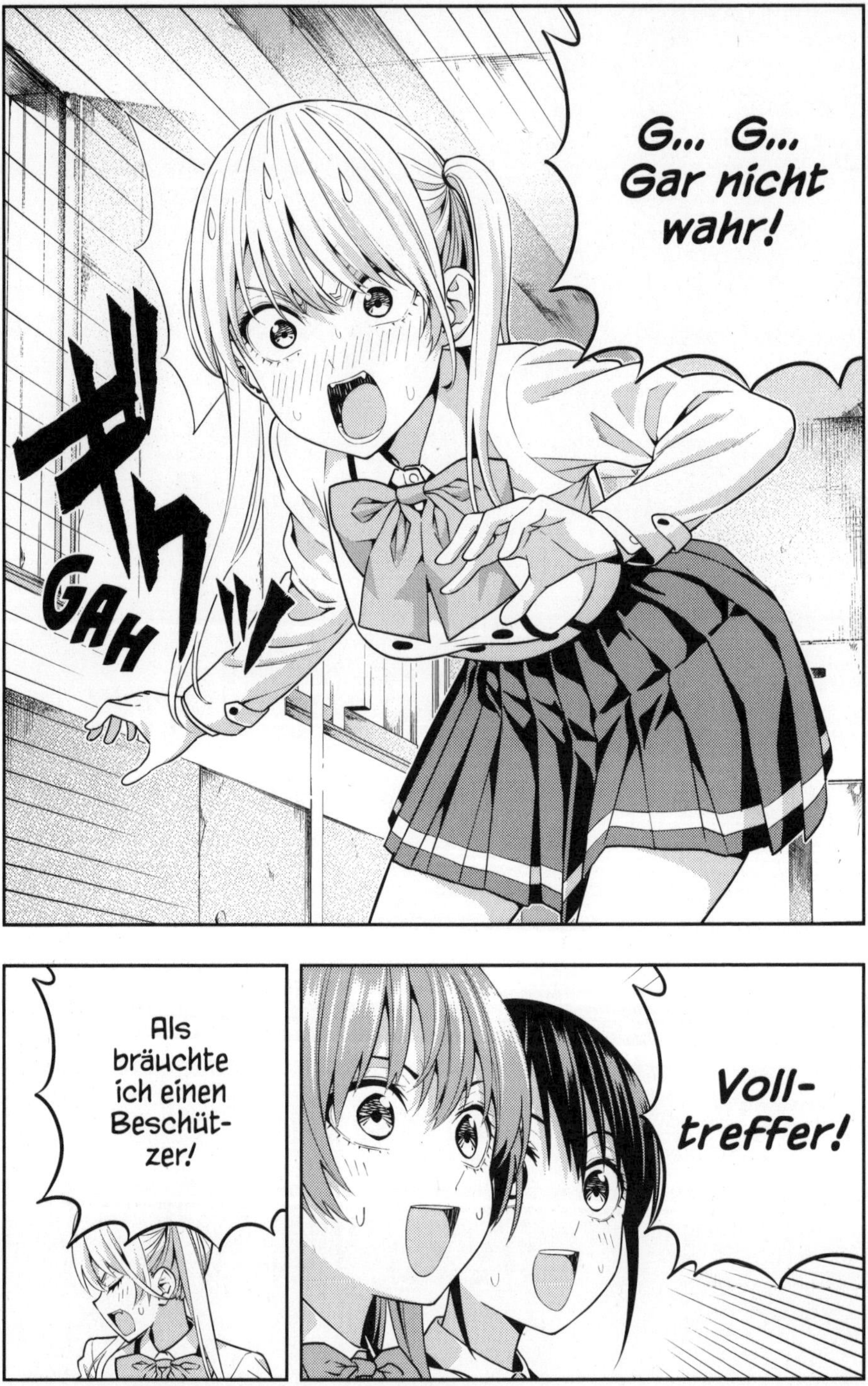

G... G... Gar nicht wahr!
GAH
Voll-treffer!
Als bräuchte ich einen Beschüt-zer!

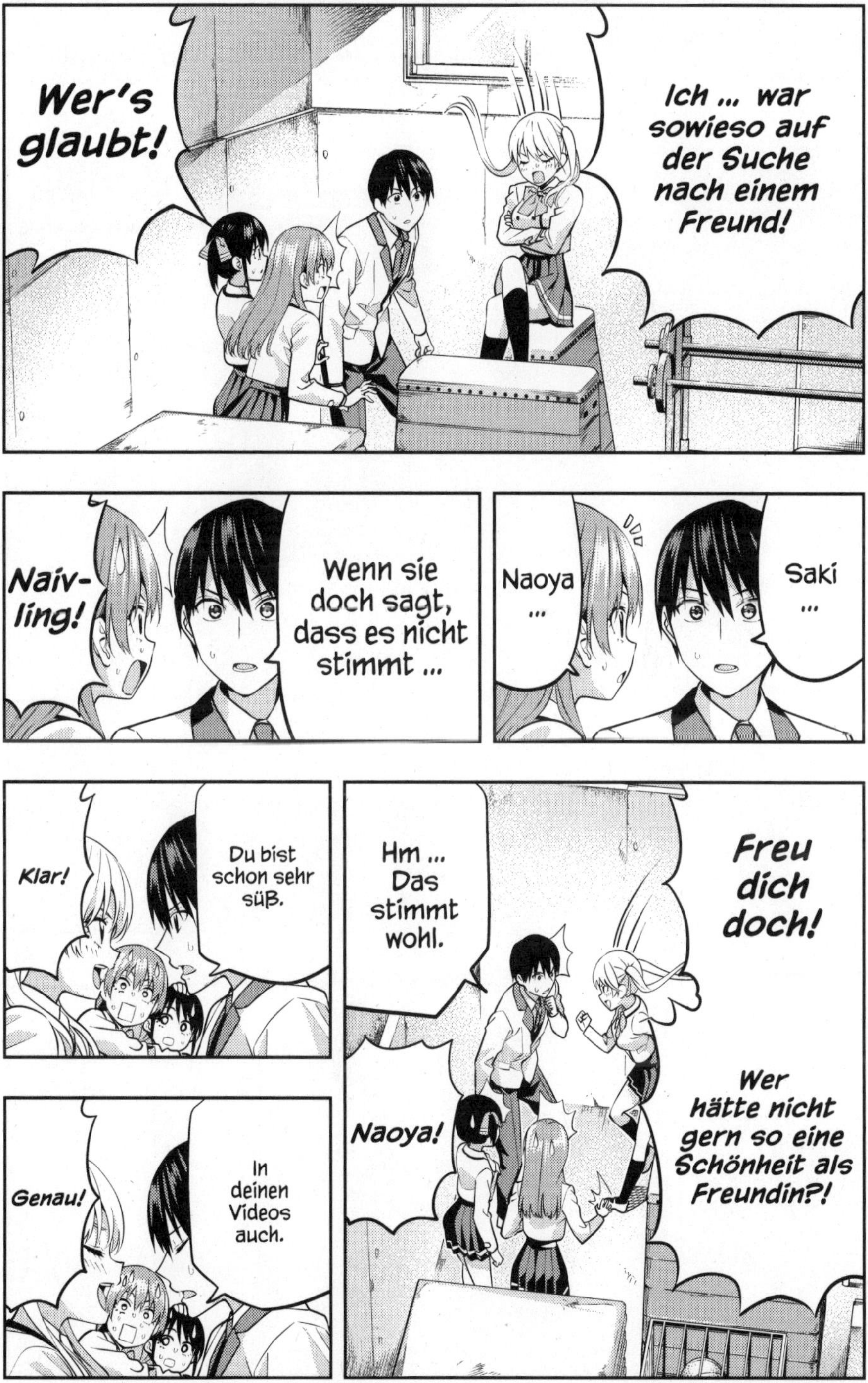
Ich ... war sowieso auf der Suche nach einem Freund!
Wer's glaubt!
Saki ...
Naoya ...
Wenn sie doch sagt, dass es nicht stimmt ...
Naiv-ling!
Freu dich doch!
Wer hätte nicht gern so eine Schönheit als Freundin?!
Hm ... Das stimmt wohl.
Naoya!
Du bist schon sehr süß.
Klar!
In deinen Videos auch.
Genau!

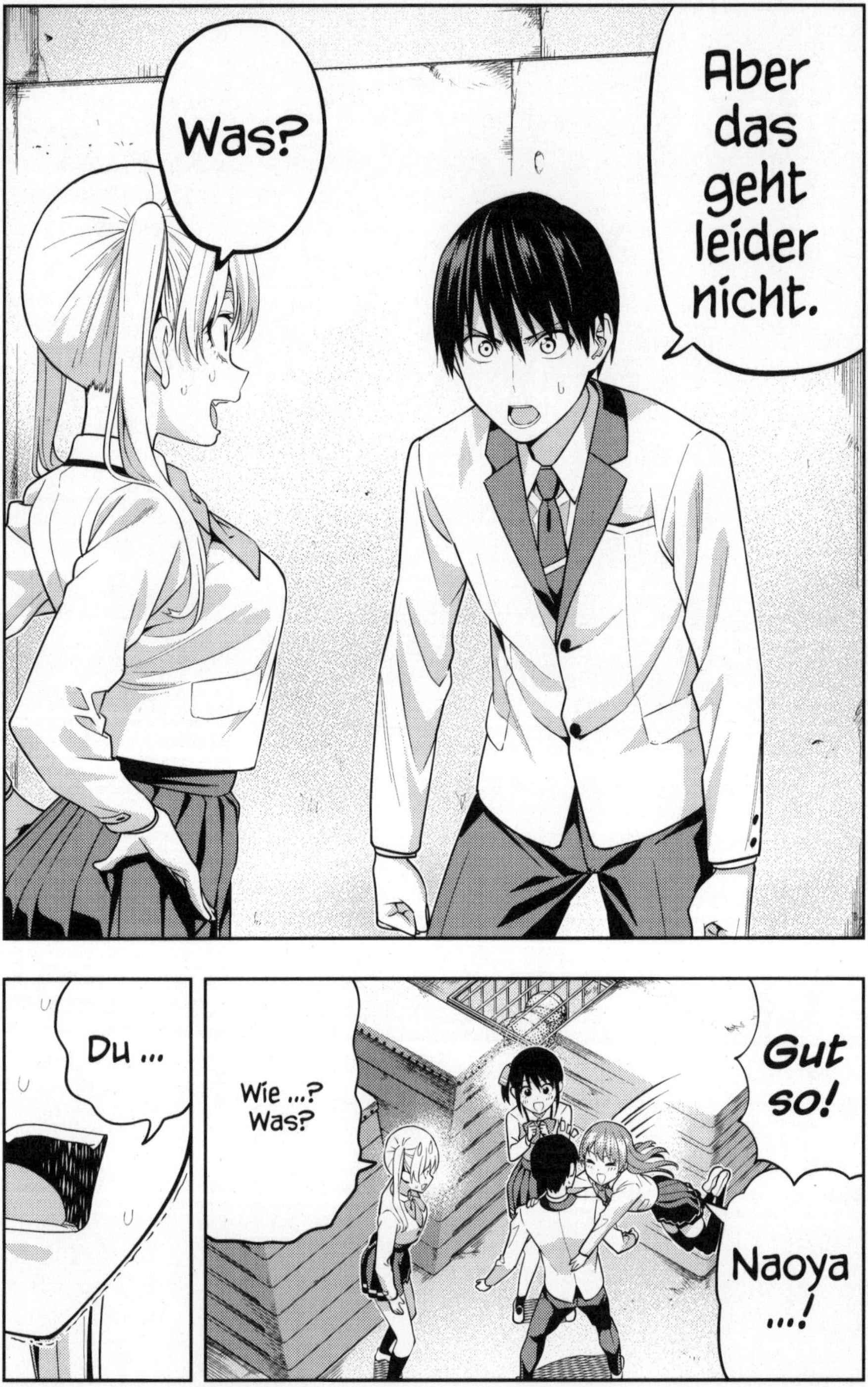

Aber das geht leider nicht.
Was?
Gut so!
Naoya ...!
Wie ...? Was?
Du ...

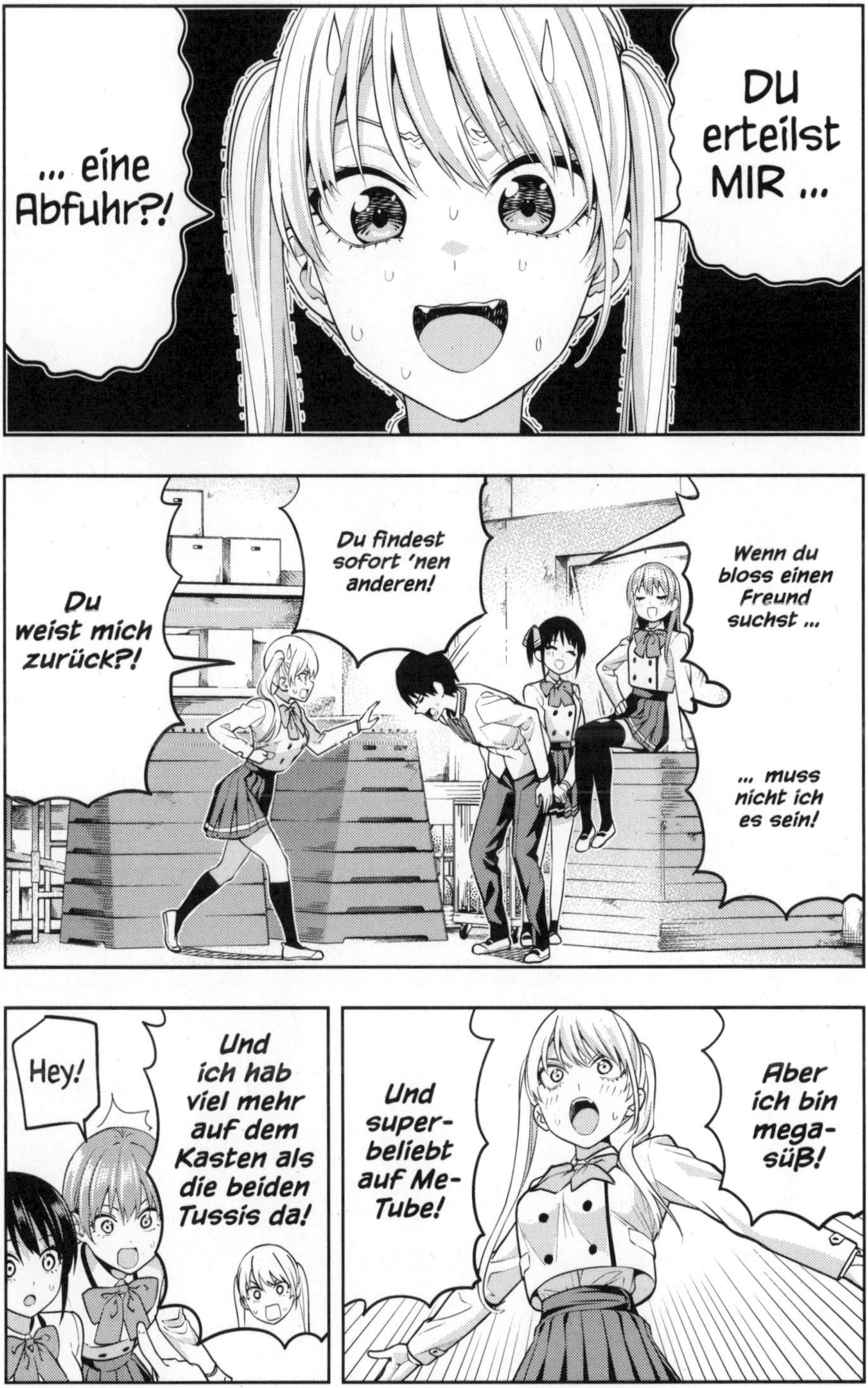
DU erteilst MIR ...
... eine Abfuhr?!
Wenn du bloss einen Freund suchst ...
... muss nicht ich es sein!
Du findest sofort 'nen anderen!
Du weist mich zurück?!
Aber ich bin mega-süß!
Und super-beliebt auf Me-Tube!
Und ich hab viel mehr auf dem Kasten als die beiden Tussis da!
Hey!

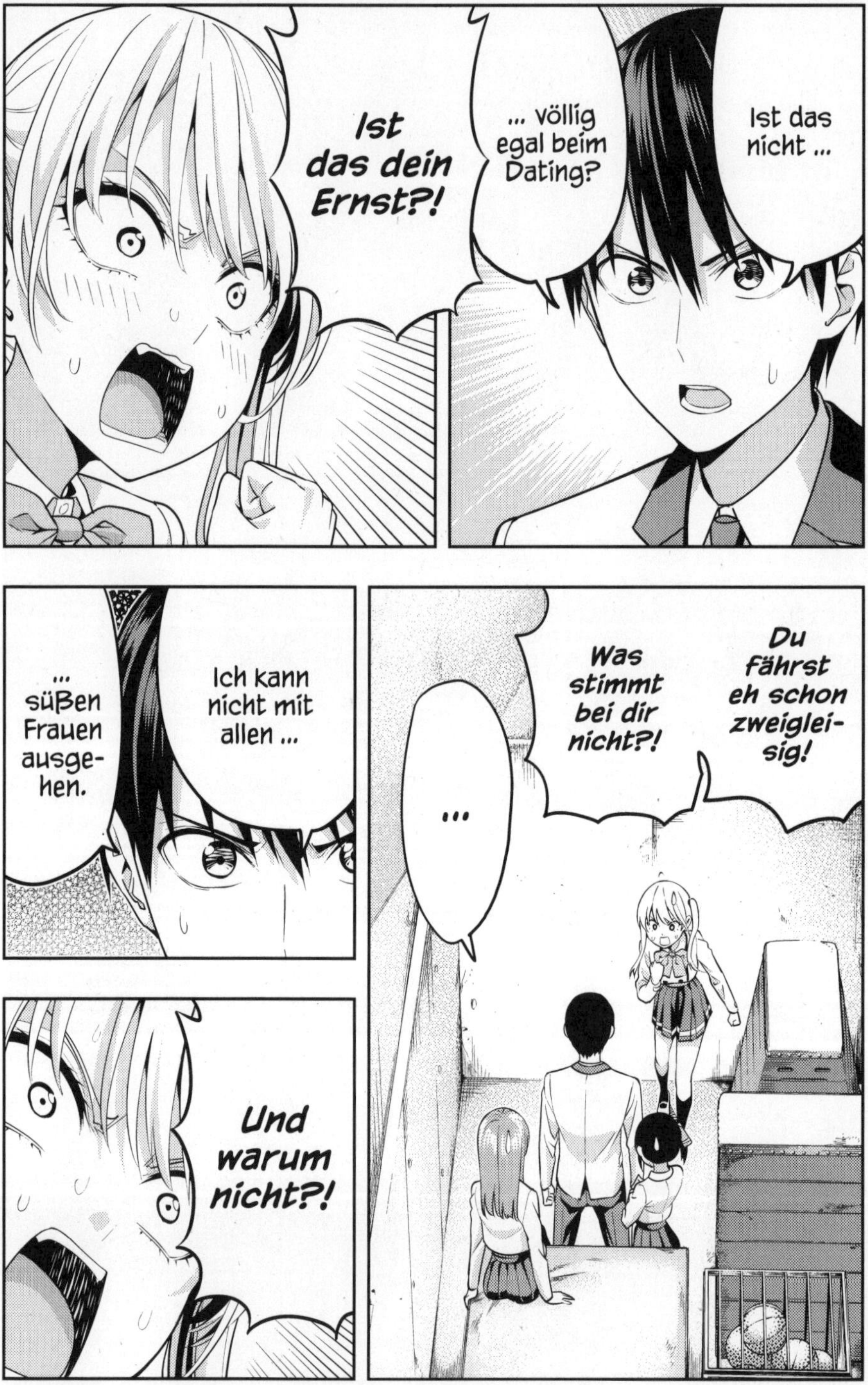
Ist das nicht ...
... völlig egal beim Dating?
Ist das dein Ernst?!
Ich kann nicht mit allen ...
... süßen Frauen ausgehen.
Und warum nicht?!
Du fährst eh schon zweiglei-sig!
Was stimmt bei dir nicht?!
...

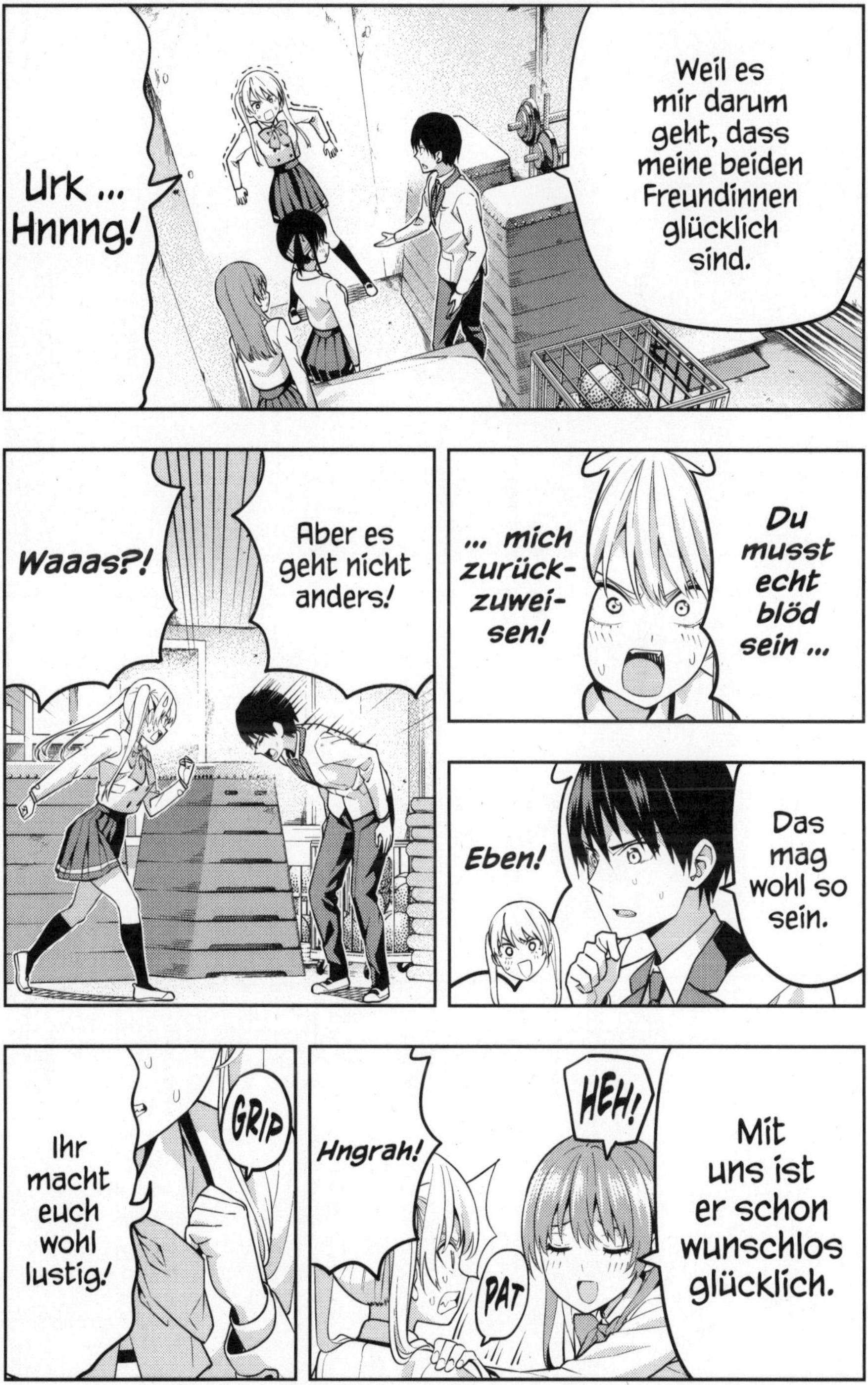
Weil es mir darum geht, dass meine beiden Freundinnen glücklich sind.
Urk ... Hnnng!
Du musst echt blöd sein ...
... mich zurück-zuwei-sen!
Das mag wohl so sein.
Eben!
Aber es geht nicht anders!
Waaas?!
Mit uns ist er schon wunschlos glücklich.
HEH!
PAT
Hngrah!
GRIP
Ihr macht euch wohl lustig!

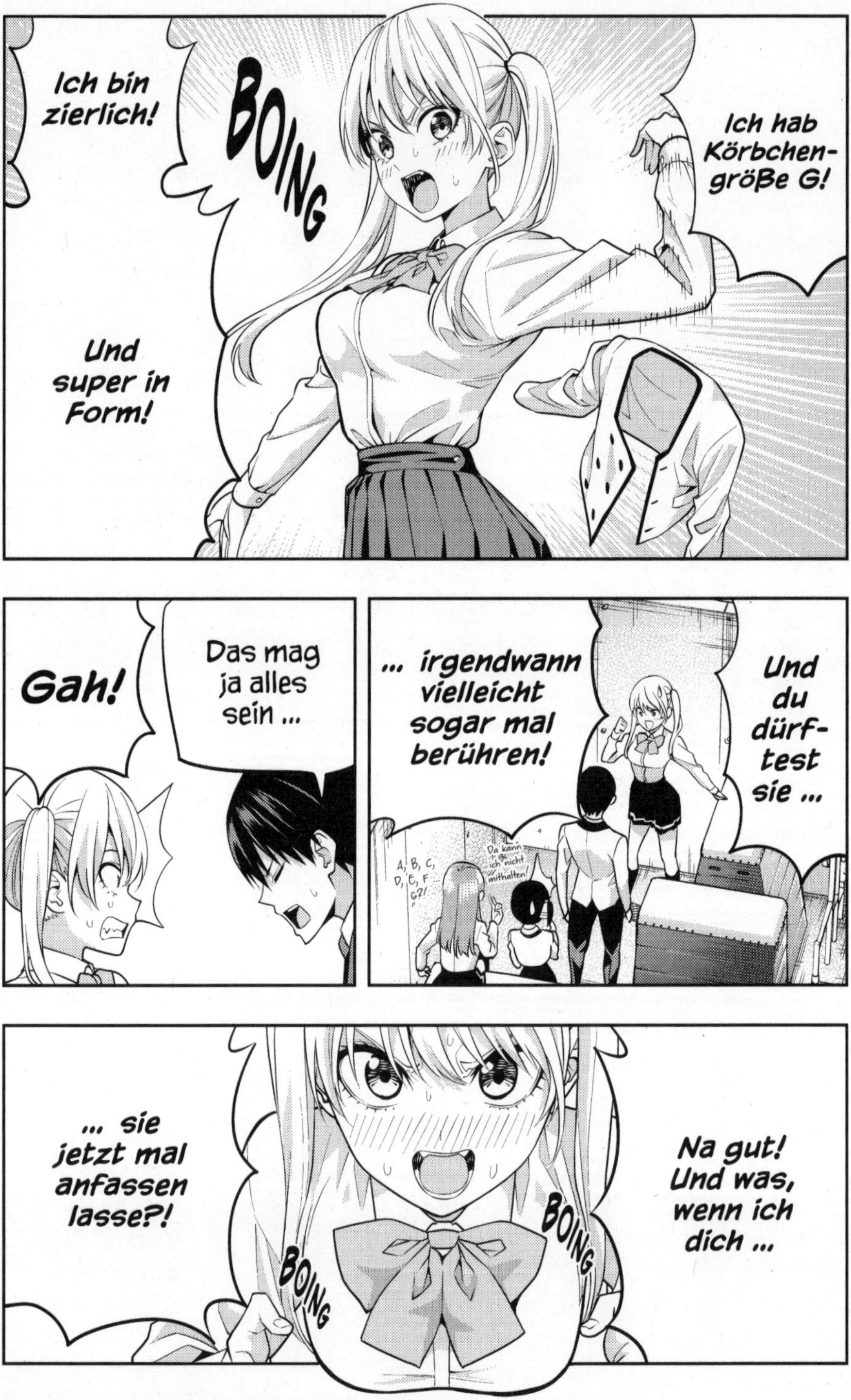
Ich hab Körbchen-größe G!
BOING
Ich bin zierlich!
Und super in Form!
Und du dürf-test sie ...
... irgendwann vielleicht sogar mal berühren!
Da kann ich nicht mithalten!
A, B, C, D, E, F... G?!
Das mag ja alles sein ...
Gah!
Na gut! Und was, wenn ich dich ...
BOING
BOING
... sie jetzt mal anfassen lasse?!

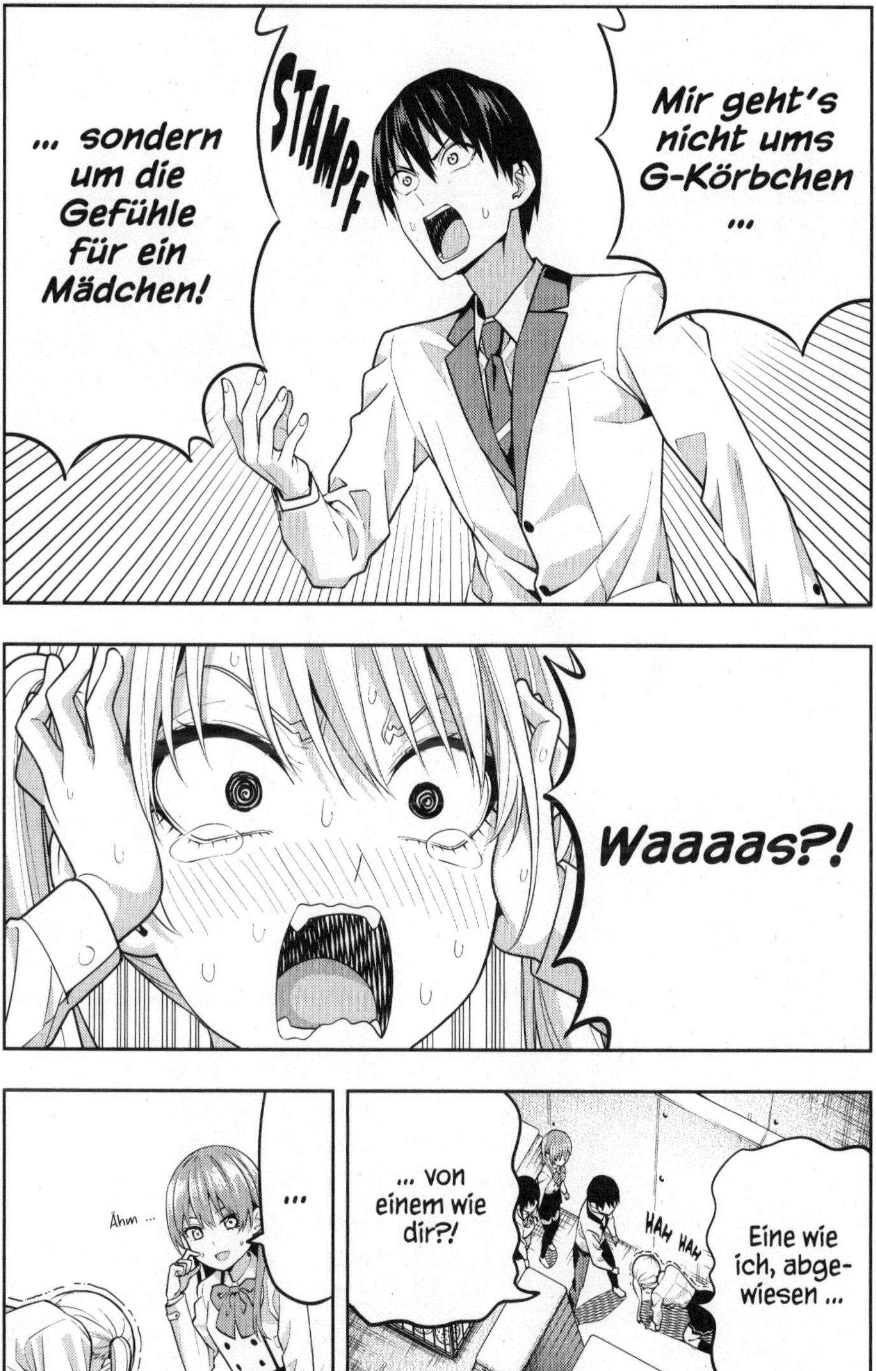
Mir geht's nicht ums G-Körbchen ...
STAMPF
... sondern um die Gefühle für ein Mädchen!
Waaaas?!
Eine wie ich, abgewiesen ...
HAH HAH
... von einem wie dir?!
...
Ähm ...

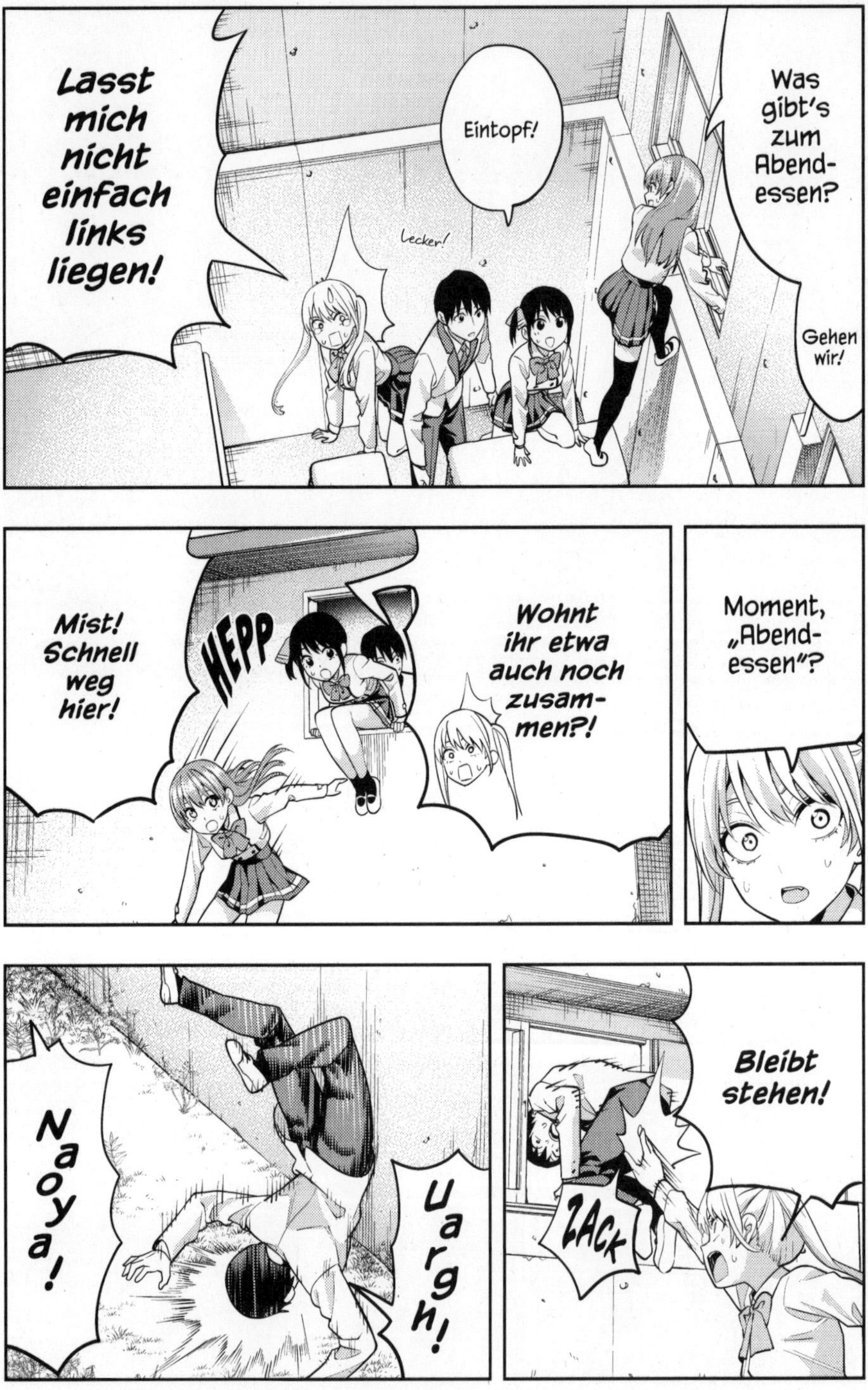
Was gibt's zum Abendessen?
Eintopf!
Lecker!
Gehen wir!
Lasst mich nicht einfach links liegen!
Moment, „Abendessen"?
Wohnt ihr etwa auch noch zusammen?!
HEPP
Mist! Schnell weg hier!
Bleibt stehen!
ZACK
Uargh!
Naoya!

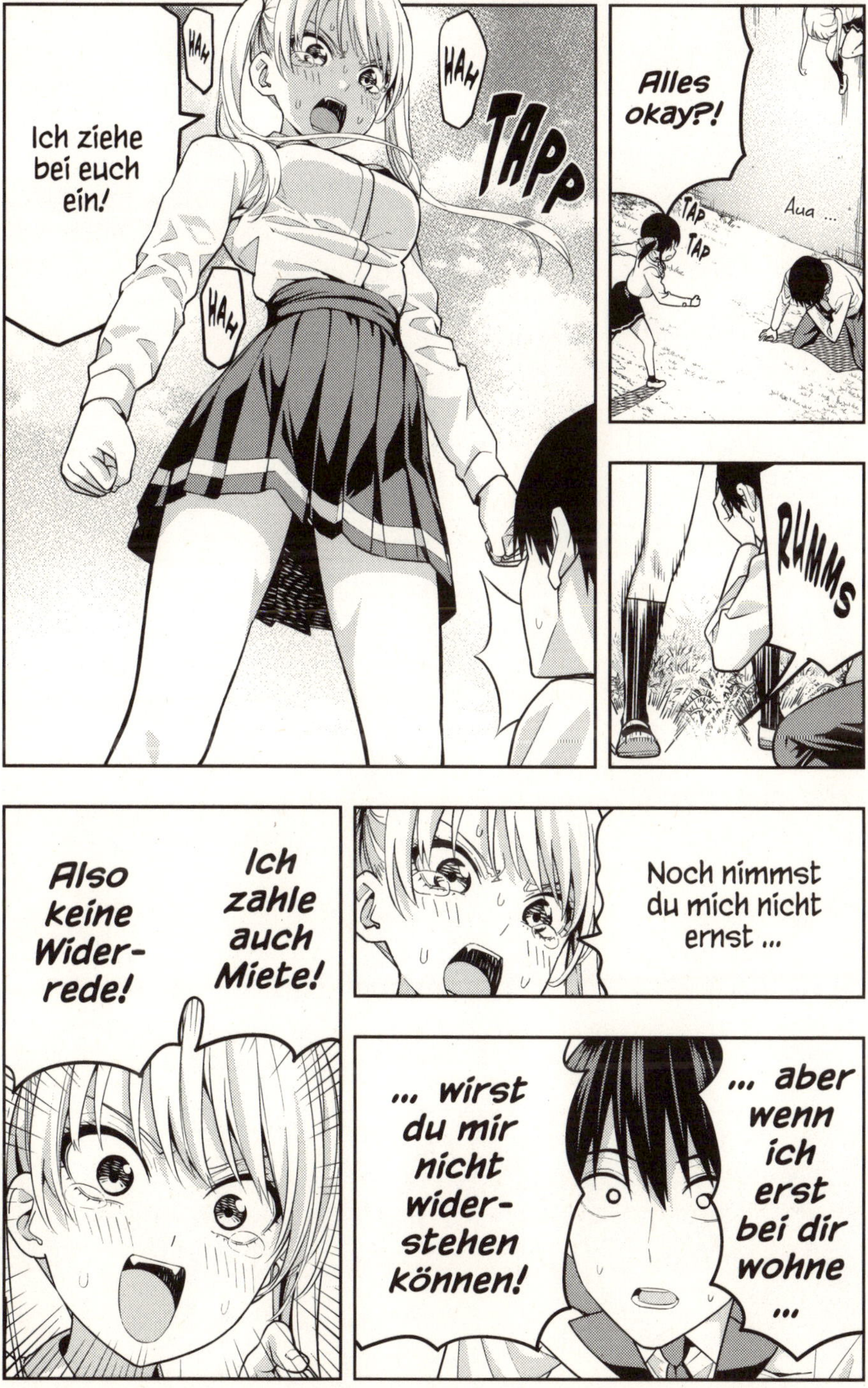

Alles okay?!
TAP TAP
Aua ...
HAH
HAH
TAPP
Ich ziehe bei euch ein!
HAH
RUMMS
Noch nimmst du mich nicht ernst ...
Ich zahle auch Miete!
Also keine Wider-rede!
... aber wenn ich erst bei dir wohne ...
... wirst du mir nicht wider-stehen können!

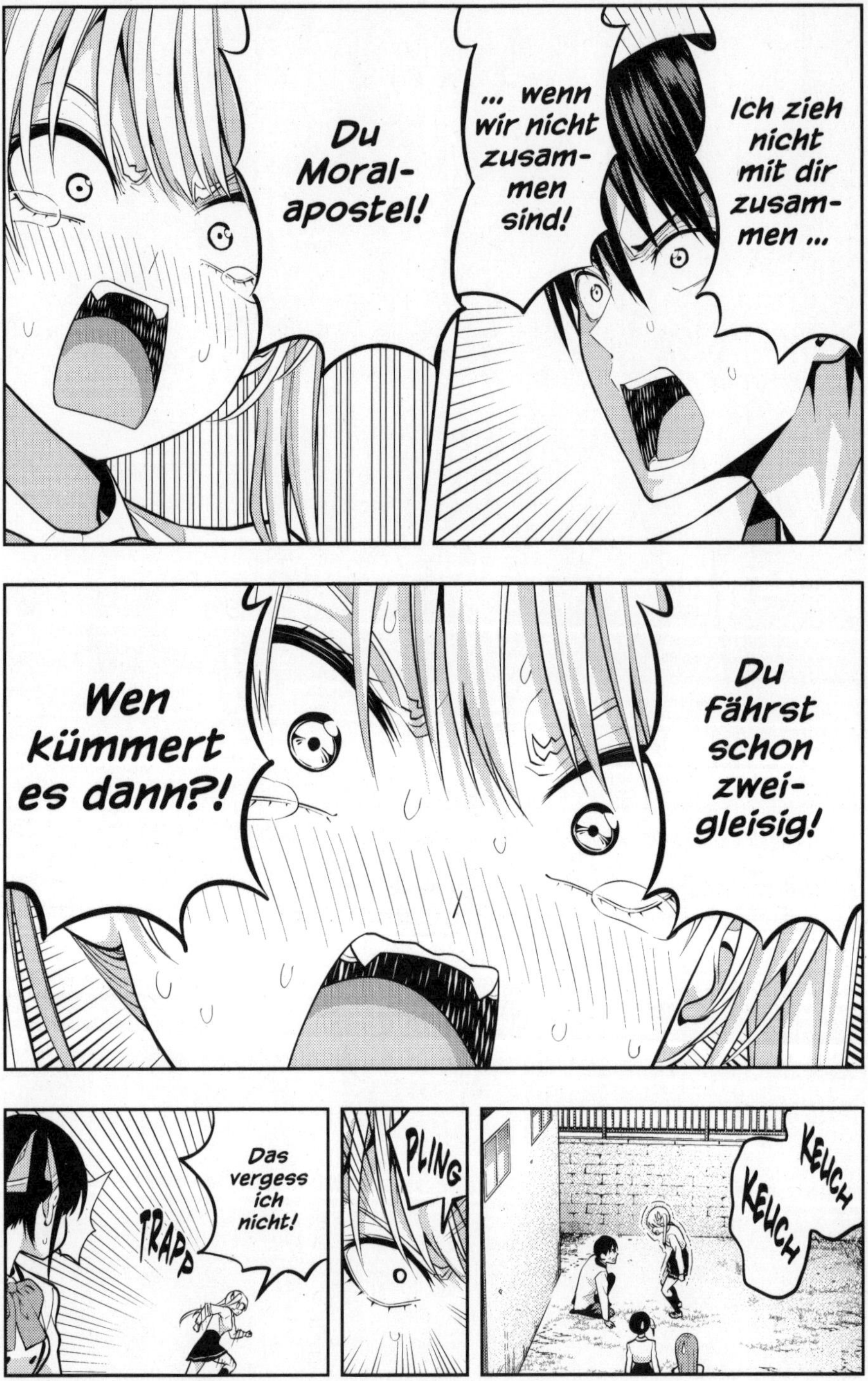
Ich zieh nicht mit dir zusammen ...
... wenn wir nicht zusammen sind!
Du Moralapostel!
Du fährst schon zweigleisig!
Wen kümmert es dann?!
KEUCH KEUCH
PLING
Das vergess ich nicht!
TRAPP

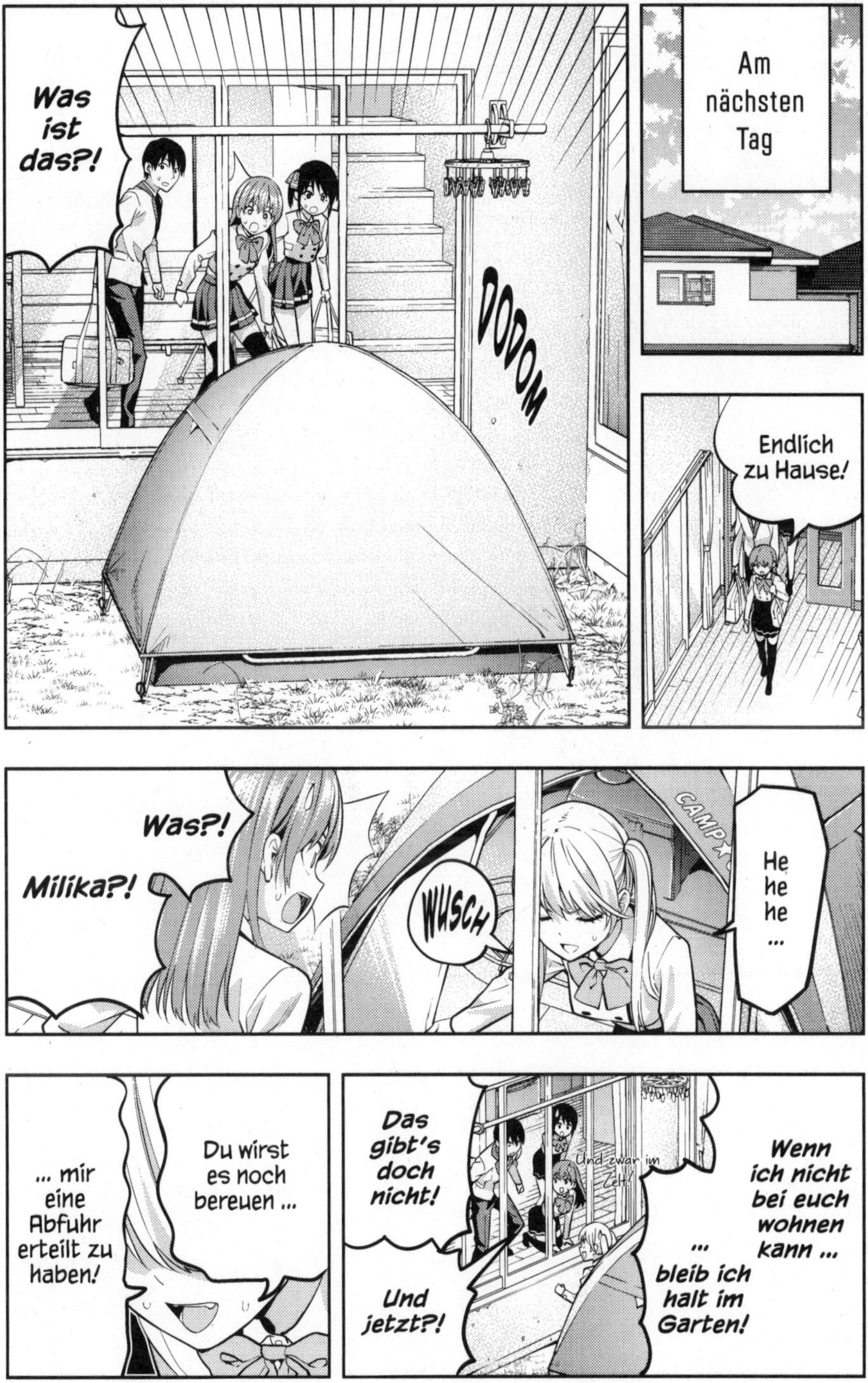
Am nächsten Tag
Endlich zu Hause!
Was ist das?!
DODOM
He he he ...
WUSCH
Was?!
Milika?!
Wenn ich nicht bei euch wohnen kann ...
... bleib ich halt im Garten!
Und zwar im Zelt!
Das gibt's doch nicht!
Und jetzt?!
Du wirst es noch bereuen ...
... mir eine Abfuhr erteilt zu haben!

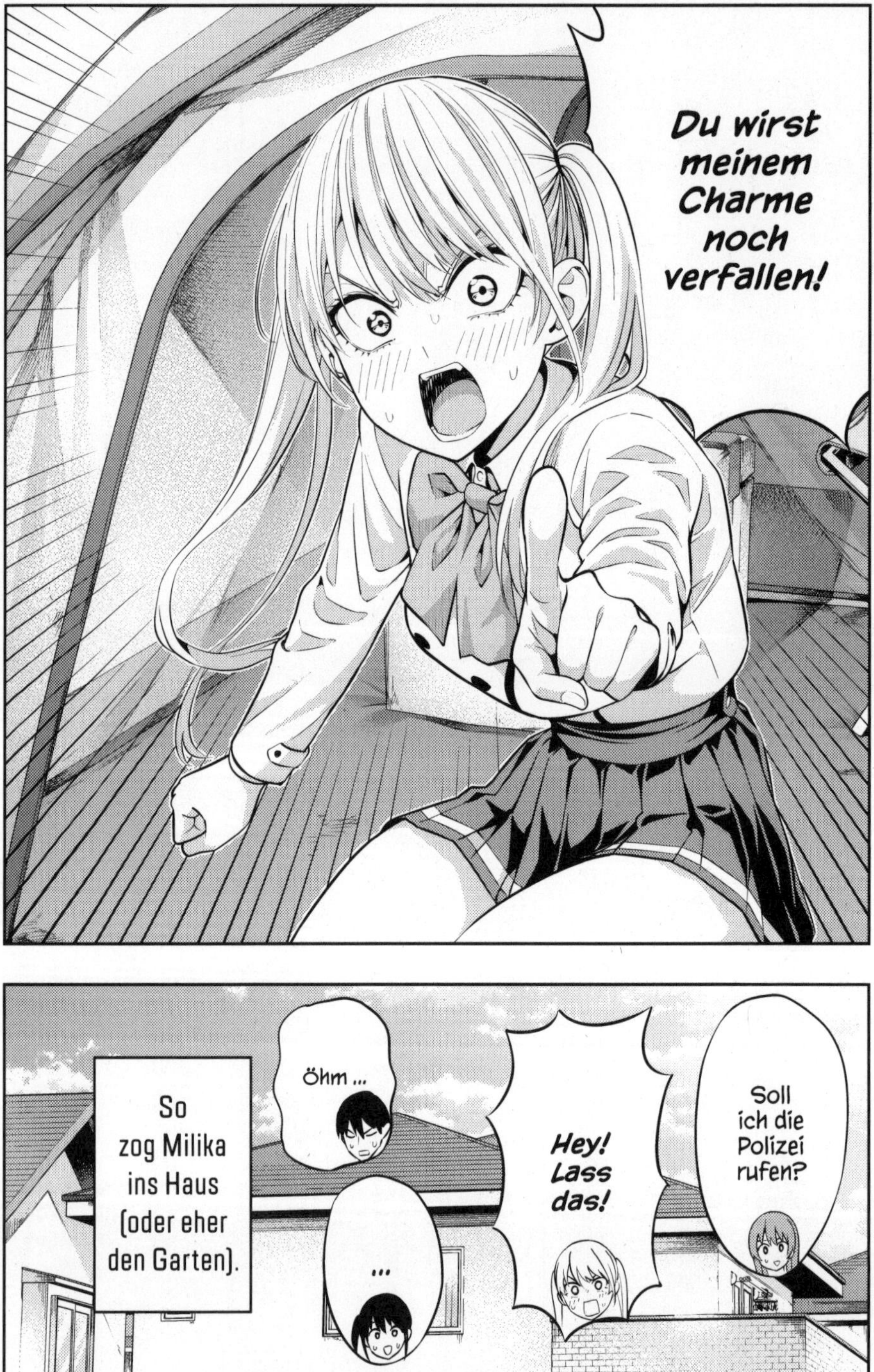
Du wirst meinem Charme noch verfallen!
Soll ich die Polizei rufen?
Hey! Lass das!
Öhm ...
...
So zog Milika ins Haus (oder eher den Garten).

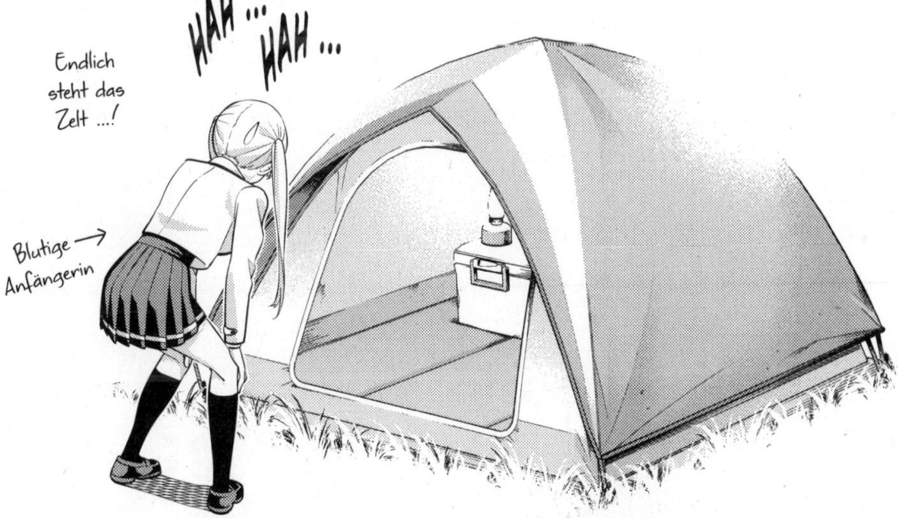
HAH ... HAH ...
Endlich steht das Zelt ...!
Blutige Anfängerin

HIROYUKI

KANOJO MO KANOJO

Gelegenheit macht Liebe

Kapitel 15: Die Gartenbesetzerin

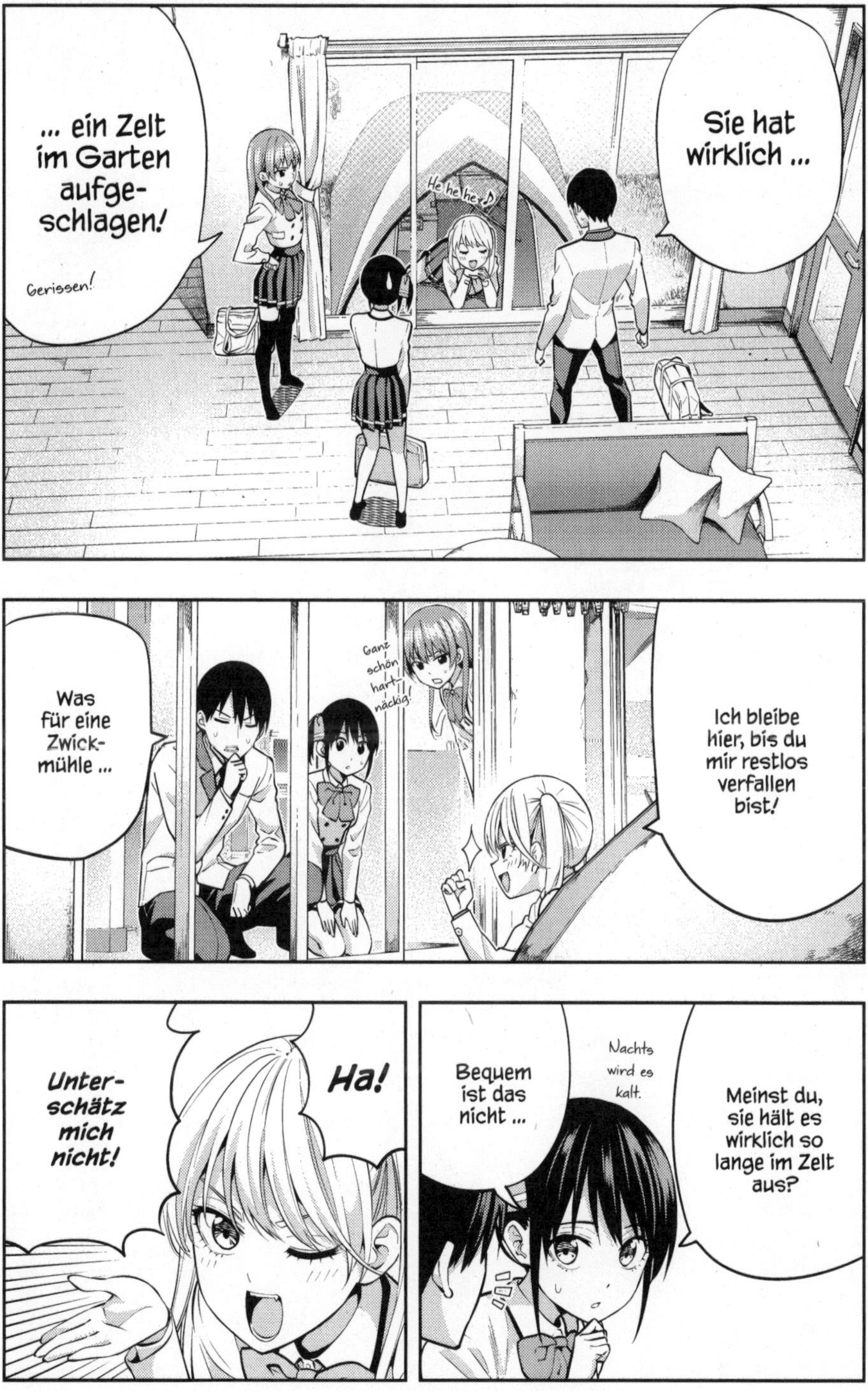

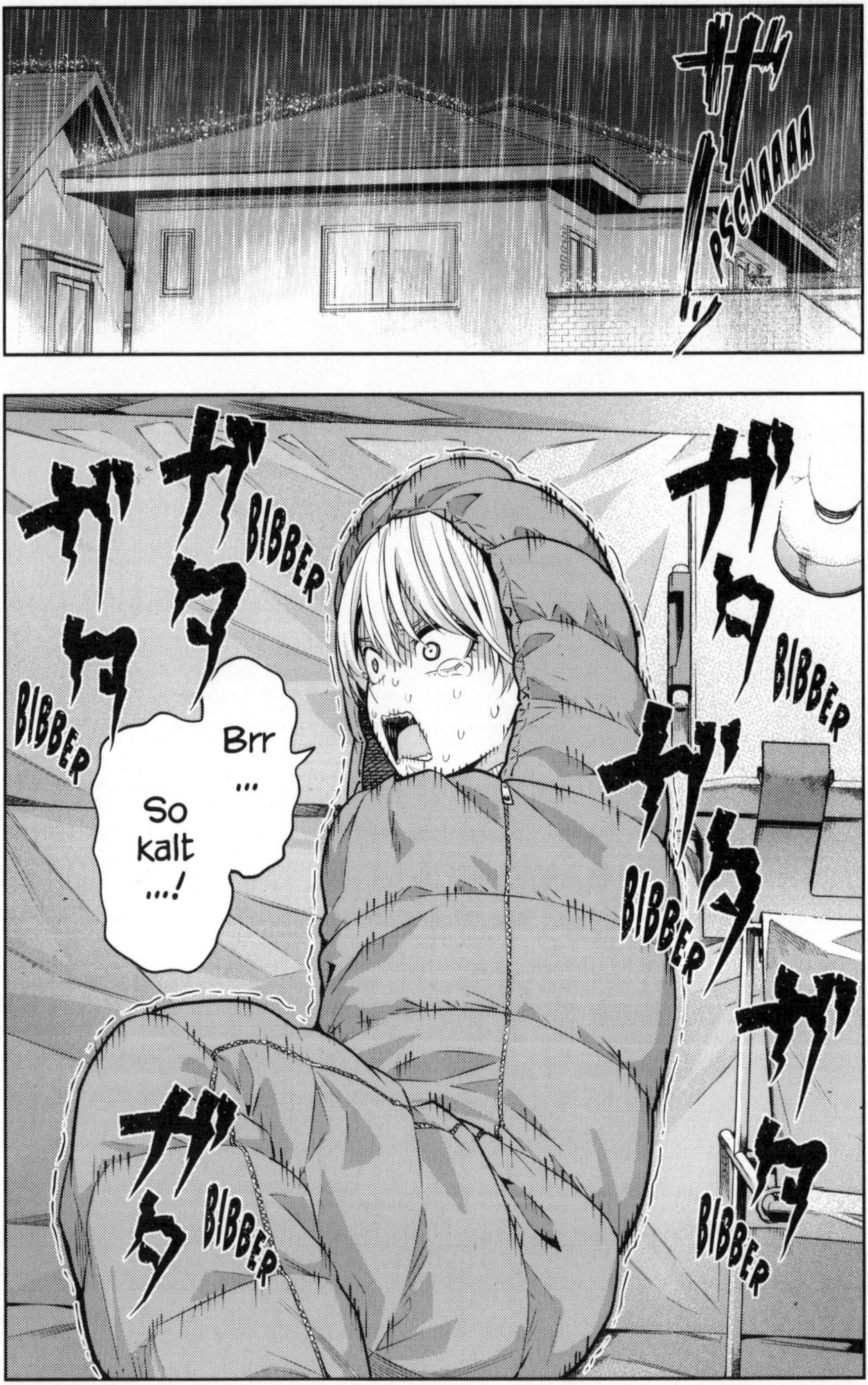
PSCHAAAA
BIBBER
BIBBER
BIBBER
BIBBER
BIBBER
Brr ...
So kalt ...!
BIBBER

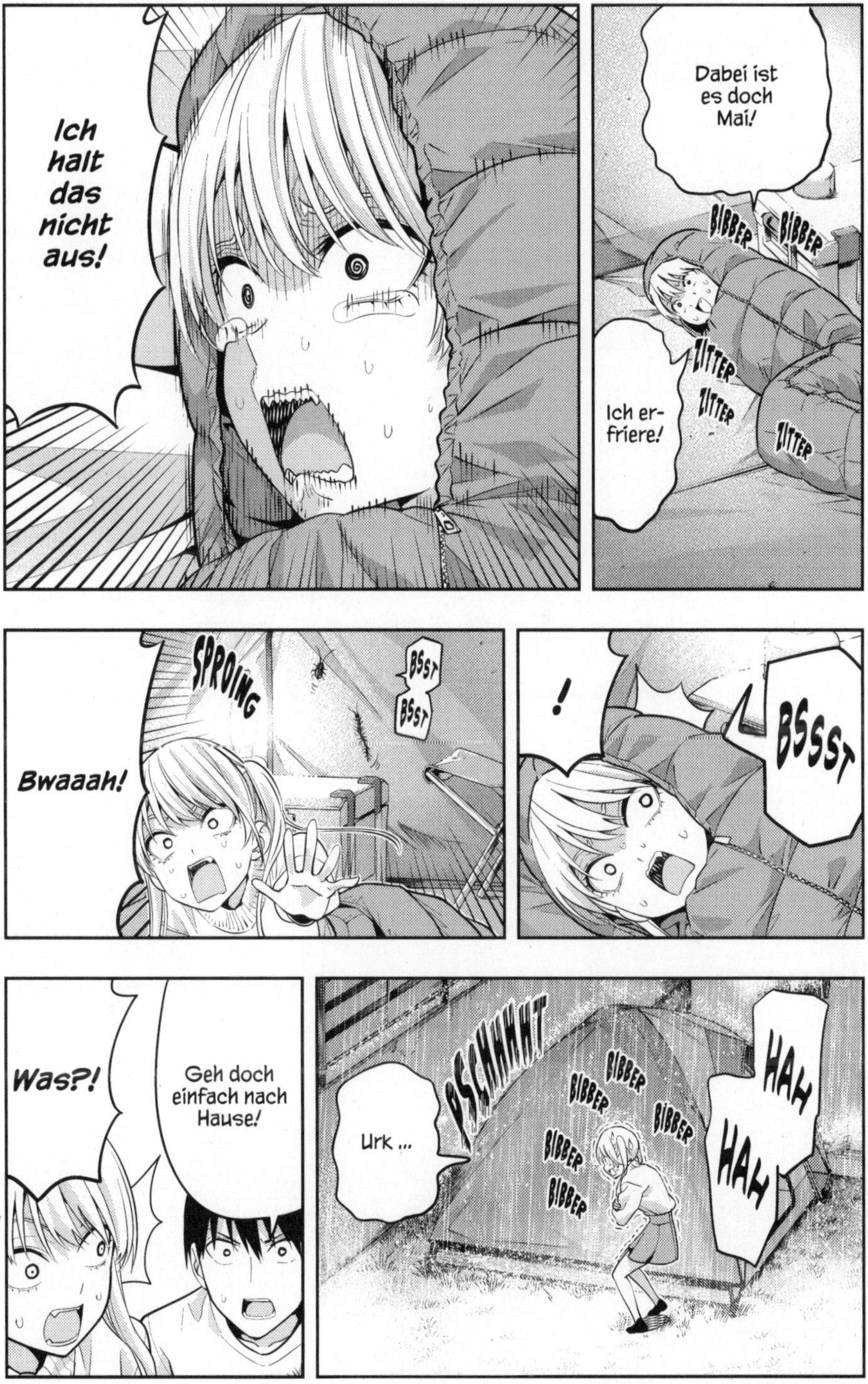
Dabei ist es doch Mai!
BIBBER BIBBER
ZITTER ZITTER
ZITTER
Ich erfriere!
Ich halt das nicht aus!
!
BSSST
SPROING
BSST BSST
Bwaaah!
HAH HAH
BSCHHHHT
BIBBER BIBBER BIBBER BIBBER BIBBER
Urk ...
Geh doch einfach nach Hause!
Was?!

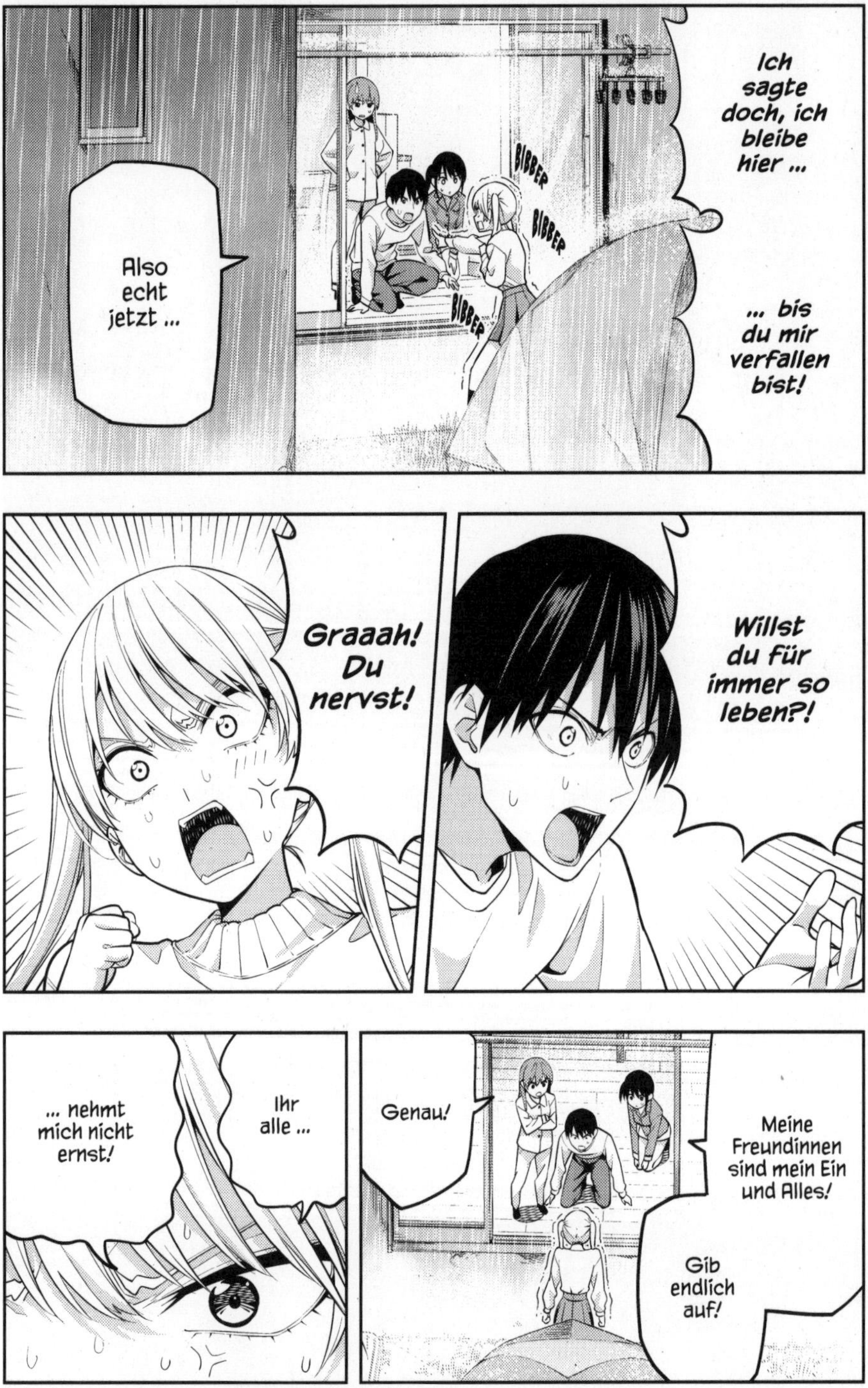
Ich sagte doch, ich bleibe hier ...
... bis du mir verfallen bist!
BIBBER
BIBBER
BIBBER
Also echt jetzt ...
Willst du für immer so leben?!
Graaah! Du nervst!
Meine Freundinnen sind mein Ein und Alles!
Gib endlich auf!
Genau!
Ihr alle ...
... nehmt mich nicht ernst!

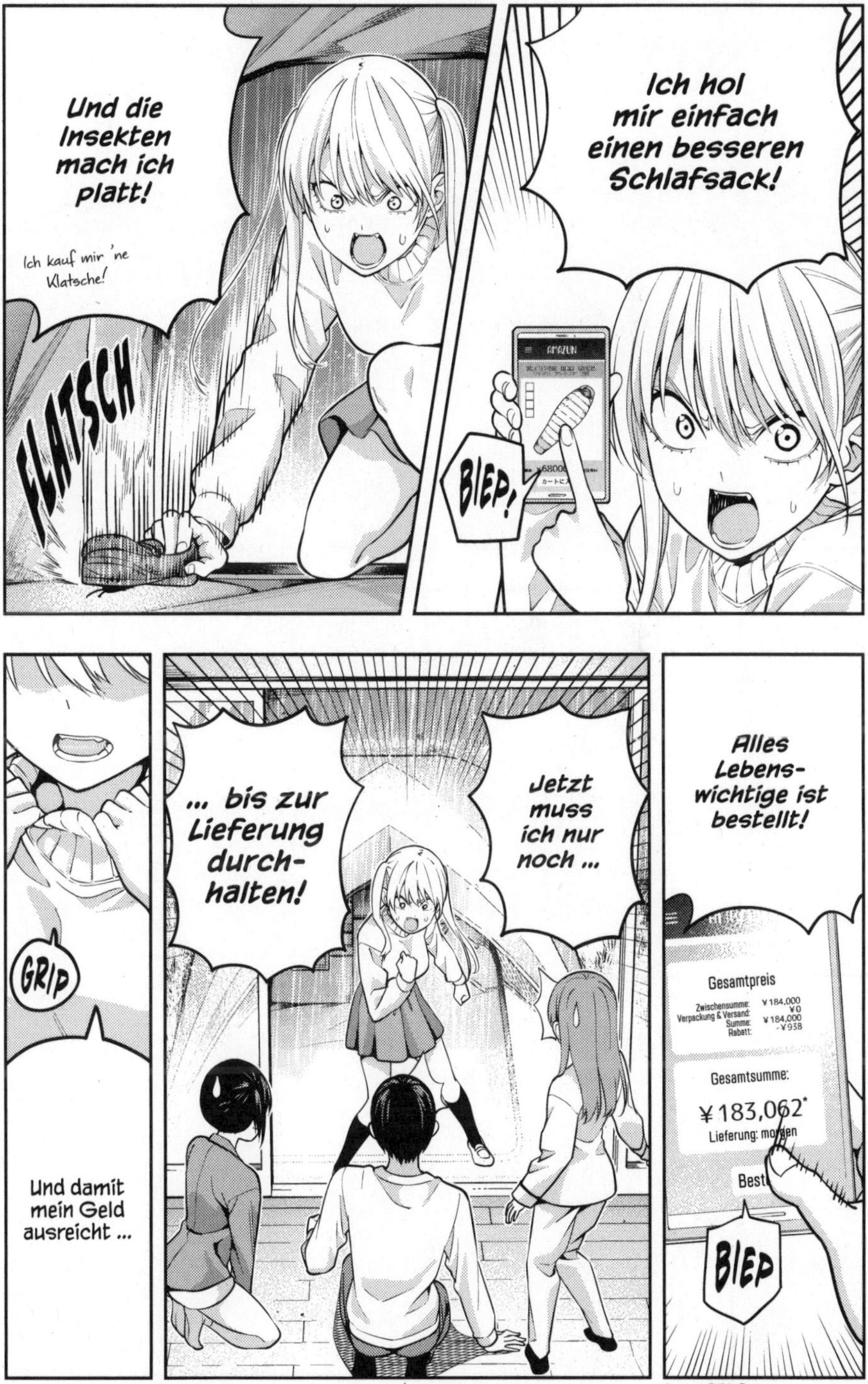
Ich hol mir einfach einen besseren Schlafsack!
AMAZUN
BIEP!
Und die Insekten mach ich platt!
Ich kauf mir 'ne Klatsche!
FLATSCH
Alles Lebens-wichtige ist bestellt!
Gesamtpreis
Zwischensumme: ¥184,000
Verpackung & Versand: ¥0
Summe: ¥184,000
Rabatt: -¥938
Gesamtsumme:
¥183,062*
BIEP
Jetzt muss ich nur noch ...
... bis zur Lieferung durch-halten!
GRIP
Und damit mein Geld ausreicht ...

* ca. 1.379 Euro

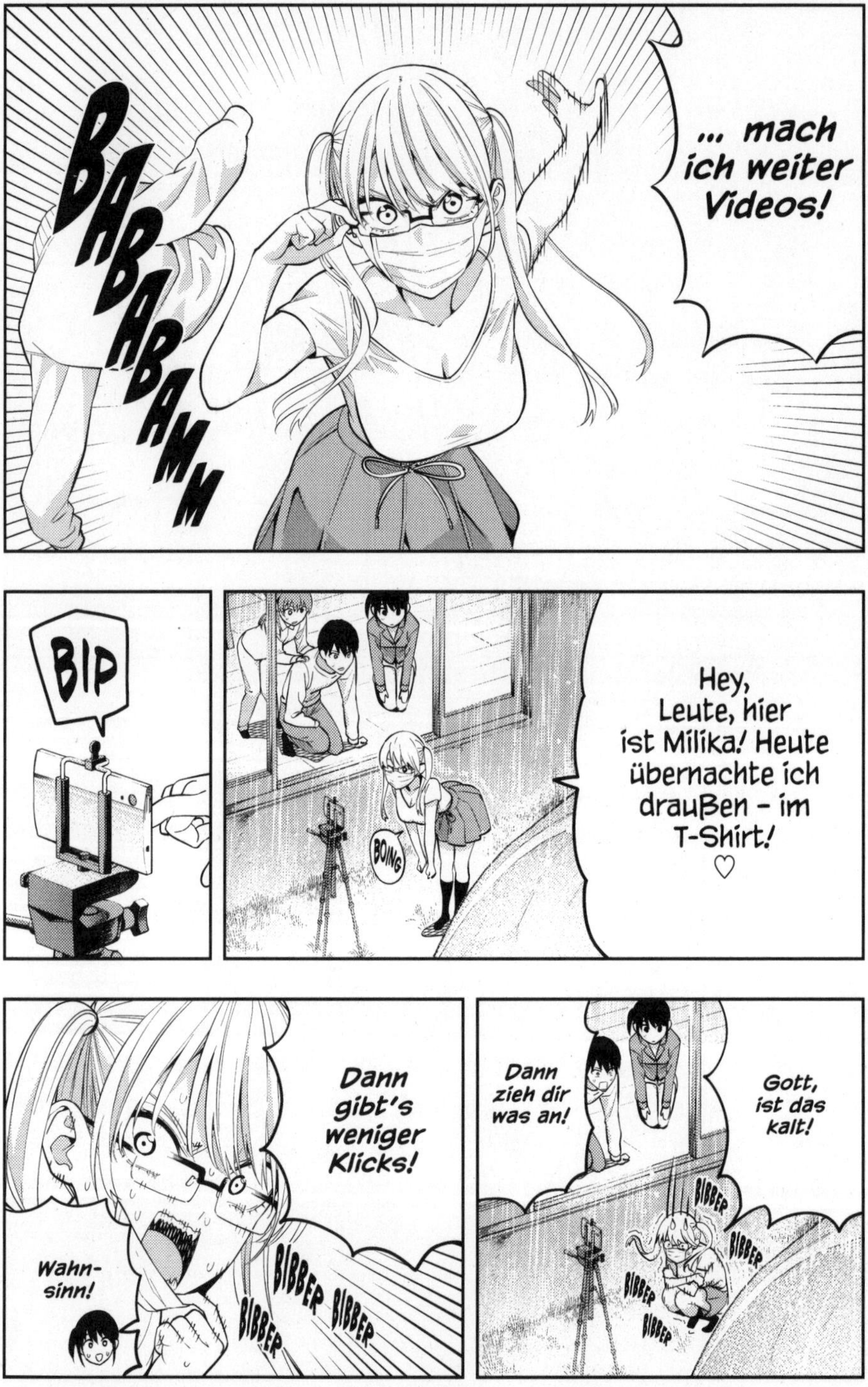
... mach ich weiter Videos!
BABABAMM
Hey, Leute, hier ist Milika! Heute übernachte ich draußen – im T-Shirt! ♡
BOING
BIP
Gott, ist das kalt!
Dann zieh dir was an!
BIBBER
BIBBER
BIBBER
BIBBER
Dann gibt's weniger Klicks!
BIBBER BIBBER
BIBBER
Wahn-sinn!

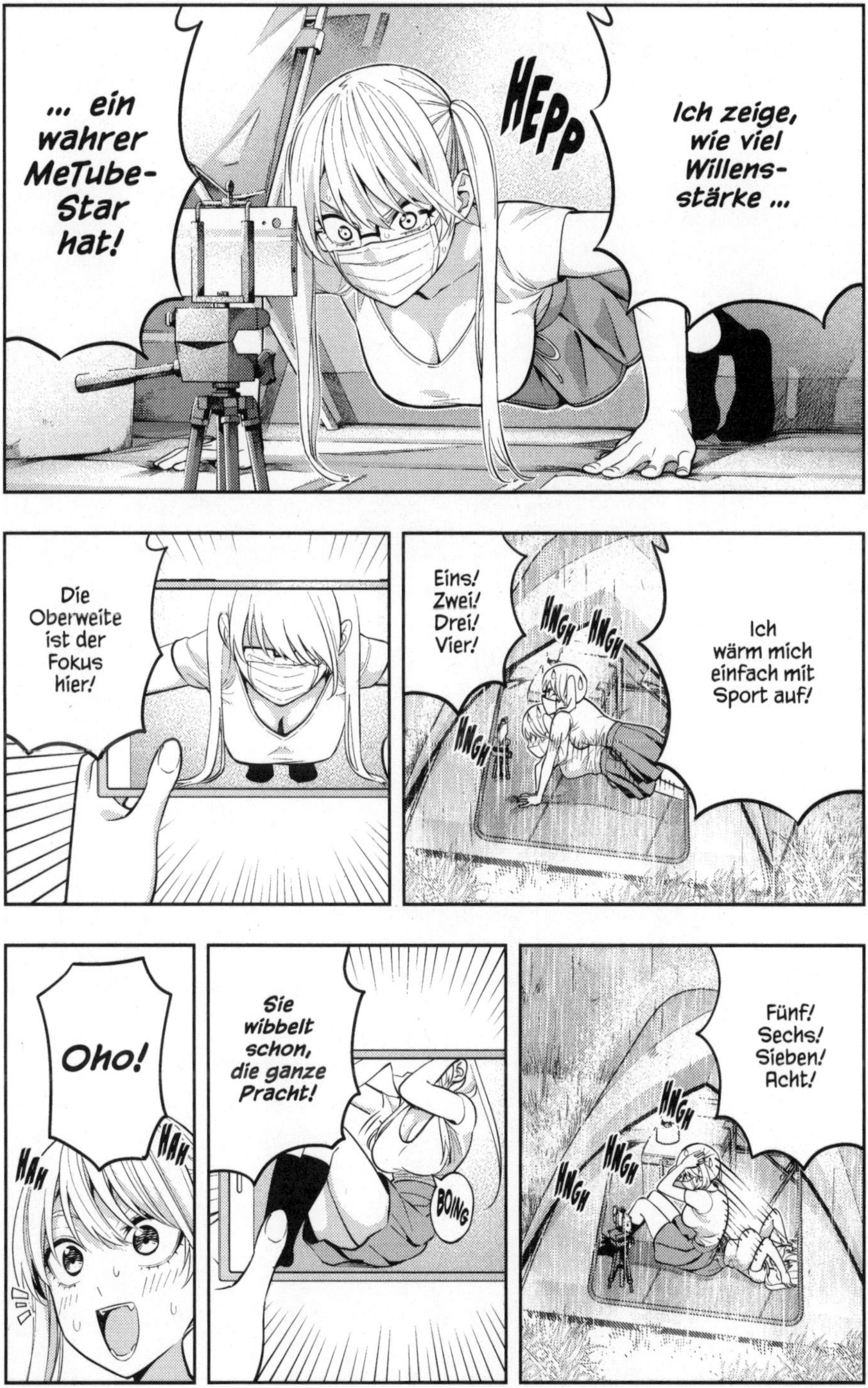
Ich zeige, wie viel Willensstärke ...
HEPP
... ein wahrer MeTube-Star hat!
Ich wärm mich einfach mit Sport auf!
Eins! Zwei! Drei! Vier!
HNGH HNGH
HNGH
Die Oberweite ist der Fokus hier!
Fünf! Sechs! Sieben! Acht!
HNGH
HNGH
HNGH
Sie wibbelt schon, die ganze Pracht!
BOING
Oho!
HAH
HAH

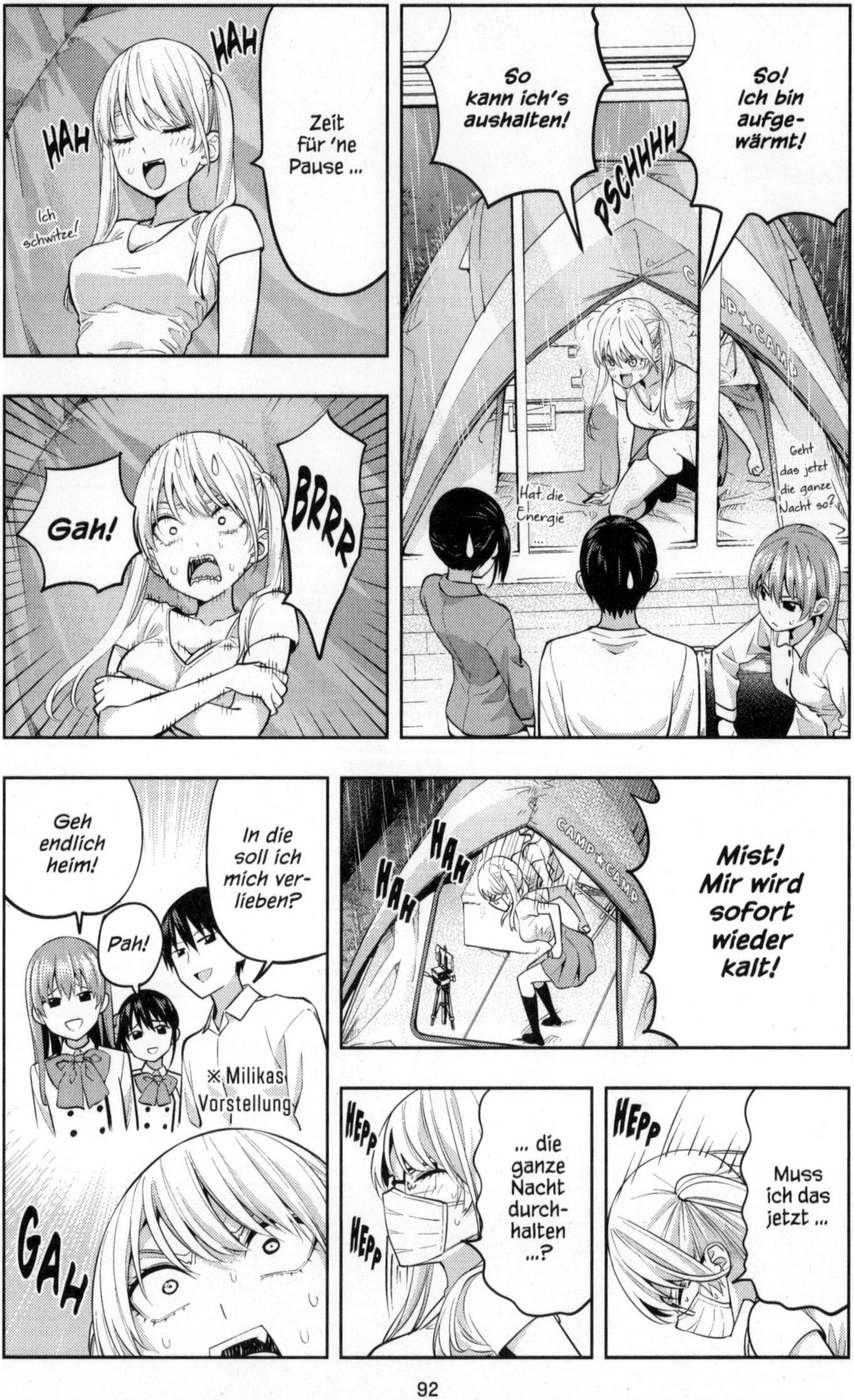

So! Ich bin aufgewärmt!
PSCHHHH
So kann ich's aushalten!
Geht das jetzt die ganze Nacht so?
Hat die Energie ...
HAH
HAH
Zeit für 'ne Pause ...
Ich schwitze!
BRRR
Gah!
Mist! Mir wird sofort wieder kalt!
HAH
HAH
Muss ich das jetzt ...
HEPP
... die ganze Nacht durchhalten ...?
HEPP
HEPP
In die soll ich mich verlieben?
Geh endlich heim!
Pah!
※ Milikas Vorstellung
GAH

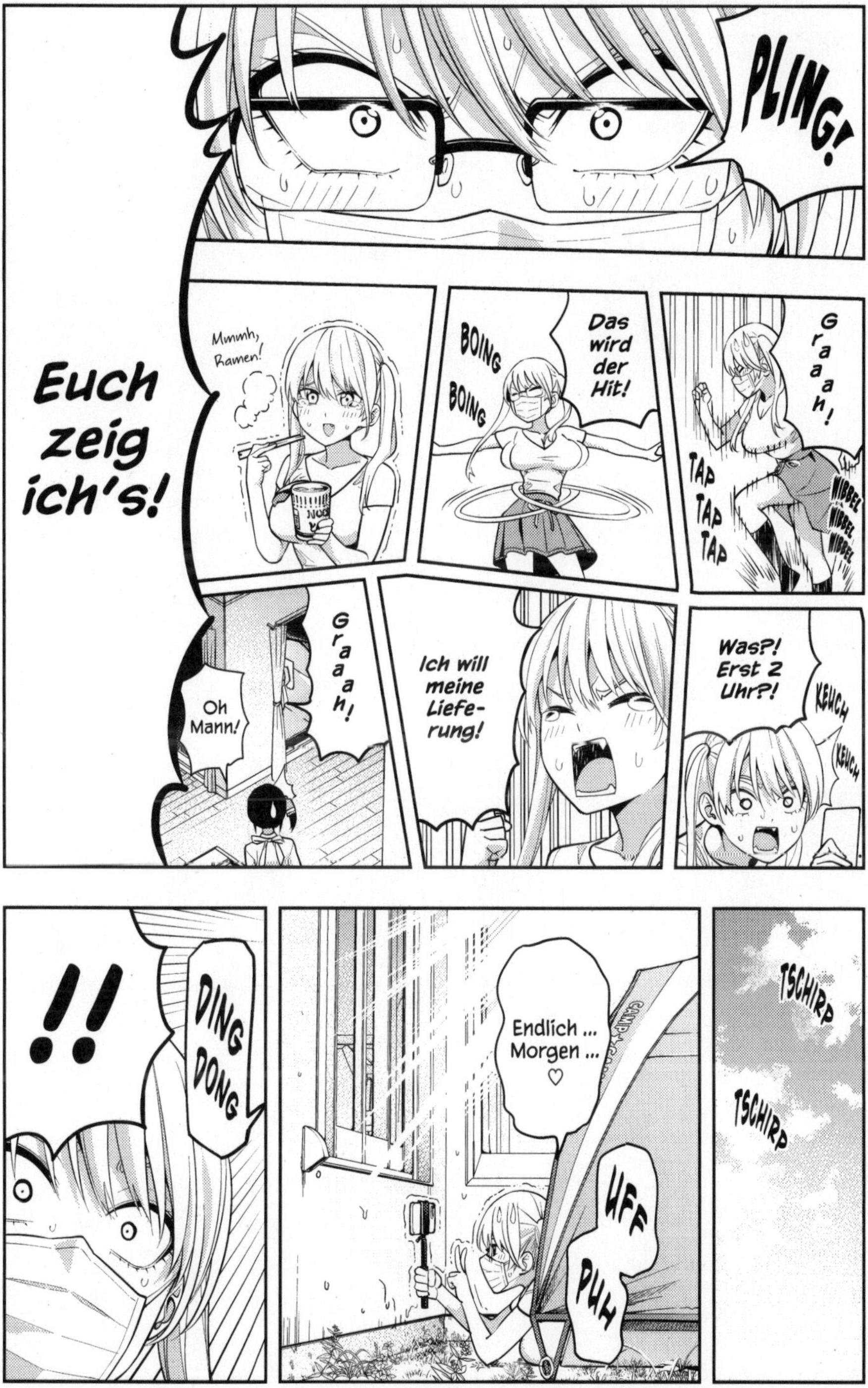
PLING!
Euch zeig ich's!
Graaah!
TAP TAP TAP
WIBBEL WIBBEL WIBBEL
Das wird der Hit!
BOING BOING
Mmmh, Ramen!
Was?! Erst 2 Uhr?!
KEUCH KEUCH
Ich will meine Liefe-rung!
Graaah!
Oh Mann!
TSCHIRP TSCHIRP
Endlich ... Morgen ... ♡
UFF PUH
DING DONG
!!

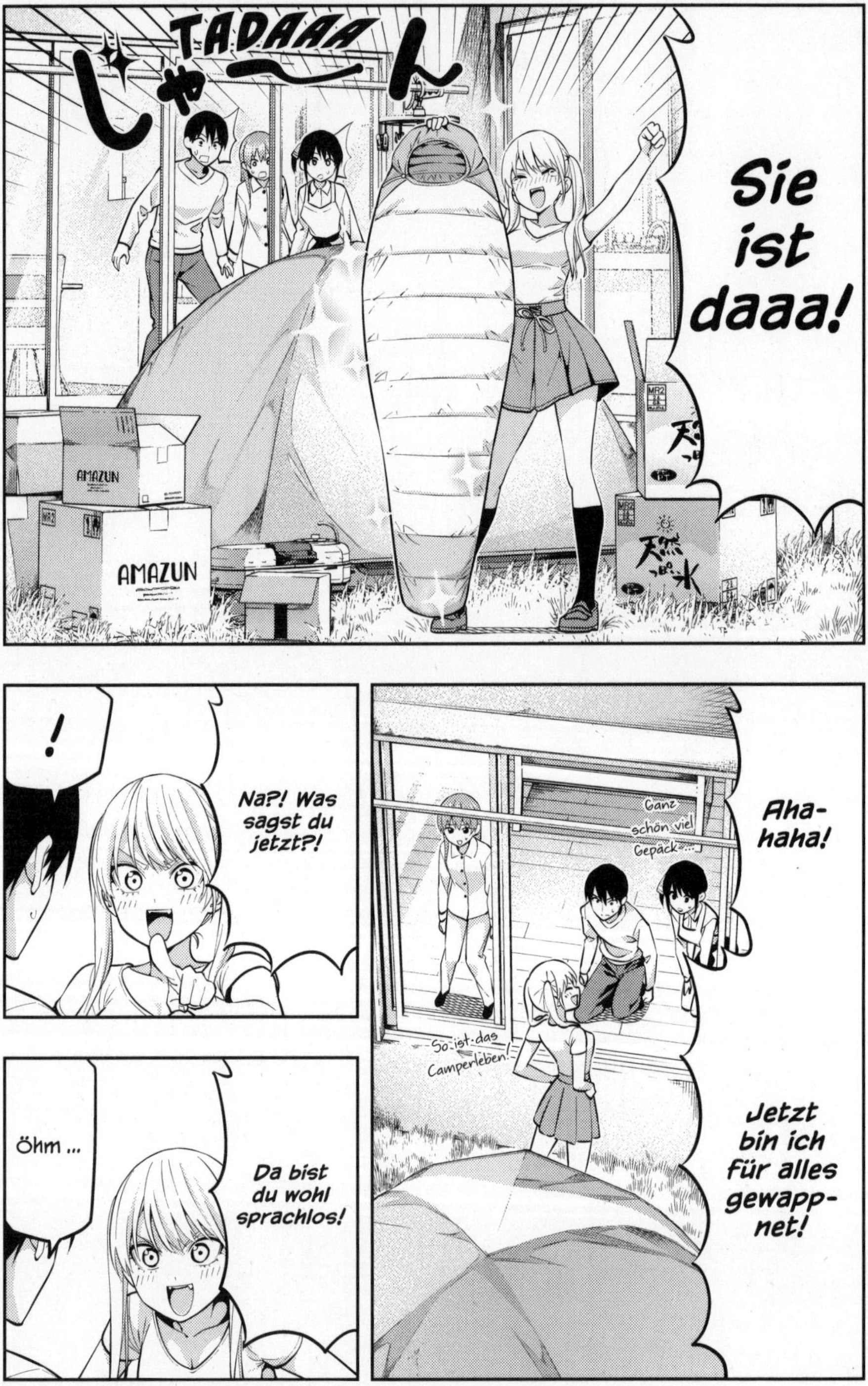

TADAAA
じゃ〜ん
Sie ist daaa!
Aha-haha!
Ganz schön viel Gepäck ...
So ist das Camperleben!
Jetzt bin ich für alles gewappnet!
!
Na?! Was sagst du jetzt?!
Öhm ...
Da bist du wohl sprachlos!

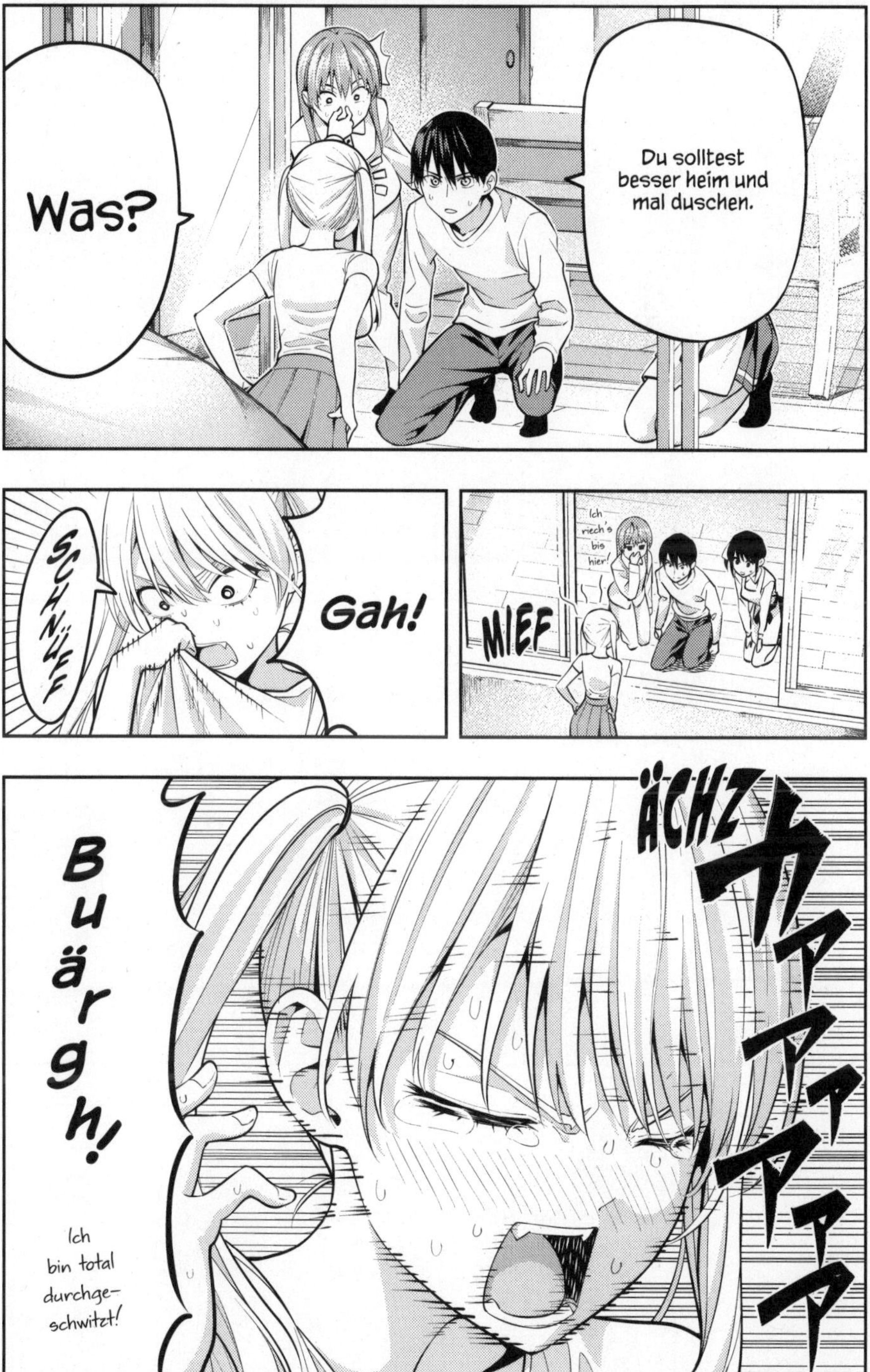

Du solltest besser heim und mal duschen.
Was?
Gah!
SCHNÜFF
Ich riech's bis hier!
MIEF
ÄCHZ
Buärgh!
Ich bin total durchgeschwitzt!

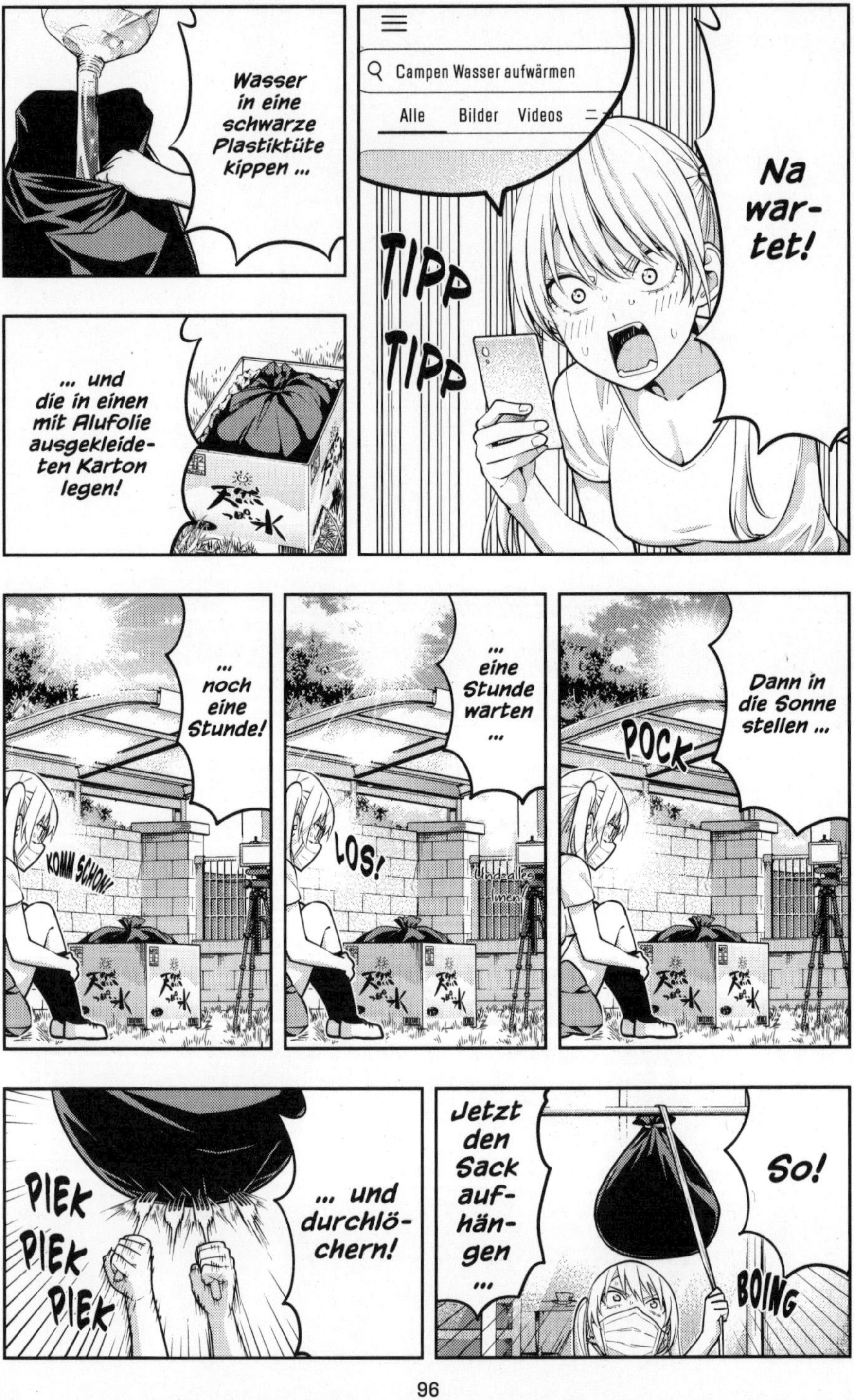
Campen Wasser aufwärmen
Alle
Bilder
Videos
Na wartet!
TIPP
TIPP
Wasser in eine schwarze Plastiktüte kippen ...
... und die in einen mit Alufolie ausgekleideten Karton legen!
Dann in die Sonne stellen ...
POCK
... eine Stunde warten ...
LOS!
... noch eine Stunde!
KOMM SCHON!
So!
Jetzt den Sack aufhängen ...
BOING
... und durchlöchern!
PIEK
PIEK
PIEK

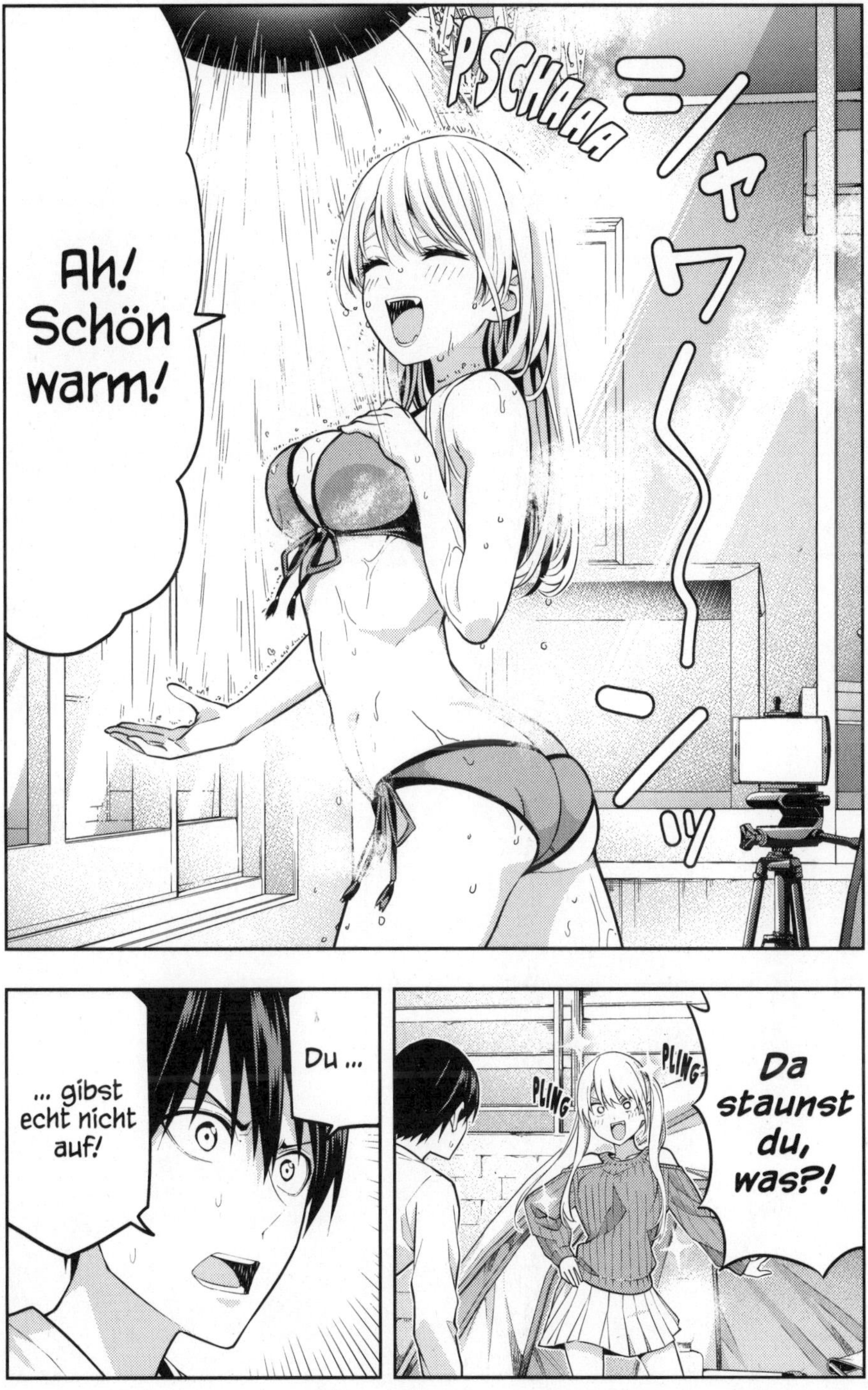
PSCHAAA
シャワ〜〜ーンッ
Ah! Schön warm!
Da staunst du, was?!
PLING
PLING
Du ...
... gibst echt nicht auf!

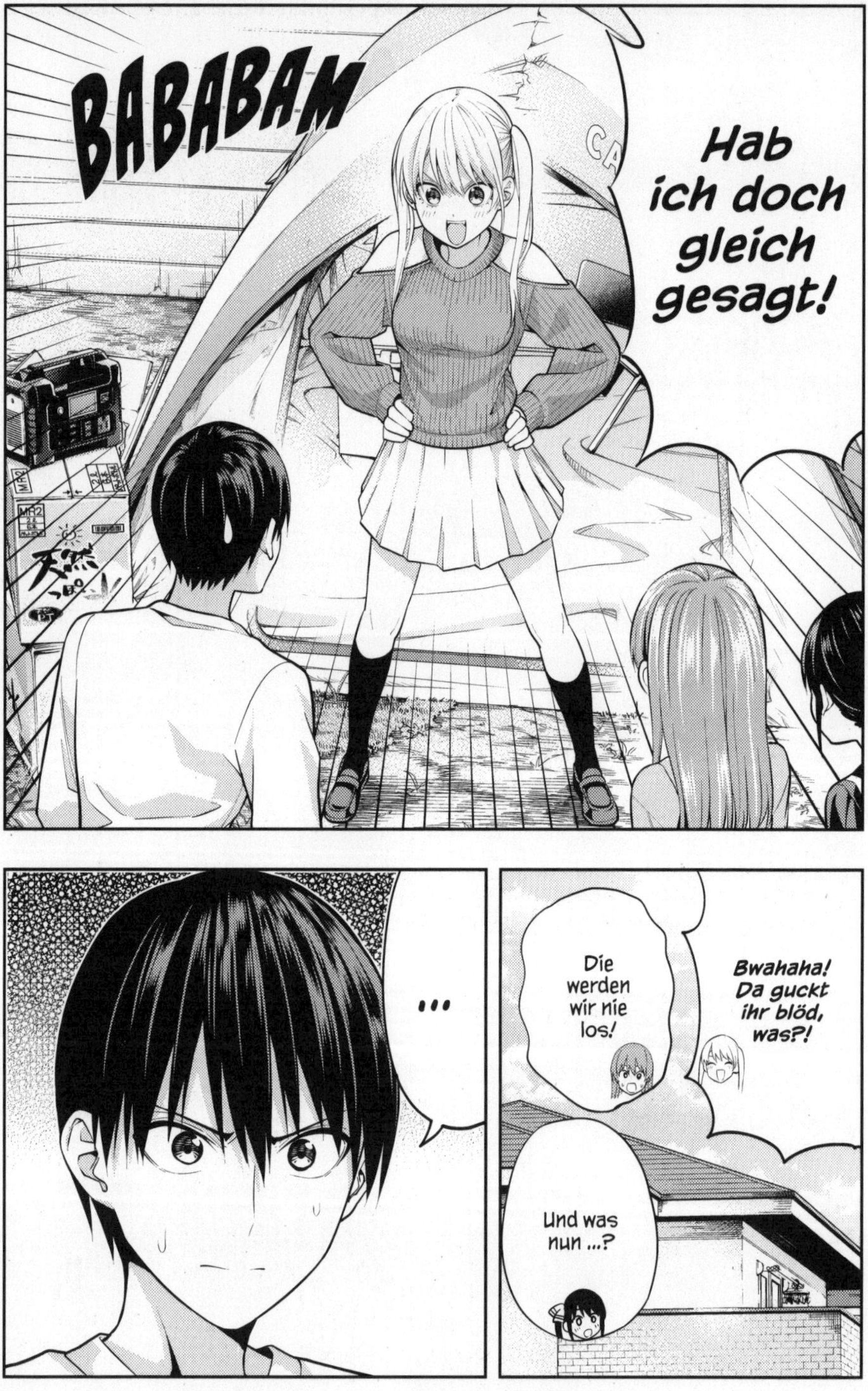
BABABAM
Hab ich doch gleich gesagt!
...
Bwahaha! Da guckt ihr blöd, was?!
Die werden wir nie los!
Und was nun ...?

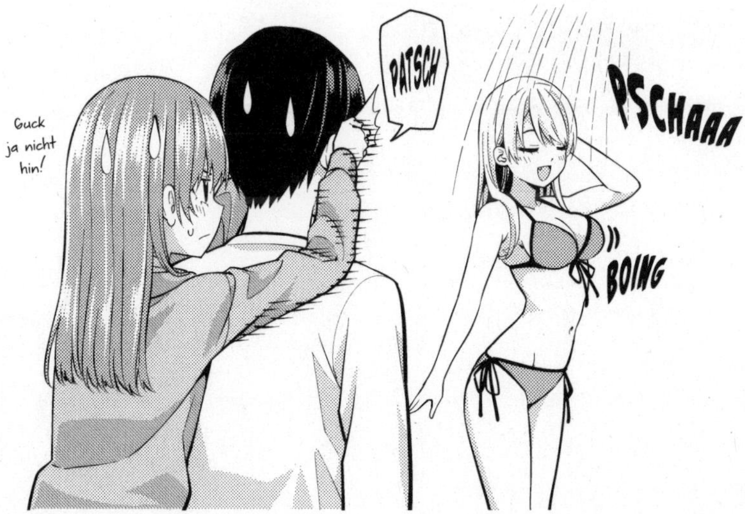
PSCHAAA
BOING
PATSCH
Guck ja nicht hin!

HIROYUKI

KANOJO MO KANOJO

Gelegenheit macht Liebe

Kapitel 16: Geh endlich nach Hause!

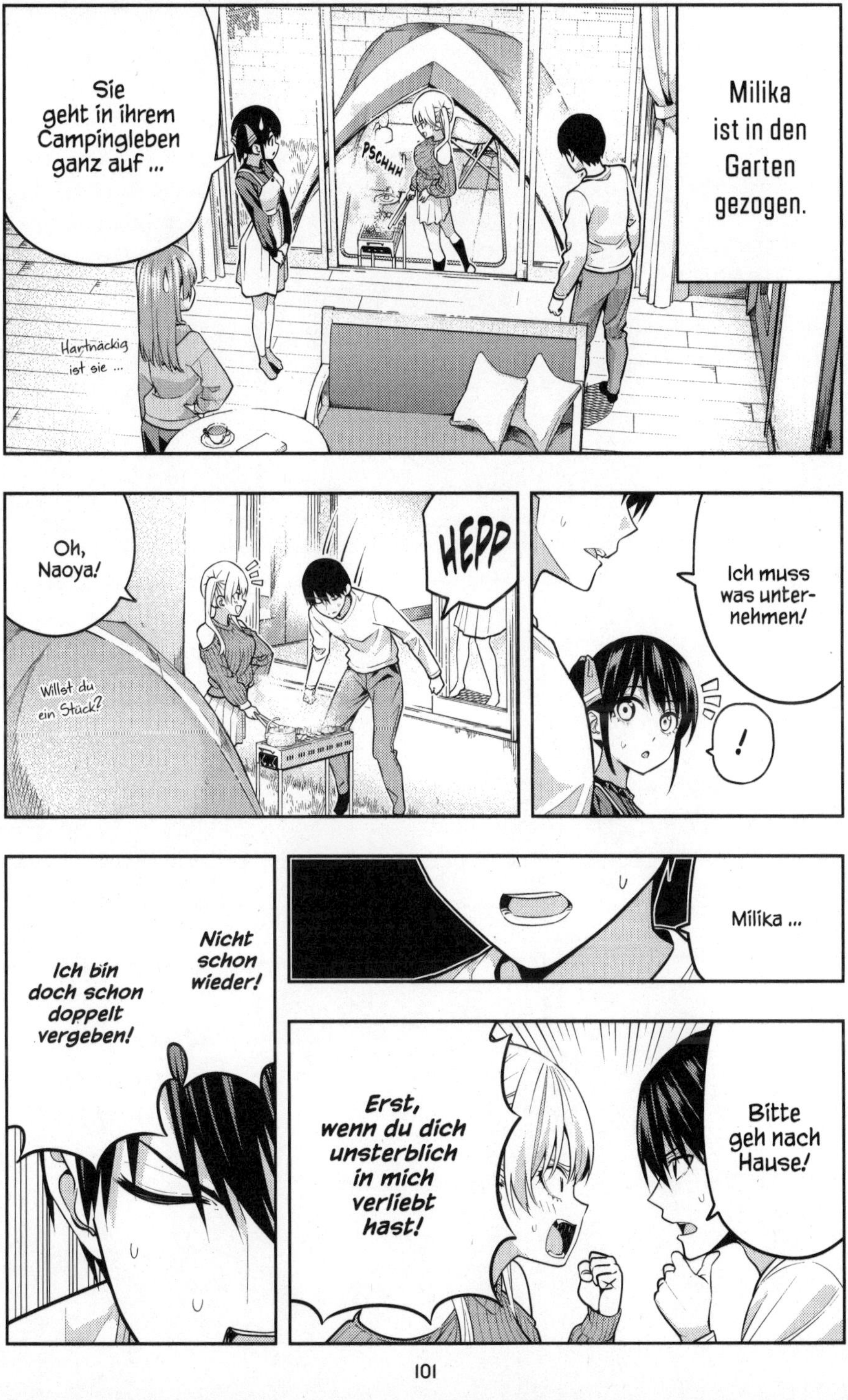

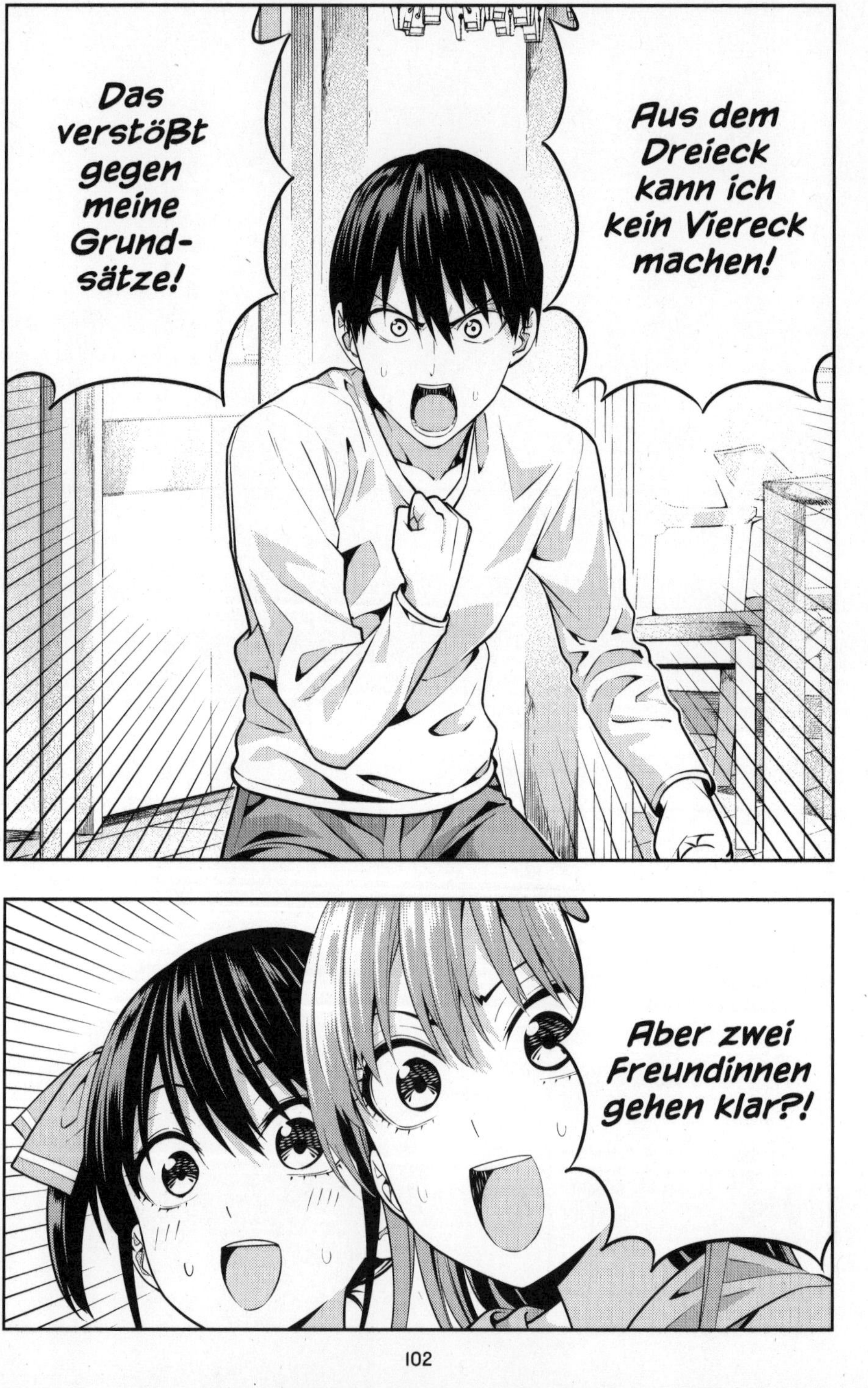
Aus dem Dreieck kann ich kein Viereck machen!
Das verstößt gegen meine Grund-sätze!
Aber zwei Freundinnen gehen klar?!

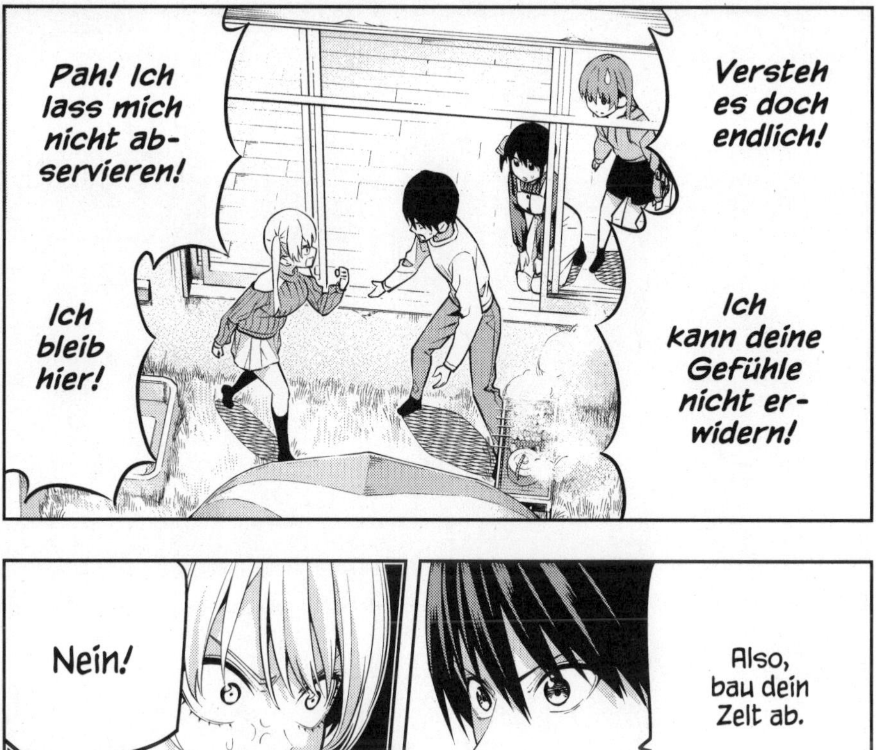
Versteh es doch endlich!
Ich kann deine Gefühle nicht erwidern!
Pah! Ich lass mich nicht abservieren!
Ich bleib hier!
Also, bau dein Zelt ab.
Nein!
Ich hab auch meinen Stolz!
KNACK
Fass mein Zelt auch nur an ...
... und es regnet heiße Kohlen!
WUSCH
SCHHH
Hey!
Rück-zug, Naoya!

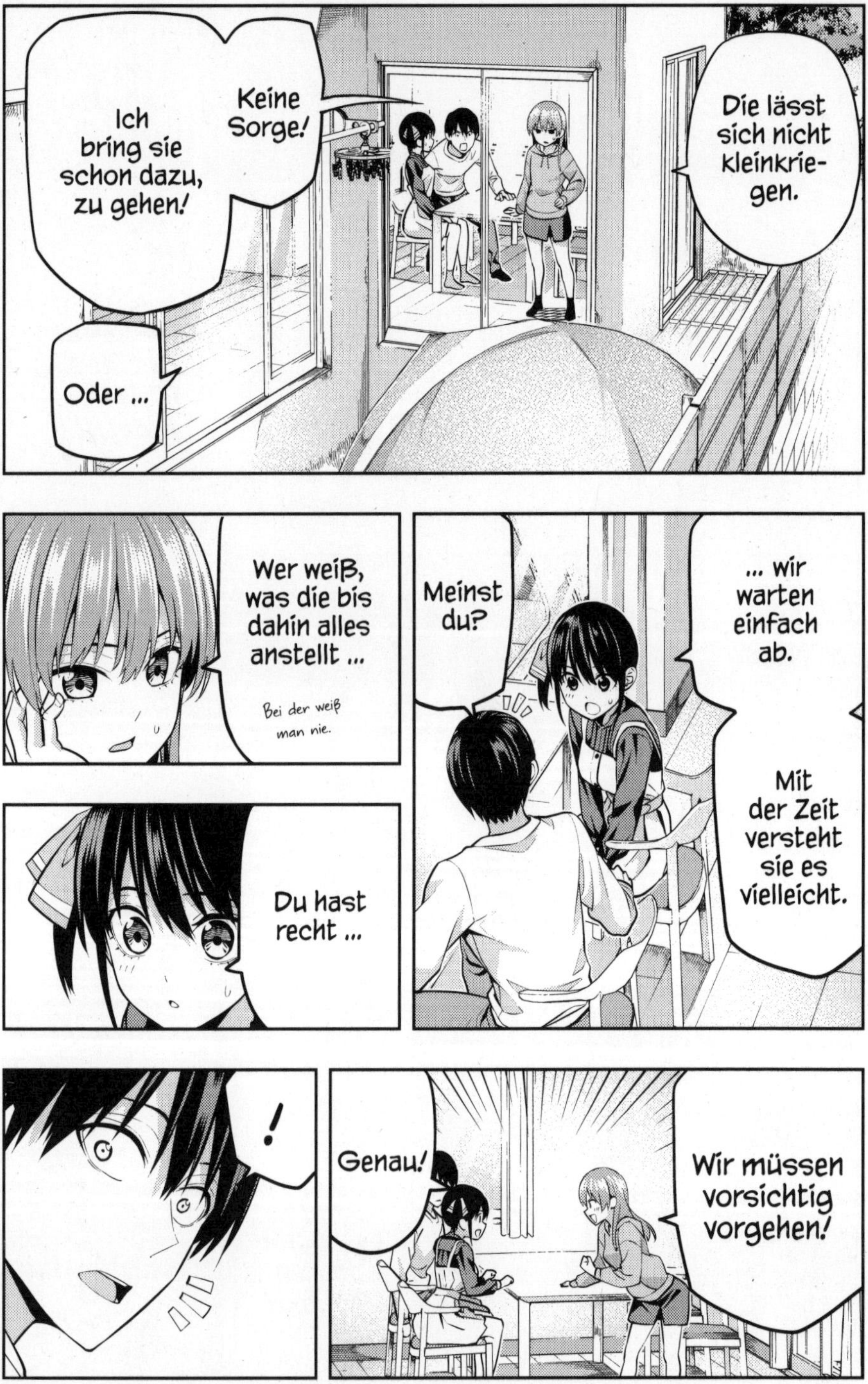
Die lässt sich nicht kleinkriegen.
Keine Sorge!
Ich bring sie schon dazu, zu gehen!
Oder ...
... wir warten einfach ab.
Meinst du?
Mit der Zeit versteht sie es vielleicht.
Wer weiß, was die bis dahin alles anstellt ...
Bei der weiß man nie.
Du hast recht ...
Wir müssen vorsichtig vorgehen!
Genau!
!

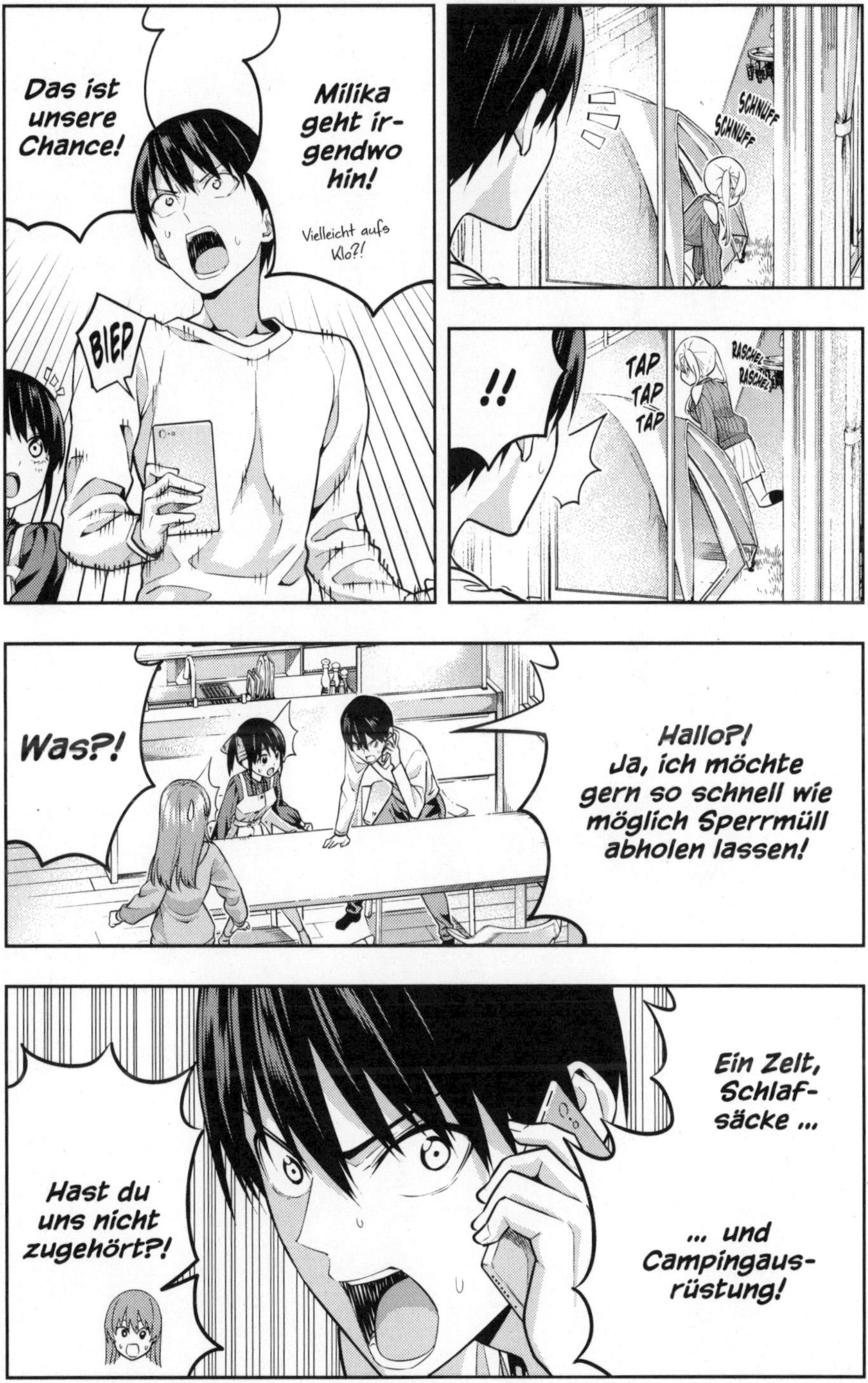
SCHNUFF
SCHNUFF
!!
TAP
TAP
TAP
RASCHEL
RASCHEL
Milika geht irgendwo hin!
Vielleicht aufs Klo?!
Das ist unsere Chance!
BIEP
Hallo?! Ja, ich möchte gern so schnell wie möglich Sperrmüll abholen lassen!
Was?!
Ein Zelt, Schlafsäcke …
… und Campingausrüstung!
Hast du uns nicht zugehört?!

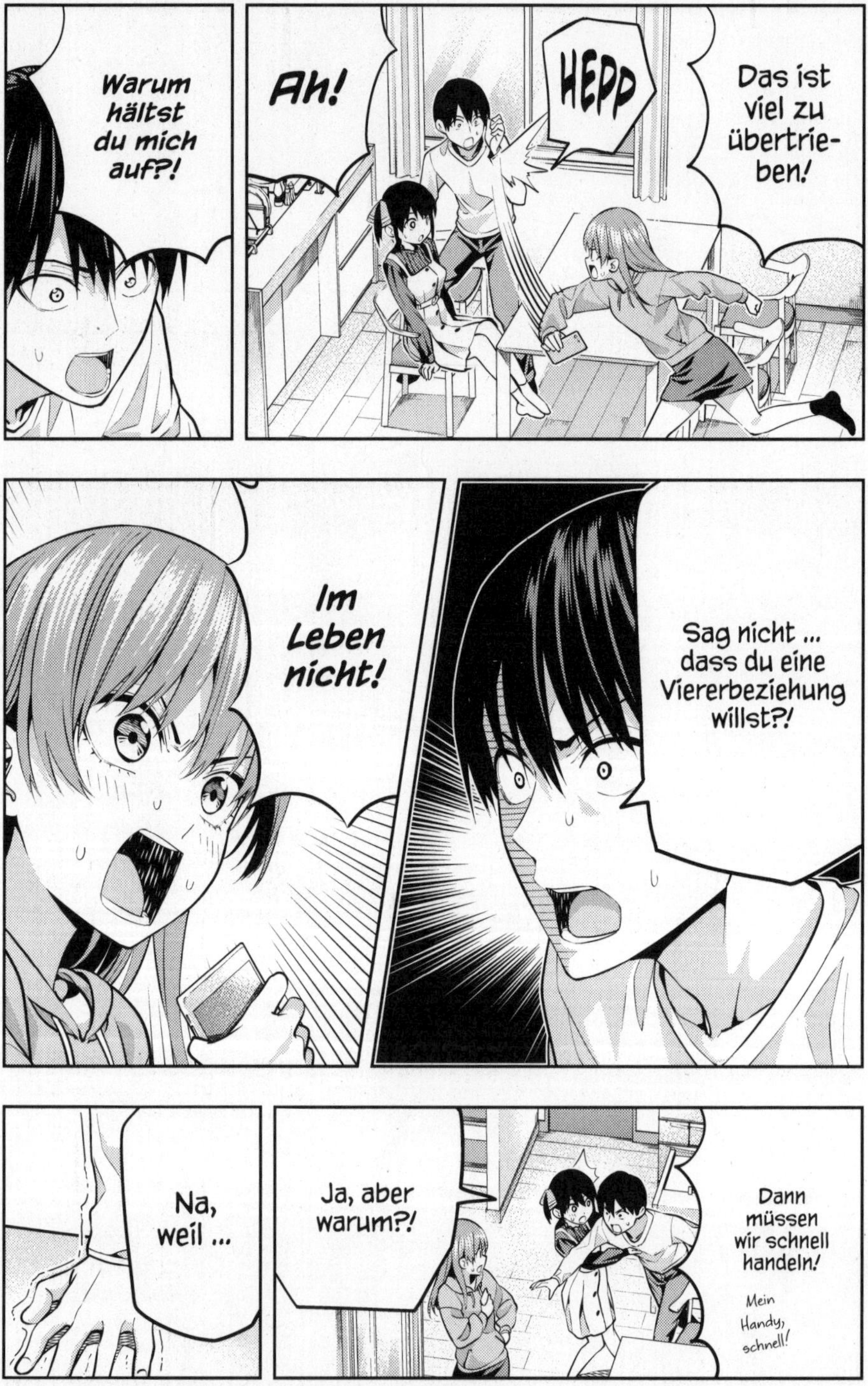

Das ist viel zu übertrieben!
HEPP
Ah!
Warum hältst du mich auf?!
Sag nicht ... dass du eine Viererbeziehung willst?!
Im Leben nicht!
Dann müssen wir schnell handeln!
Mein Handy, schnell!
Ja, aber warum?!
Na, weil ...

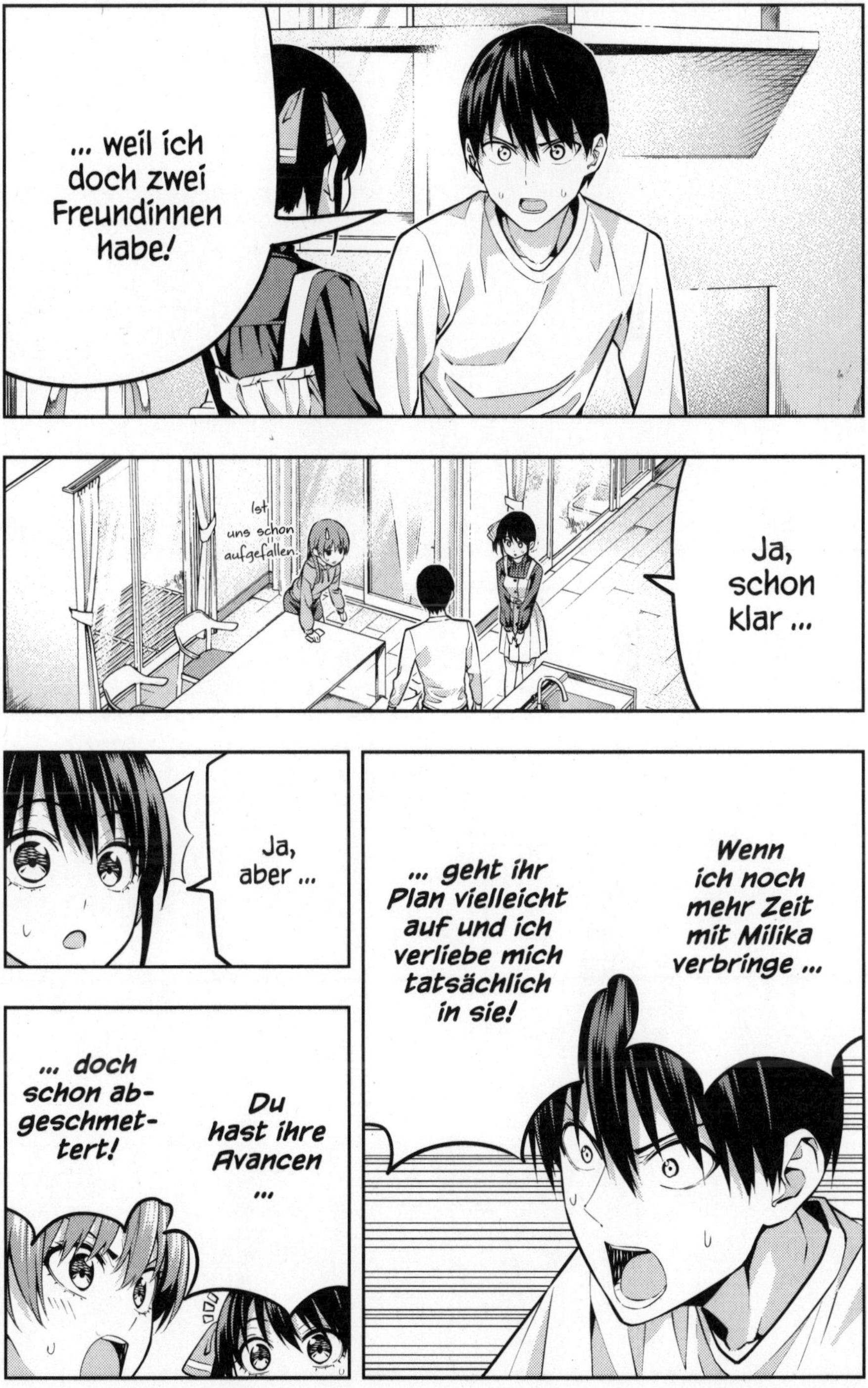
... weil ich doch zwei Freundinnen habe!
Ja, schon klar ...
Ist uns schon aufgefallen.
Wenn ich noch mehr Zeit mit Milika verbringe ...
... geht ihr Plan vielleicht auf und ich verliebe mich tatsächlich in sie!
Ja, aber ...
Du hast ihre Avancen ...
... doch schon abgeschmettert!

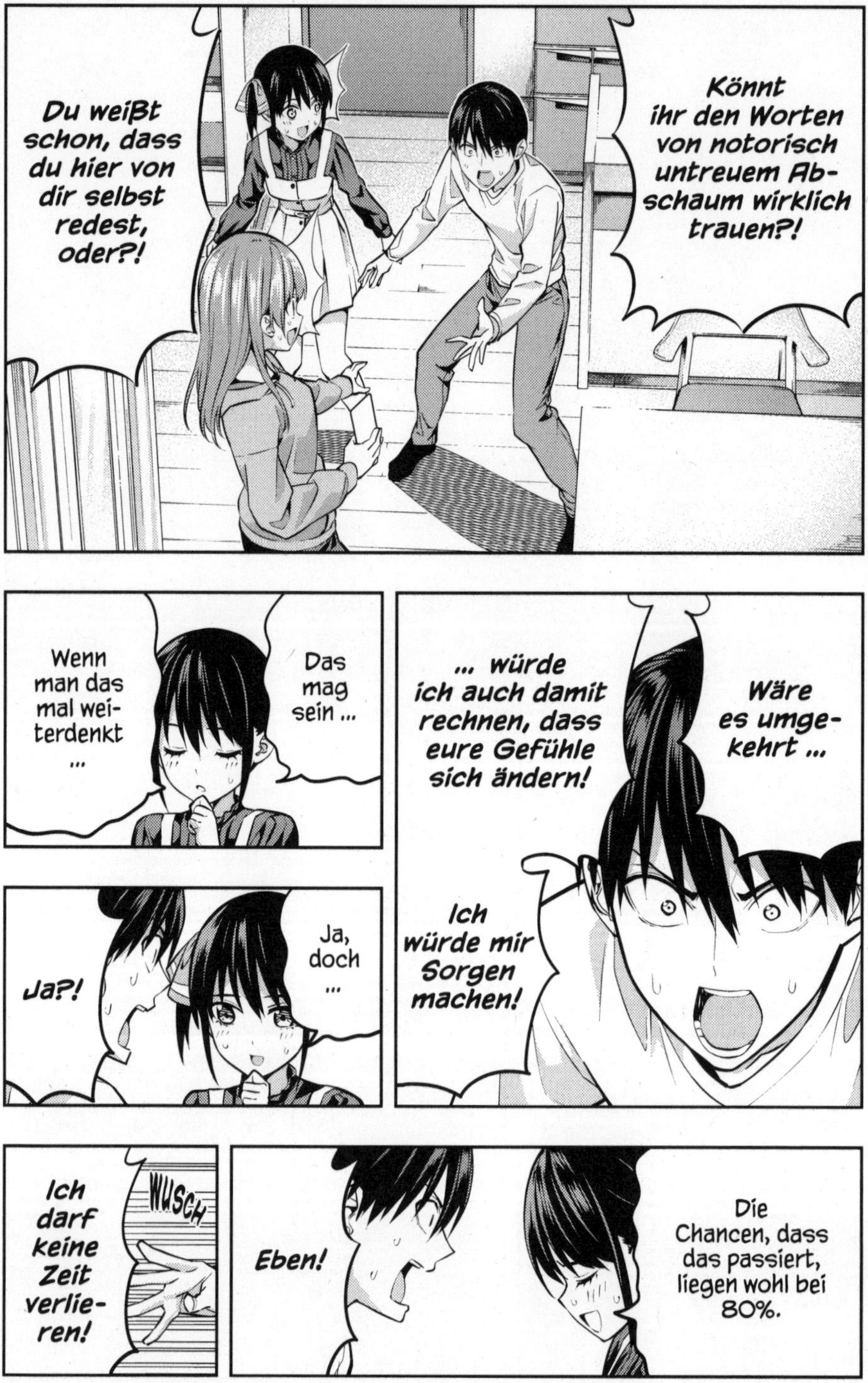
Könnt ihr den Worten von notorisch untreuem Abschaum wirklich trauen?!
Du weißt schon, dass du hier von dir selbst redest, oder?!
Wäre es umgekehrt ...
... würde ich auch damit rechnen, dass eure Gefühle sich ändern!
Ich würde mir Sorgen machen!
Das mag sein ...
Wenn man das mal weiterdenkt ...
Ja, doch ...
Ja?!
Die Chancen, dass das passiert, liegen wohl bei 80%.
Eben!
WUSCH
Ich darf keine Zeit verlieren!

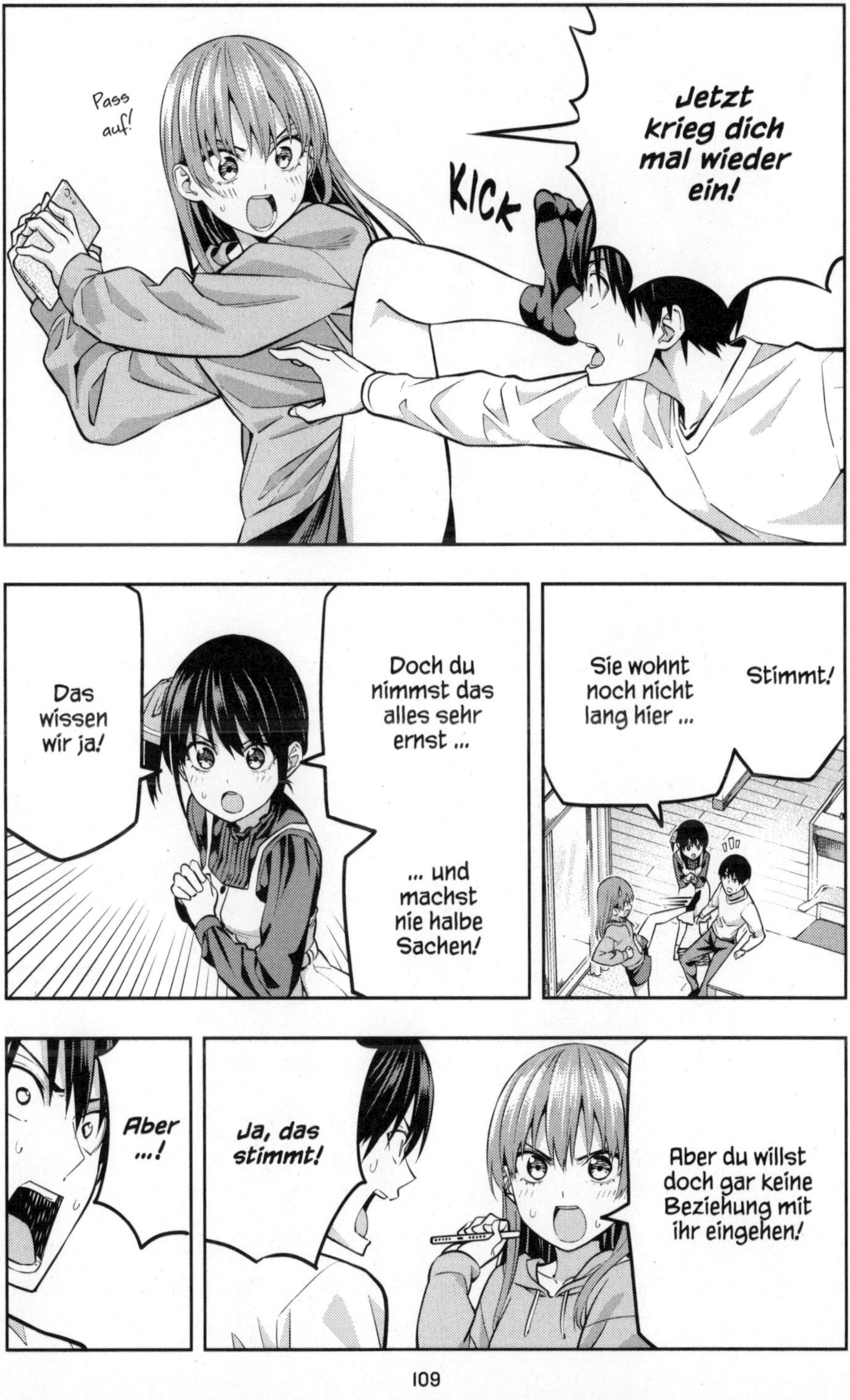
Jetzt krieg dich mal wieder ein!
KICK
Pass auf!
Stimmt!
Sie wohnt noch nicht lang hier ...
Doch du nimmst das alles sehr ernst ...
... und machst nie halbe Sachen!
Das wissen wir ja!
Aber du willst doch gar keine Beziehung mit ihr eingehen!
Ja, das stimmt!
Aber ...!

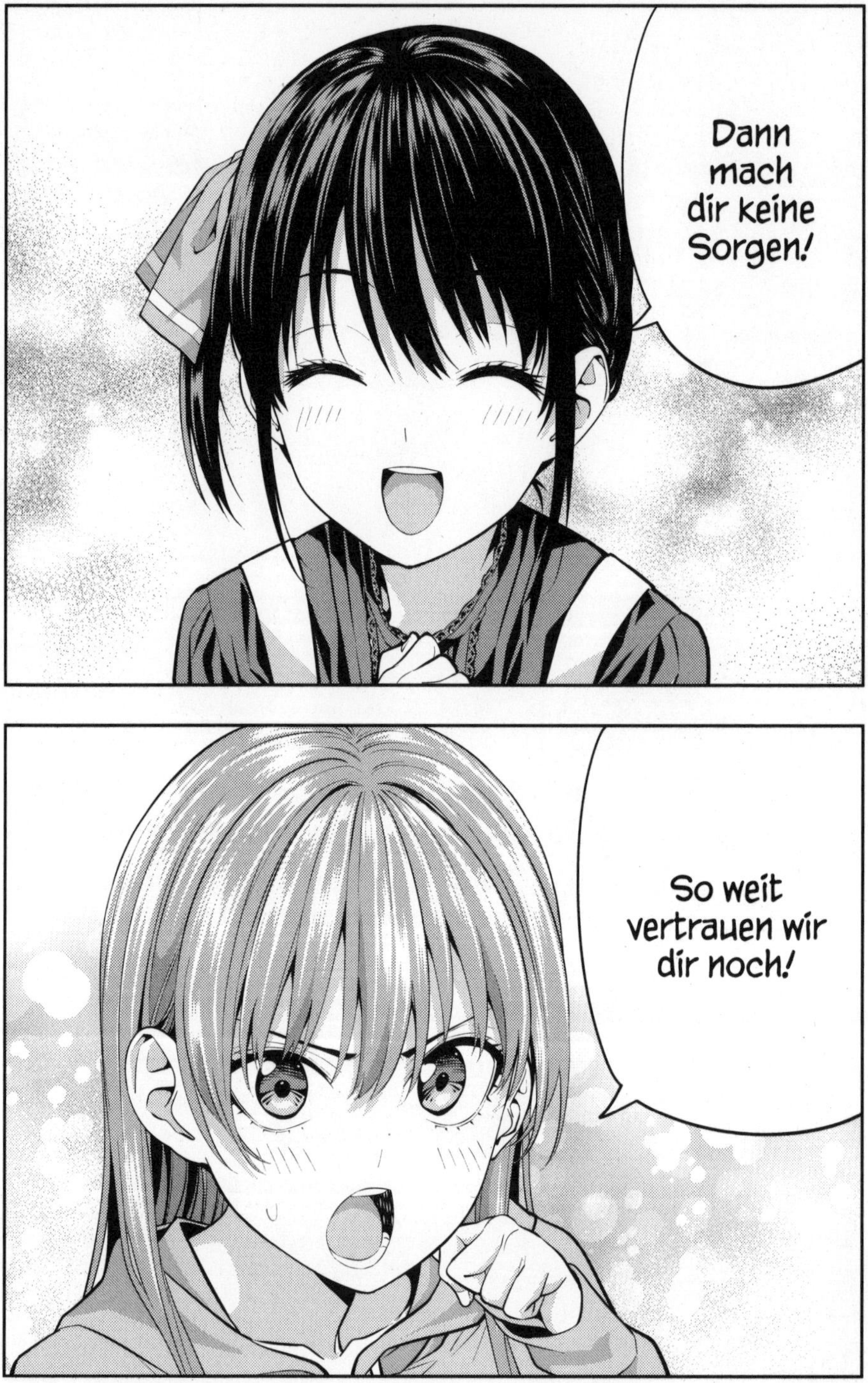
Dann mach dir keine Sorgen!
So weit vertrauen wir dir noch!

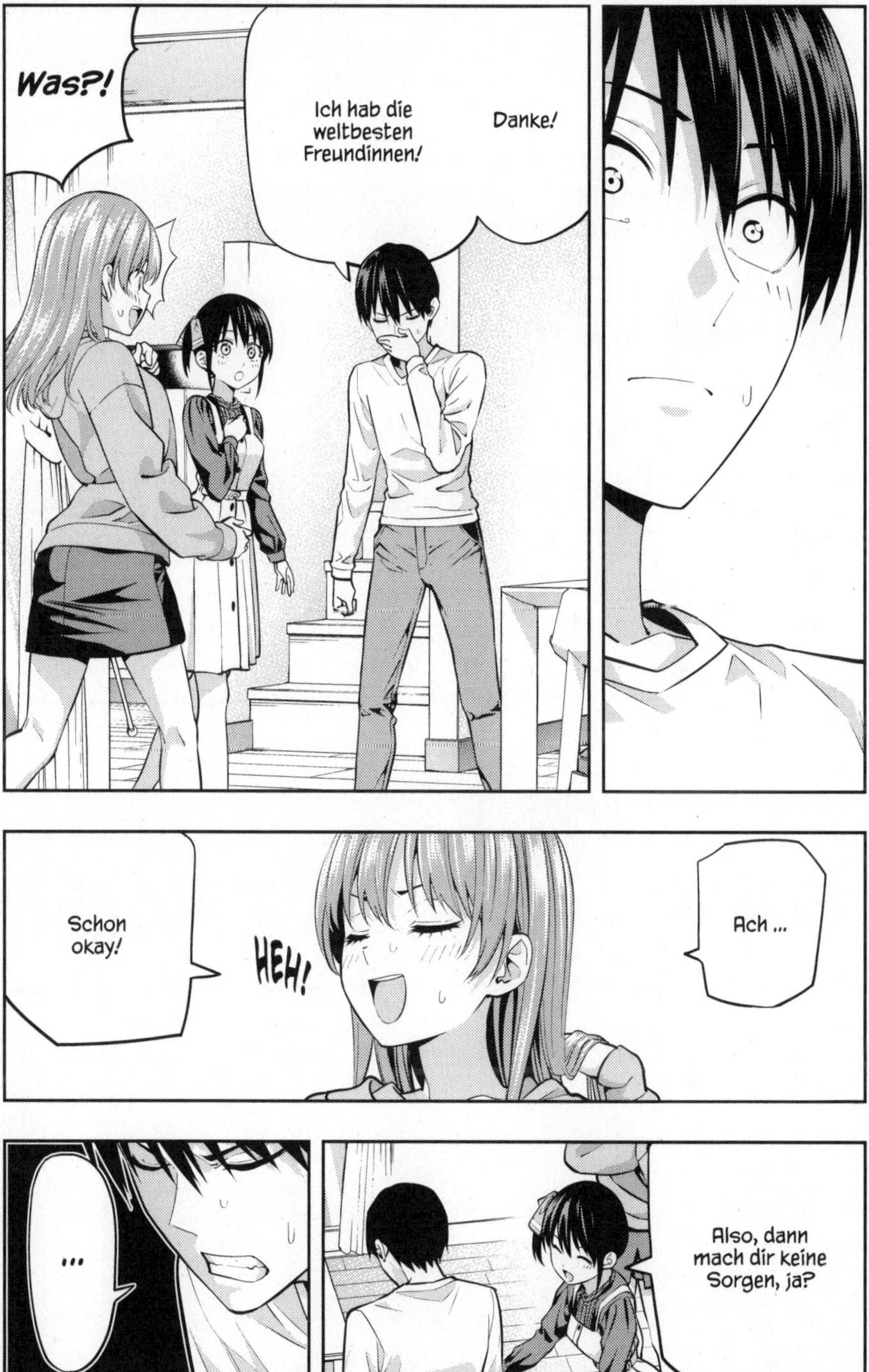
Danke!
Ich hab die weltbesten Freundinnen!
Was?!
Ach ...
HEH!
Schon okay!
Also, dann mach dir keine Sorgen, ja?
...

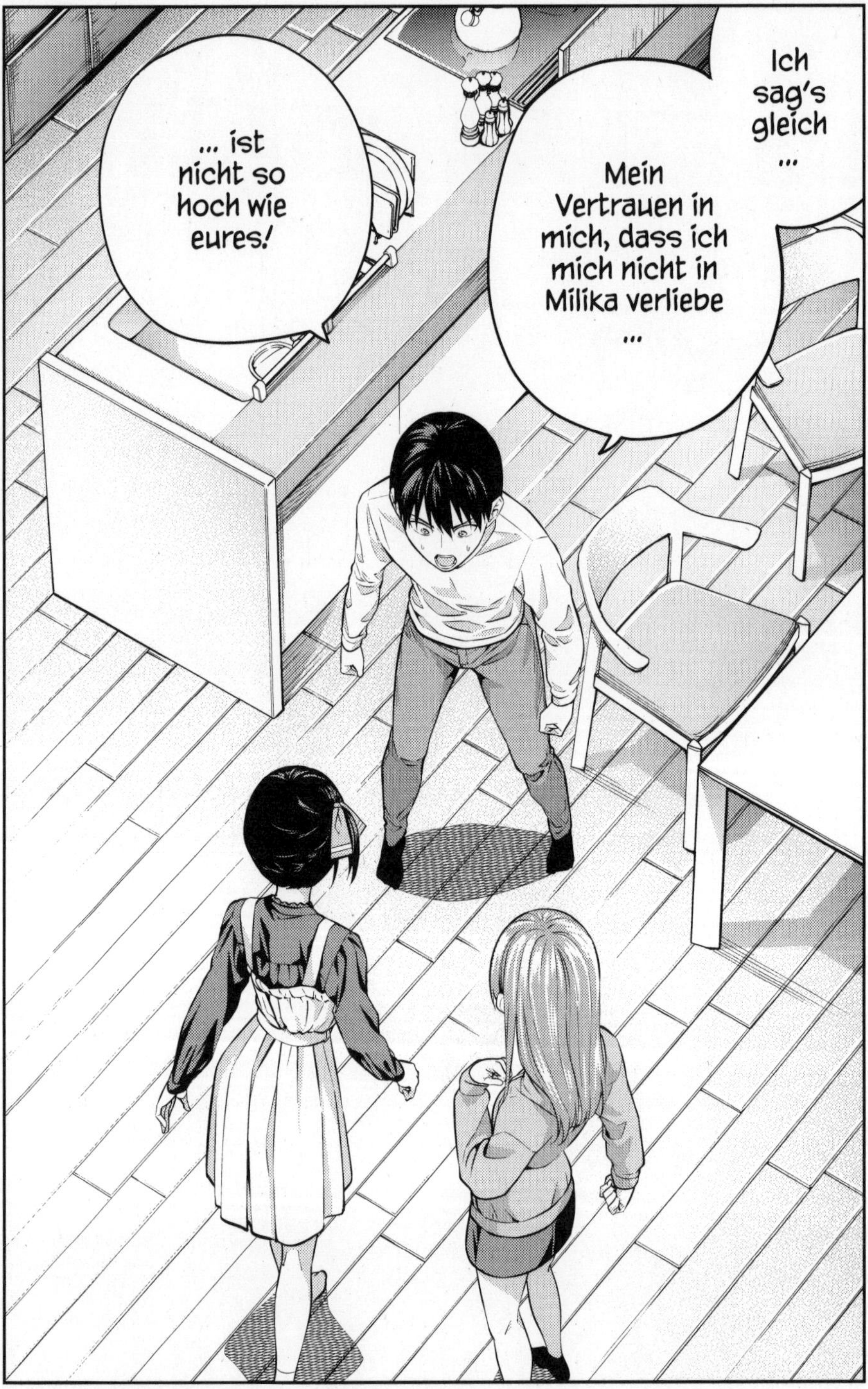
Ich sag's gleich ...
Mein Vertrauen in mich, dass ich mich nicht in Milika verliebe ...
... ist nicht so hoch wie eures!

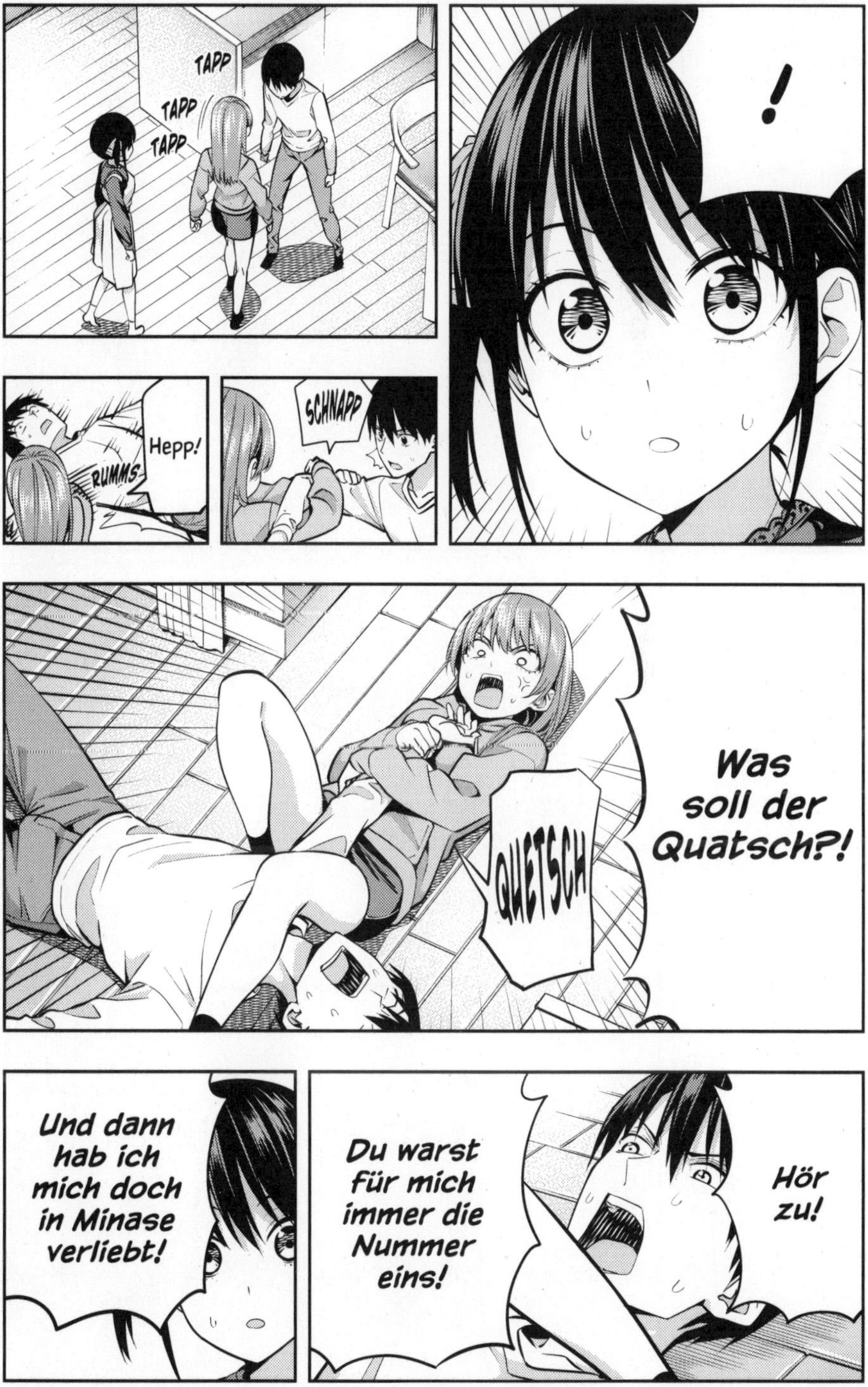
!
TAPP
TAPP
TAPP
SCHNAPP
Hepp!
RUMMS
Was soll der Quatsch?!
QUETSCH
Hör zu!
Du warst für mich immer die Nummer eins!
Und dann hab ich mich doch in Minase verliebt!

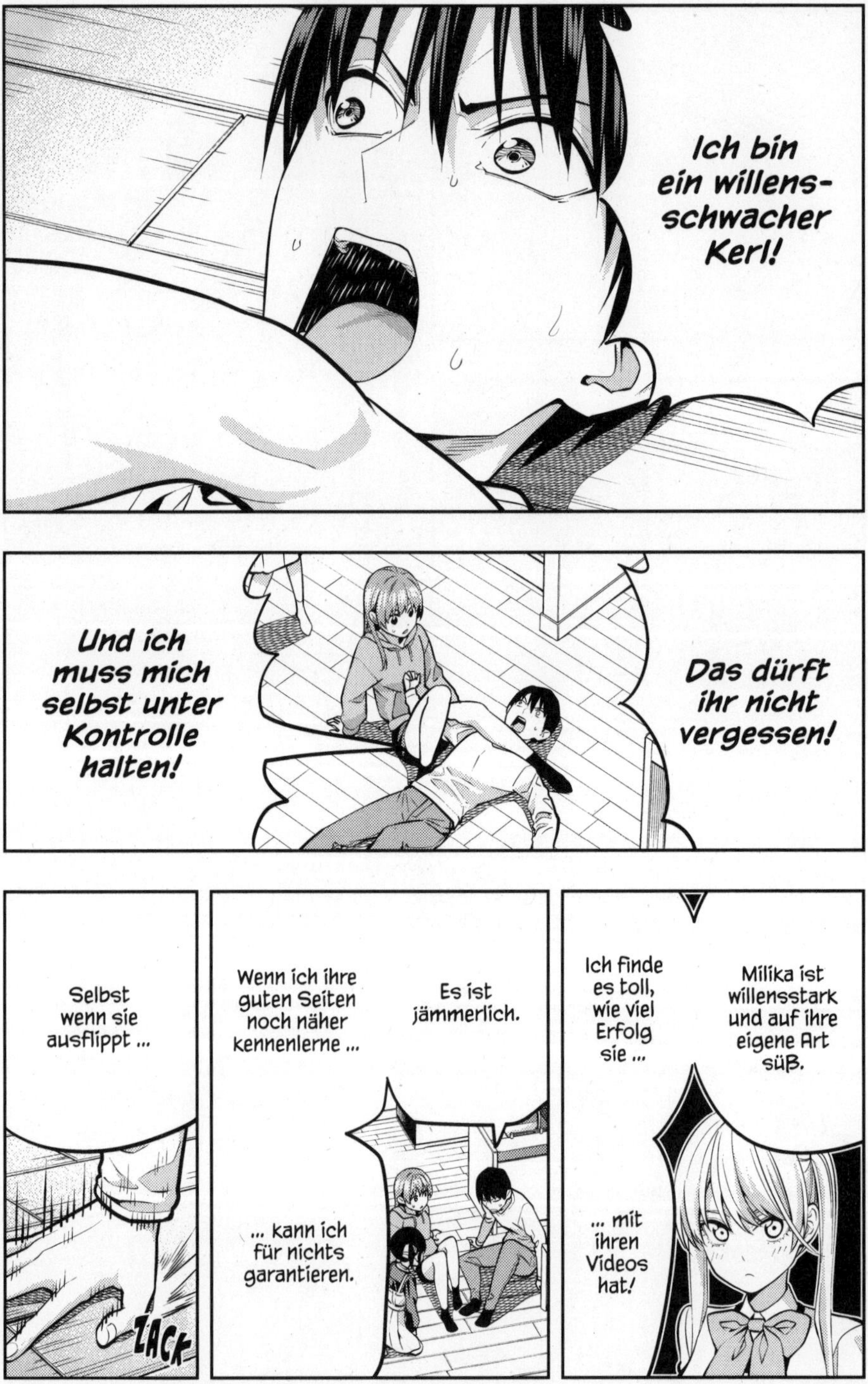
Ich bin ein willens-schwacher Kerl!
Das dürft ihr nicht vergessen!
Und ich muss mich selbst unter Kontrolle halten!
Milika ist willensstark und auf ihre eigene Art süß.
Ich finde es toll, wie viel Erfolg sie ...
... mit ihren Videos hat!
Es ist jämmerlich.
Wenn ich ihre guten Seiten noch näher kennenlerne ...
... kann ich für nichts garantieren.
Selbst wenn sie ausflippt ...
ZACK

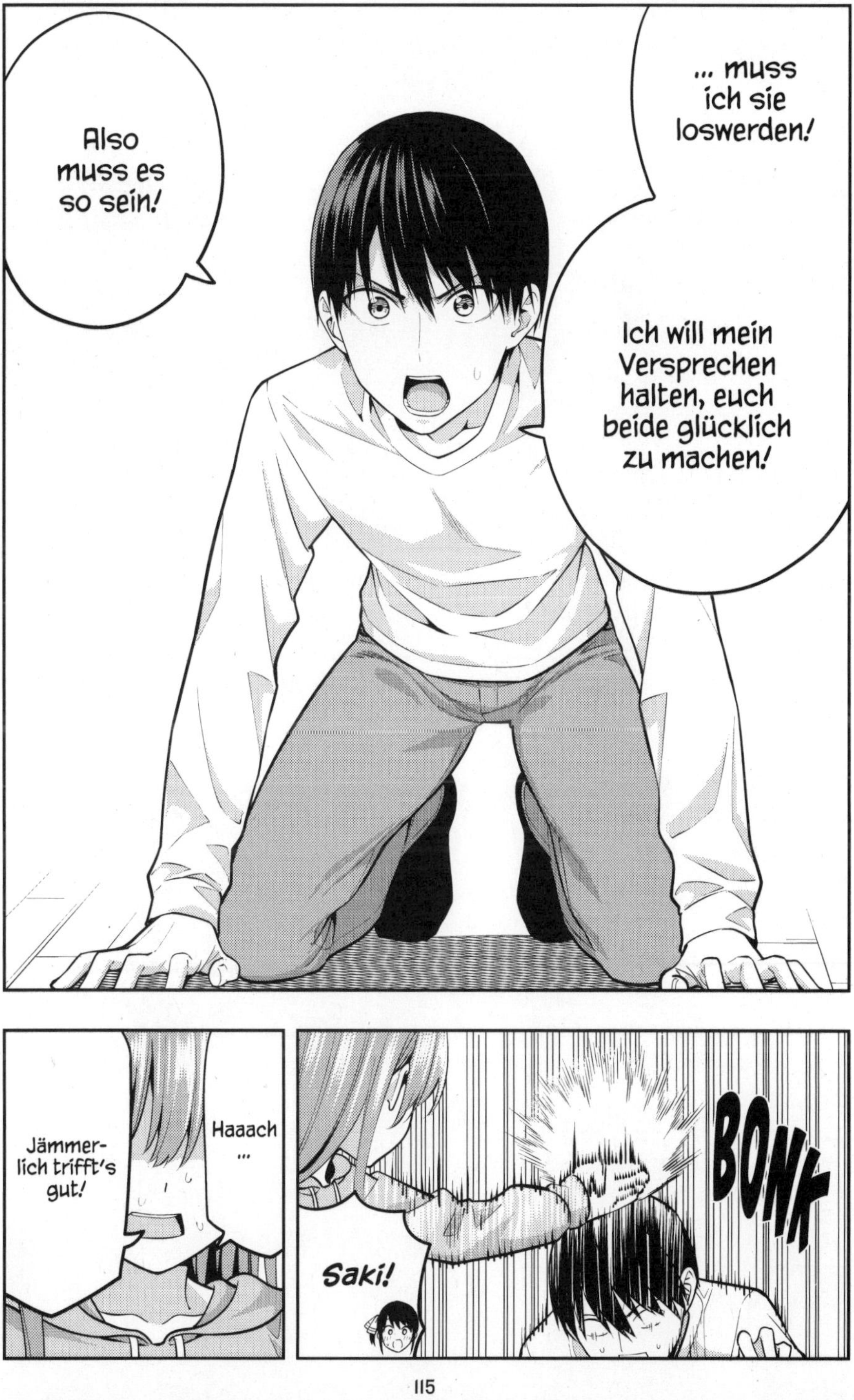

... muss ich sie loswerden!
Also muss es so sein!
Ich will mein Versprechen halten, euch beide glücklich zu machen!
BONK
Saki!
Haaach ...
Jämmer-lich trifft's gut!

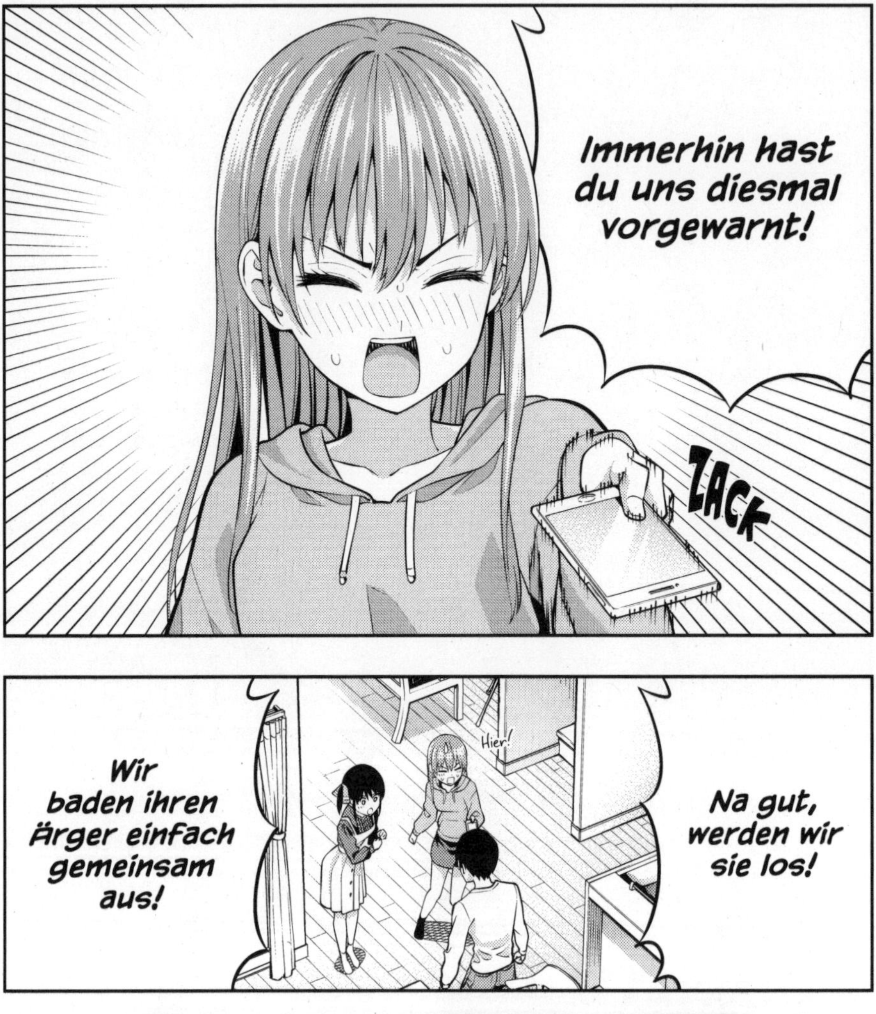
Immerhin hast du uns diesmal vorgewarnt!
ZACK
Na gut, werden wir sie los!
Hier!
Wir baden ihren Ärger einfach gemeinsam aus!
Danke, ihr zwei ...!
Gehen wir es an!
Ja!
Los!
Fort-setzung folgt ...

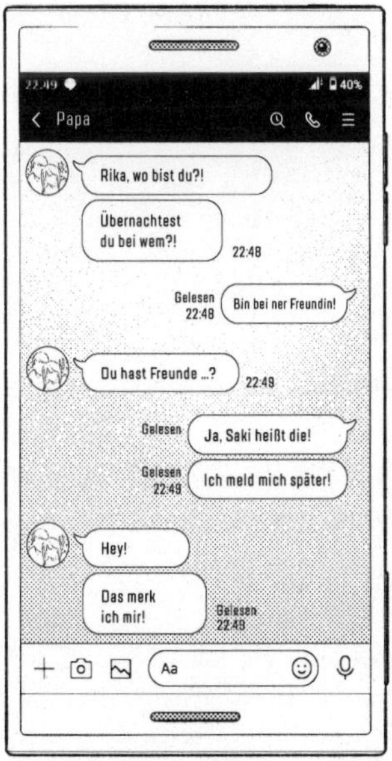
22:49
40%
Papa
Rika, wo bist du?!
Übernachtest
du bei wem?!
22:48
Gelesen
22:48
Bin bei ner Freundin!
Du hast Freunde …?
22:49
Gelesen
Ja, Saki heißt die!
Gelesen
22:49
Ich meld mich später!
Hey!
Das merk
ich mir!
Gelesen
22:49
Aa

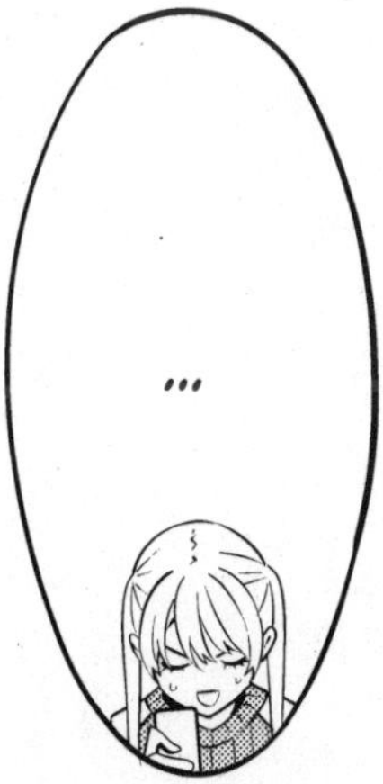
…

HIROYUKI

KANOJO MO KANOJO

Gelegenheit macht Liebe

Kapitel 17: Alles für die beiden

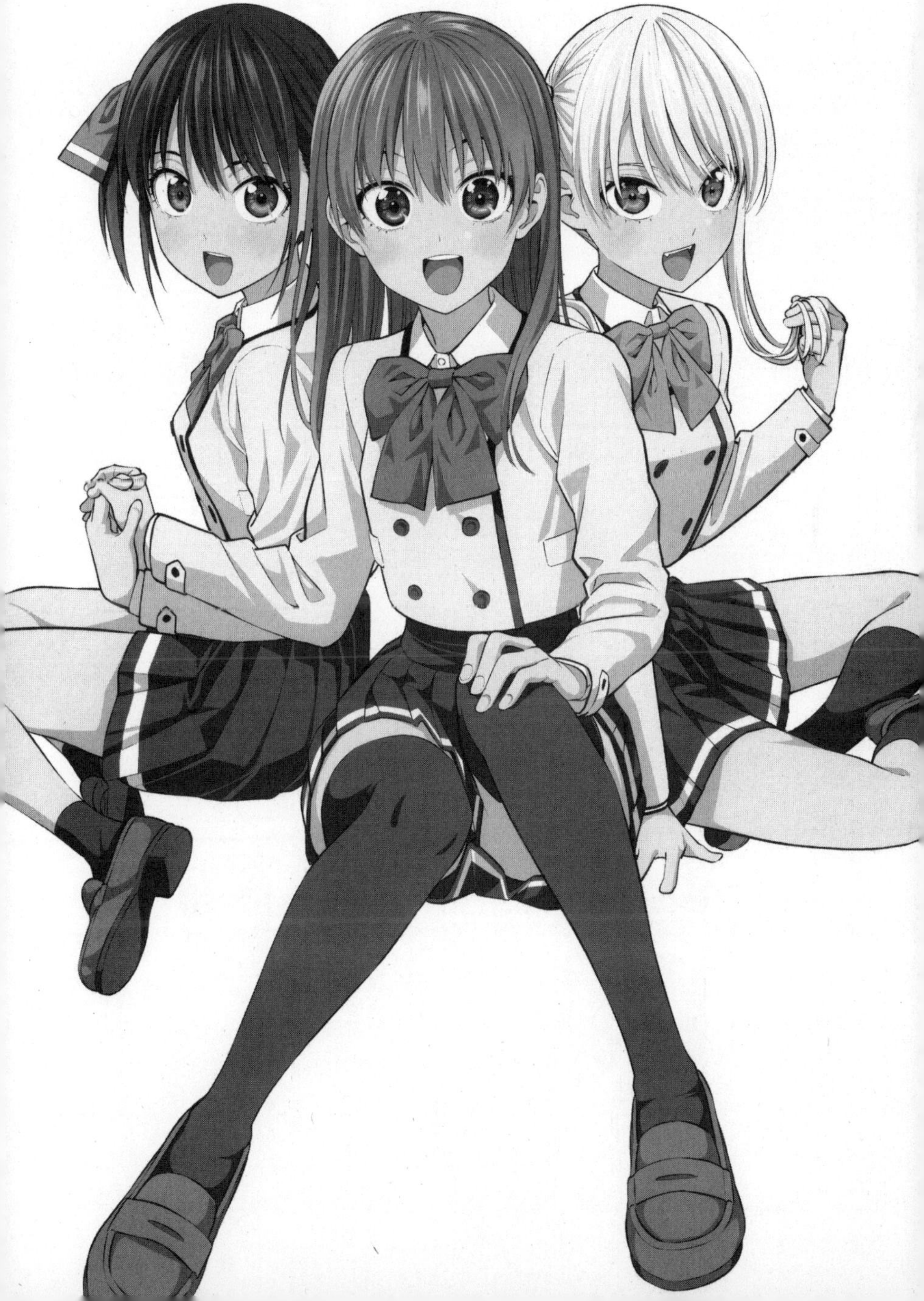

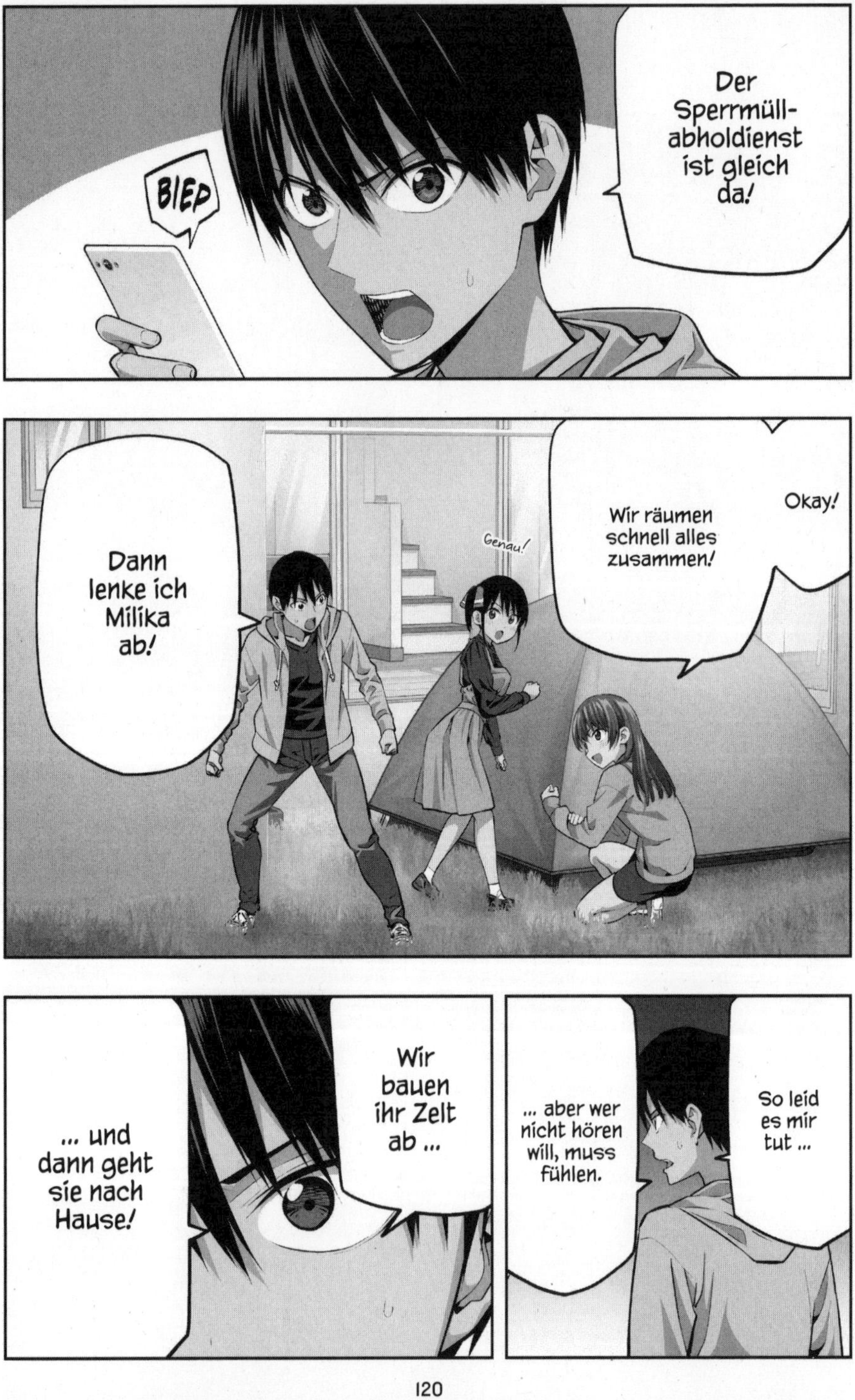
Der Sperrmüll-abholdienst ist gleich da!
BIEP
Okay!
Wir räumen schnell alles zusammen!
Genau!
Dann lenke ich Milika ab!
So leid es mir tut ...
... aber wer nicht hören will, muss fühlen.
Wir bauen ihr Zelt ab ...
... und dann geht sie nach Hause!

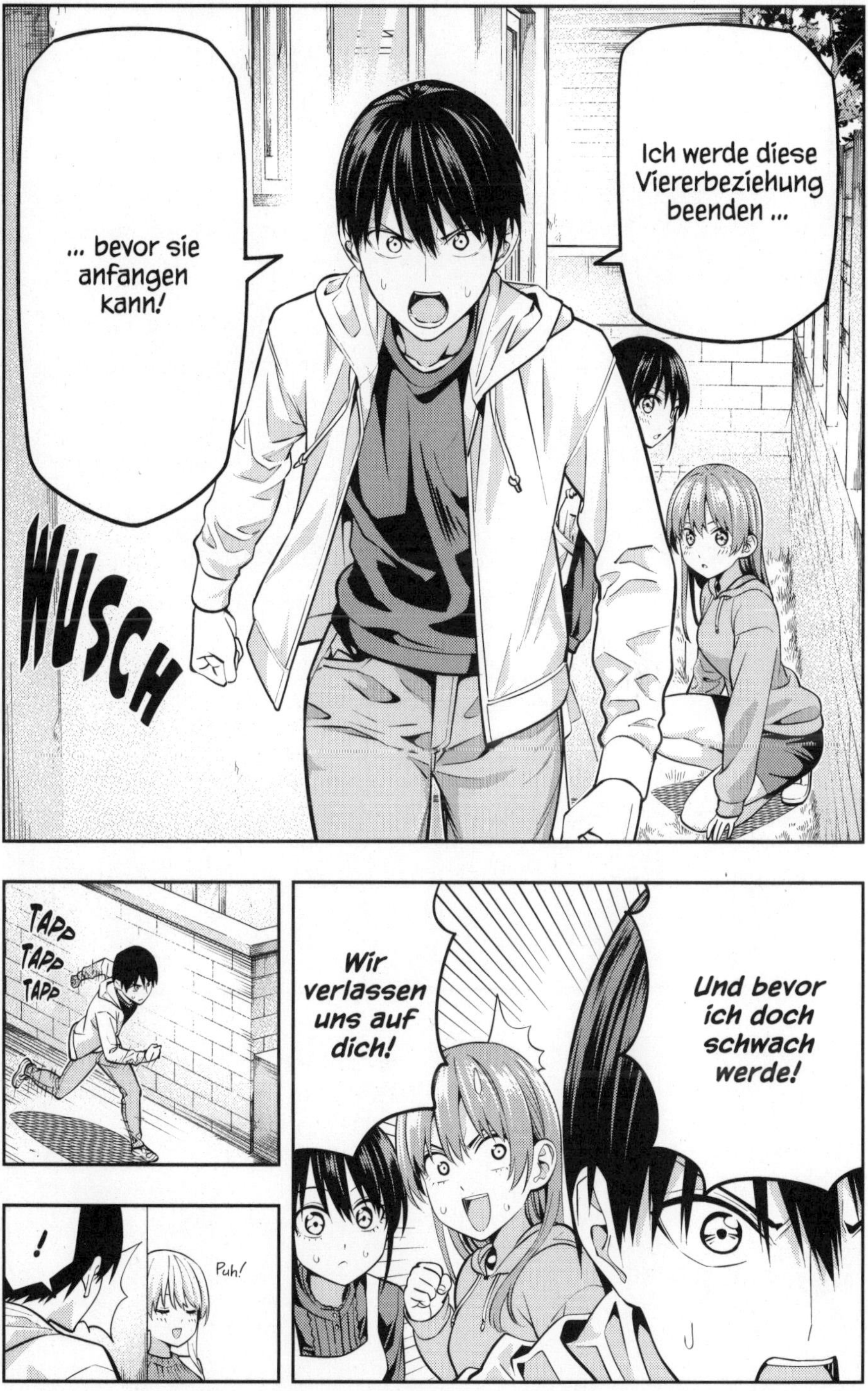
Ich werde diese Viererbeziehung beenden ...
... bevor sie anfangen kann!
WUSCH
Und bevor ich doch schwach werde!
Wir verlassen uns auf dich!
TAPP TAPP TAPP
!
Puh!

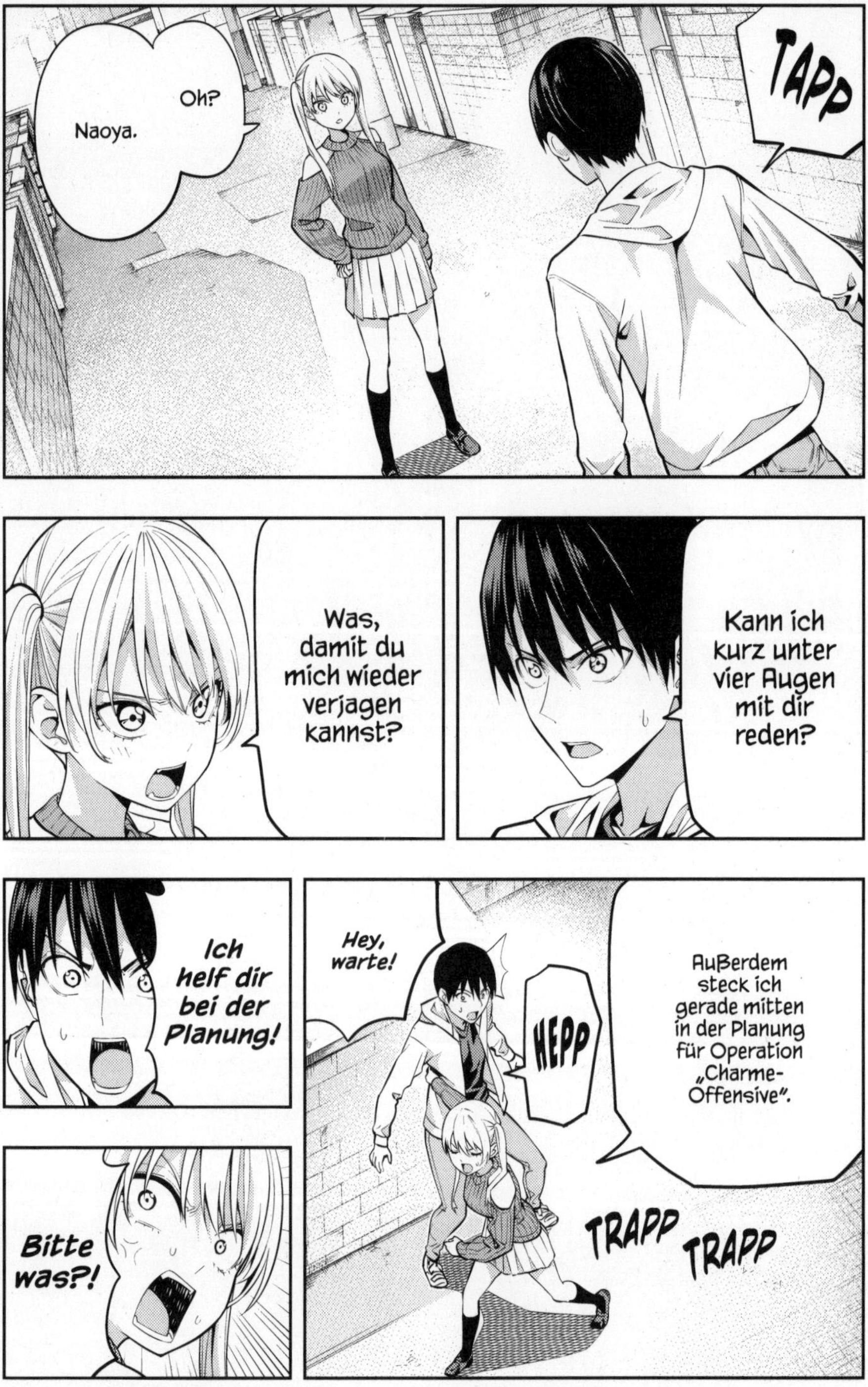
TAPP
Oh?
Naoya.
Kann ich kurz unter vier Augen mit dir reden?
Was, damit du mich wieder verjagen kannst?
Außerdem steck ich gerade mitten in der Planung für Operation „Charme-Offensive".
HEPP
Hey, warte!
TRAPP
TRAPP
Ich helf dir bei der Planung!
Bitte was?!

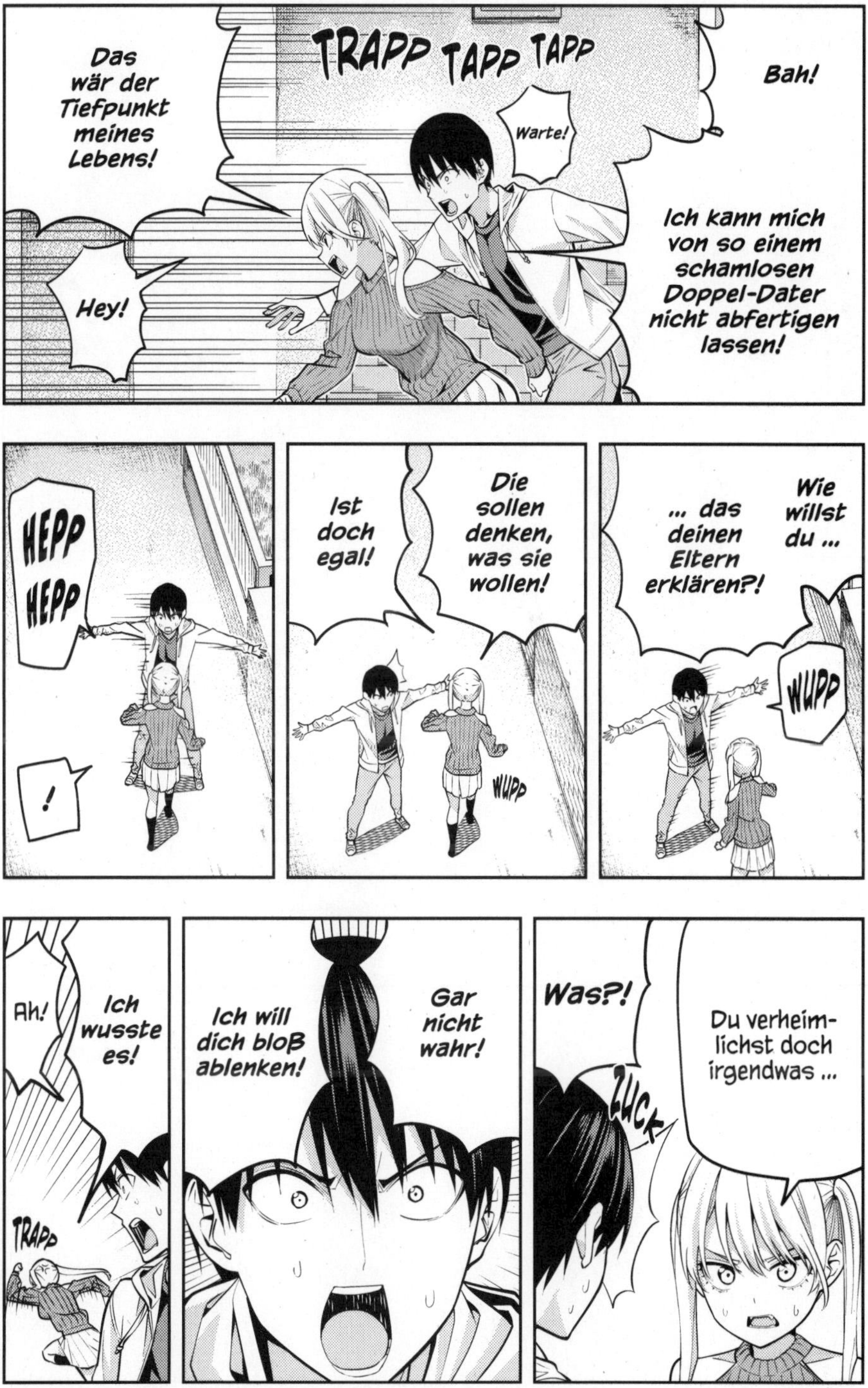

Bah!
Ich kann mich von so einem schamlosen Doppel-Dater nicht abfertigen lassen!
Warte!
TRAPP TAPP TAPP
Das wär der Tiefpunkt meines Lebens!
Hey!
Wie willst du ...
... das deinen Eltern erklären?!
WUPP
Die sollen denken, was sie wollen!
Ist doch egal!
WUPP
HEPP HEPP
!
Du verheimlichst doch irgendwas ...
Was?!
ZUCK
Gar nicht wahr!
Ich will dich bloß ablenken!
Ich wusste es!
Ah!
TRAPP

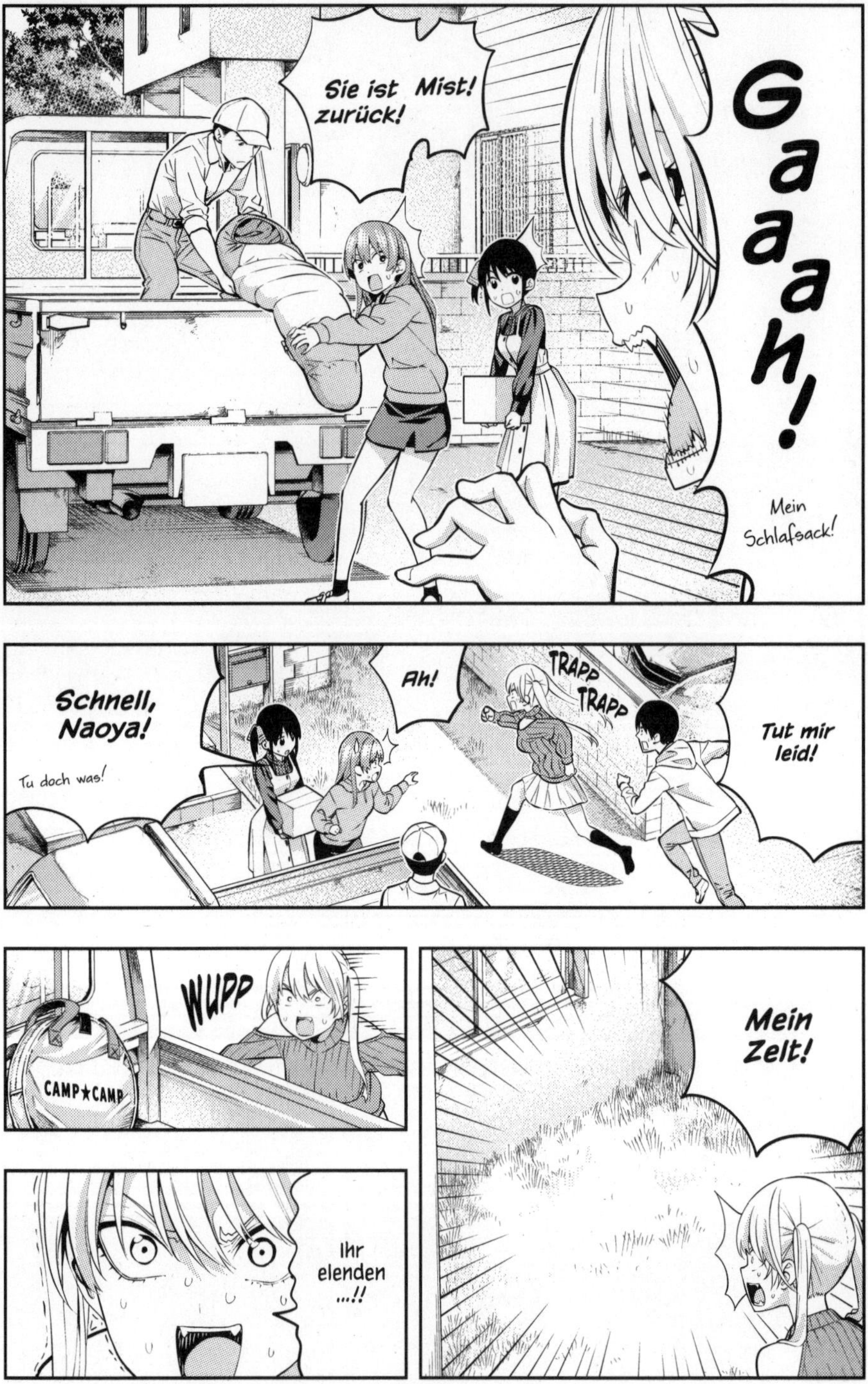
Gaaah!
Mein Schlafsack!
Sie ist zurück!
Mist!
Tut mir leid!
TRAPP TRAPP
Ah!
Schnell, Naoya!
Tu doch was!
Mein Zelt!
WUPP
CAMP★CAMP
Ihr elenden ...!!

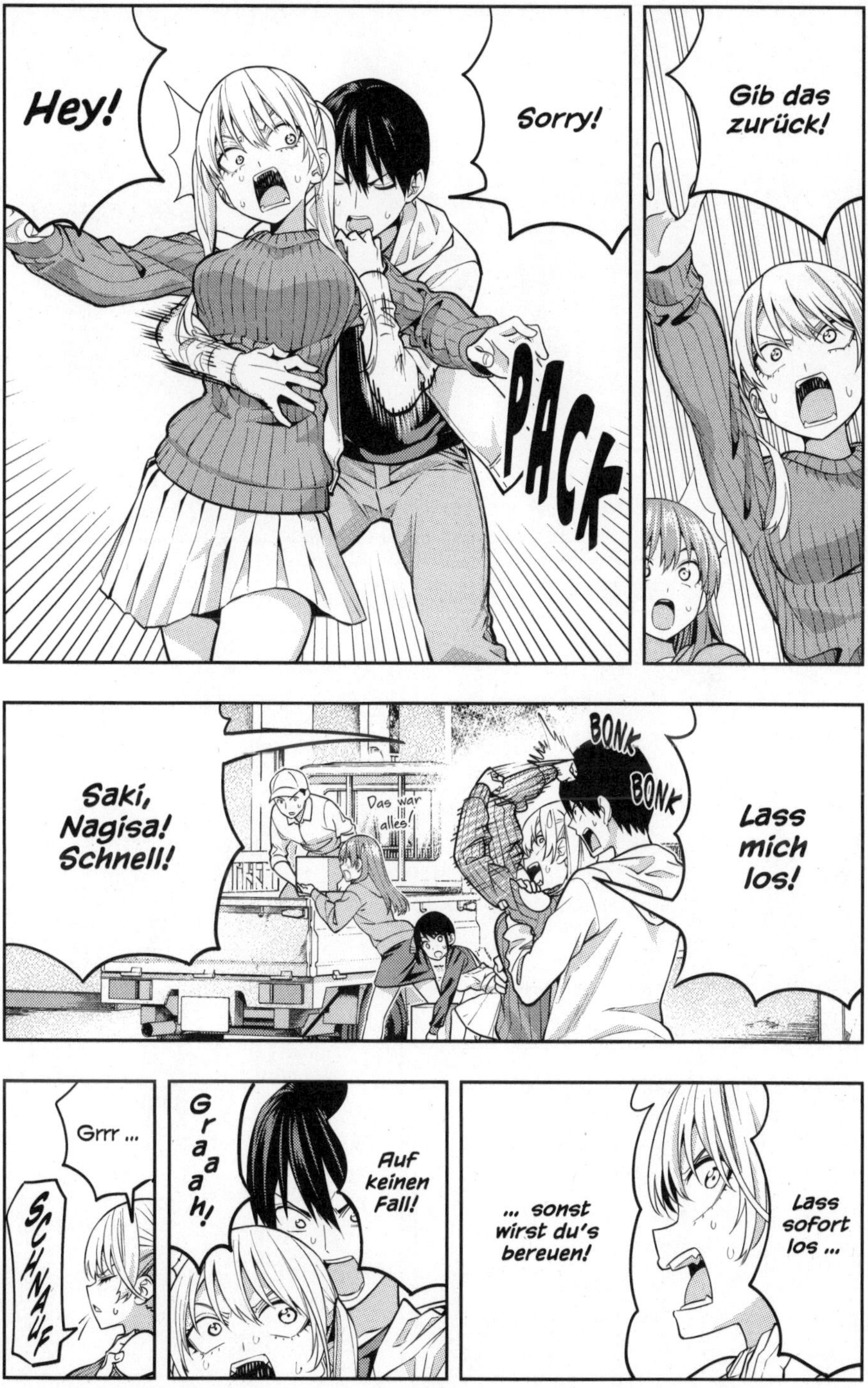
Gib das zurück!
Sorry!
PACK
Hey!
Lass mich los!
BONK
BONK
Das war alles!
Saki, Nagisa! Schnell!
Lass sofort los ...
... sonst wirst du's bereuen!
Auf keinen Fall!
Graaah!
Grrr ...
SCHNAUF

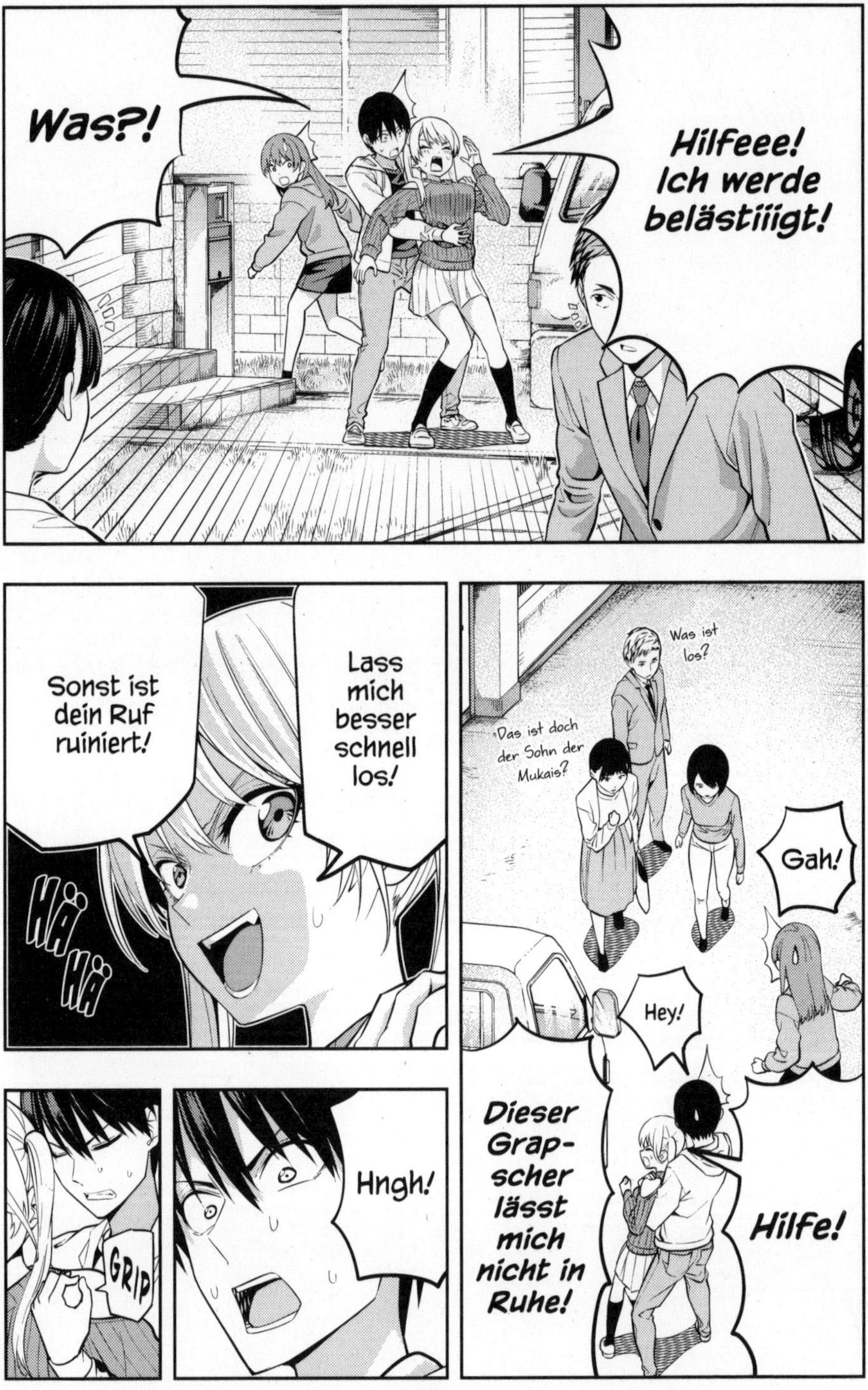
Hilfeee! Ich werde belästiiigt!
Was?!
Lass mich besser schnell los!
Sonst ist dein Ruf ruiniert!
HÄ HÄ
Was ist los?
Das ist doch der Sohn der Mukais?
Gah!
Hey!
Hilfe!
Dieser Grapscher lässt mich nicht in Ruhe!
Hngh!
GRIP

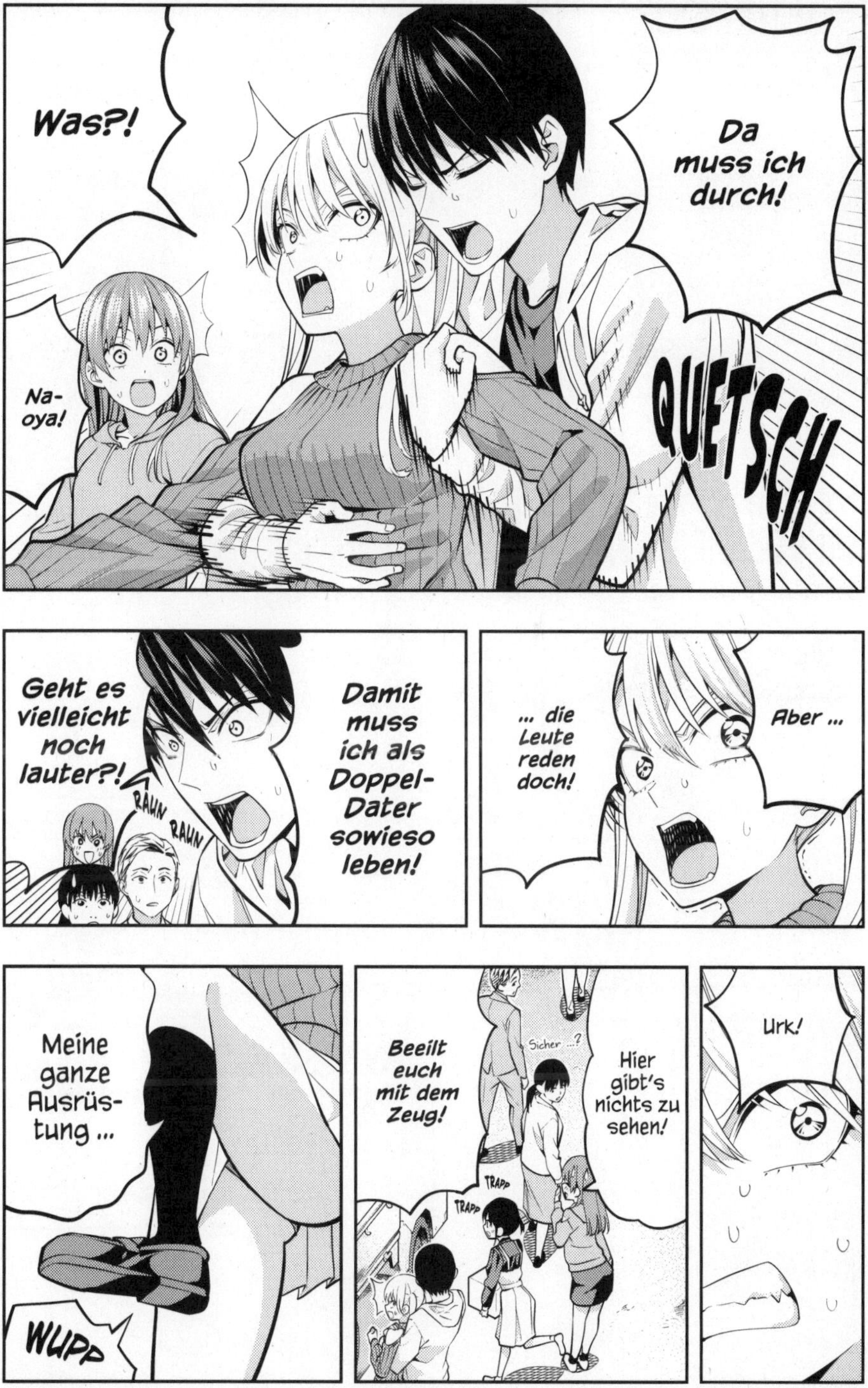
Da muss ich durch!
Was?!
QUETSCH
Na-oya!
Aber ...
... die Leute reden doch!
Damit muss ich als Doppel-Dater sowieso leben!
Geht es vielleicht noch lauter?!
RAUN RAUN
Urk!
Hier gibt's nichts zu sehen!
Sicher ...?
Beeilt euch mit dem Zeug!
TRAPP
TRAPP
Meine ganze Ausrüstung ...
WUPP

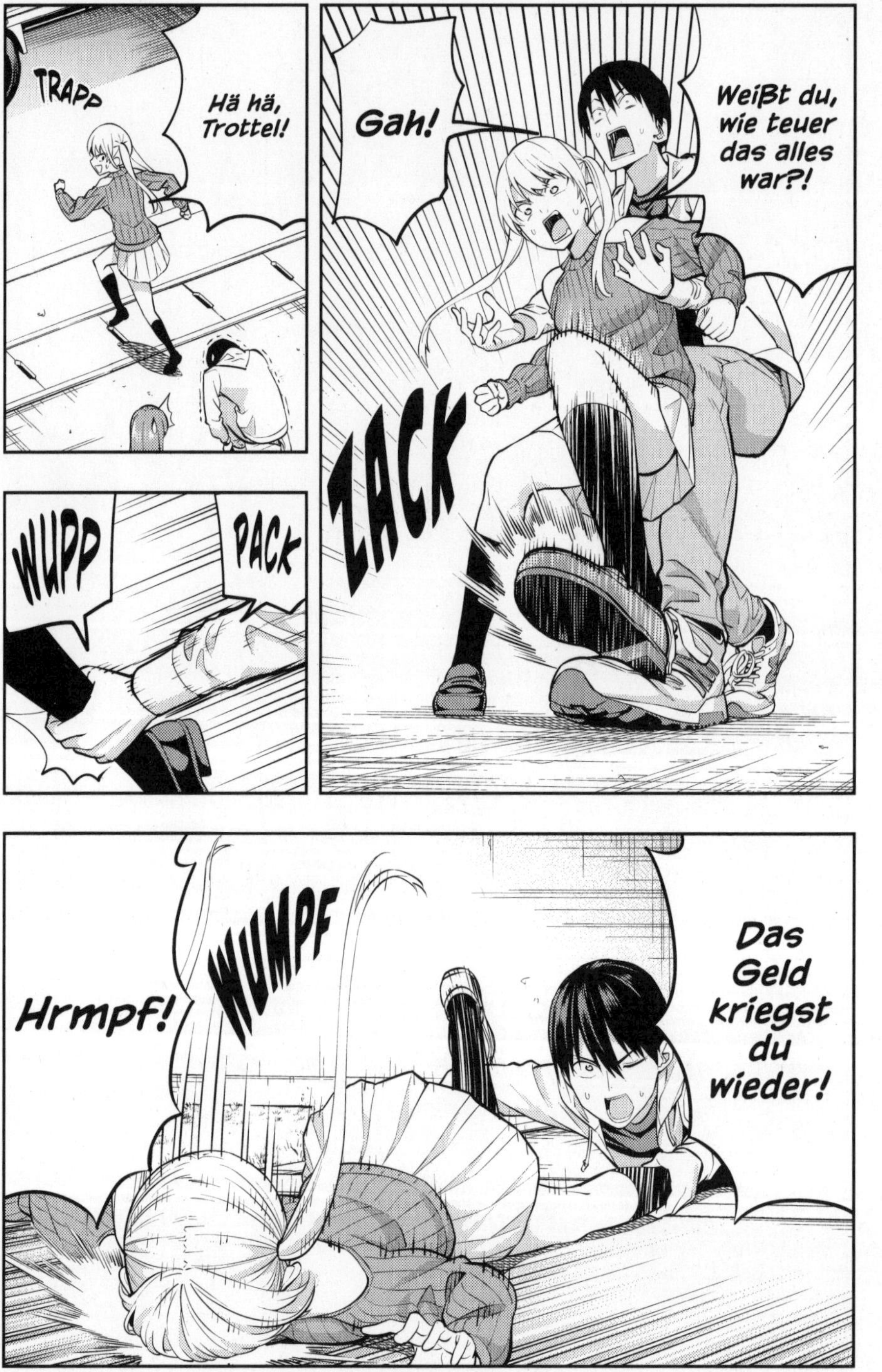
TRAPP
Hä hä, Trottel!
WUPP
PACK
Weißt du, wie teuer das alles war?!
Gah!
ZACK
Hrmpf!
WUMPF
Das Geld kriegst du wieder!

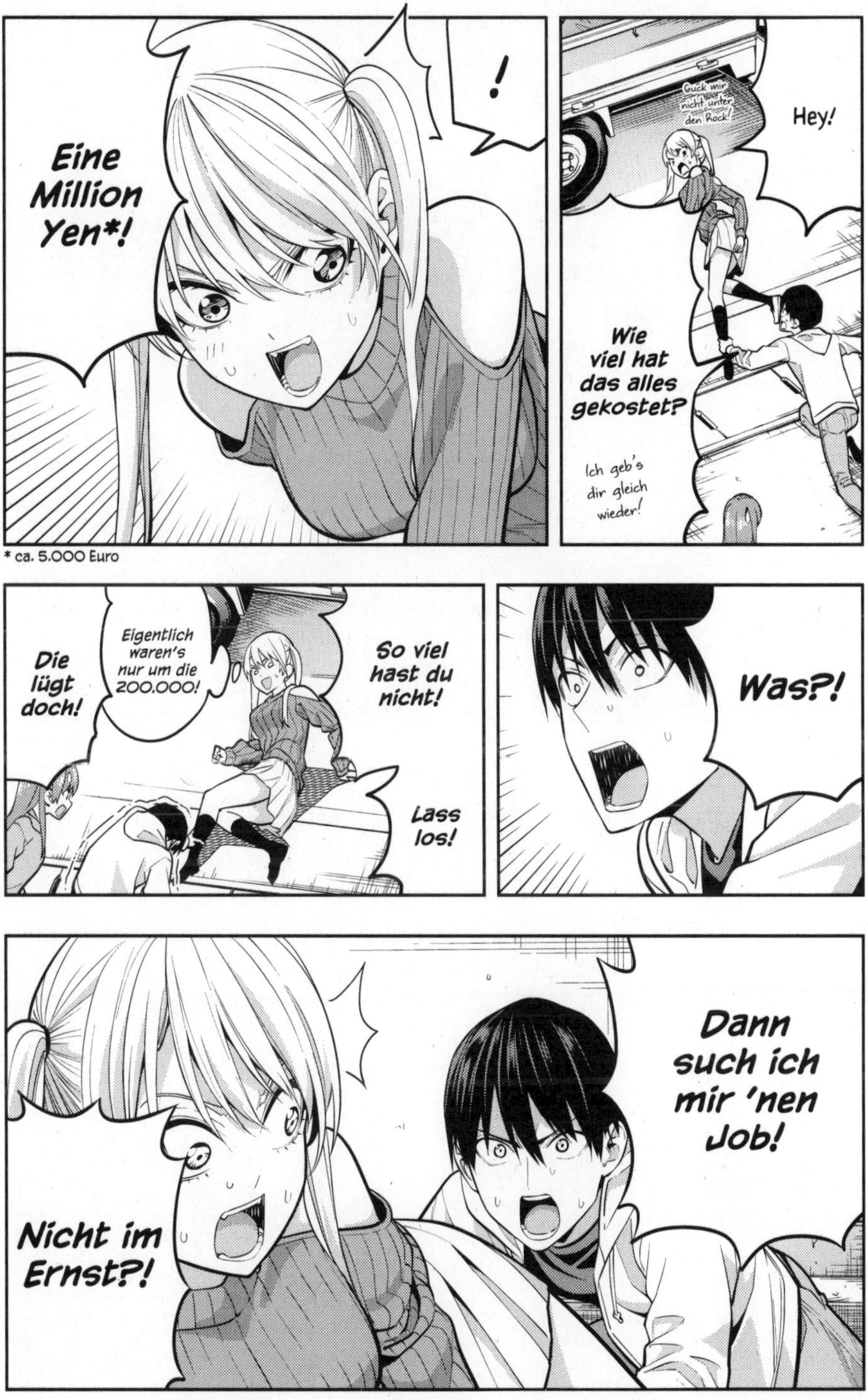
Hey!
Guck mir nicht unter den Rock!
Wie viel hat das alles gekostet?
Ich geb's dir gleich wieder!
!
Eine Million Yen*!
Was?!
So viel hast du nicht!
Lass los!
Eigentlich waren's nur um die 200.000!
Die lügt doch!
Dann such ich mir 'nen Job!
Nicht im Ernst?!

* ca. 5.000 Euro

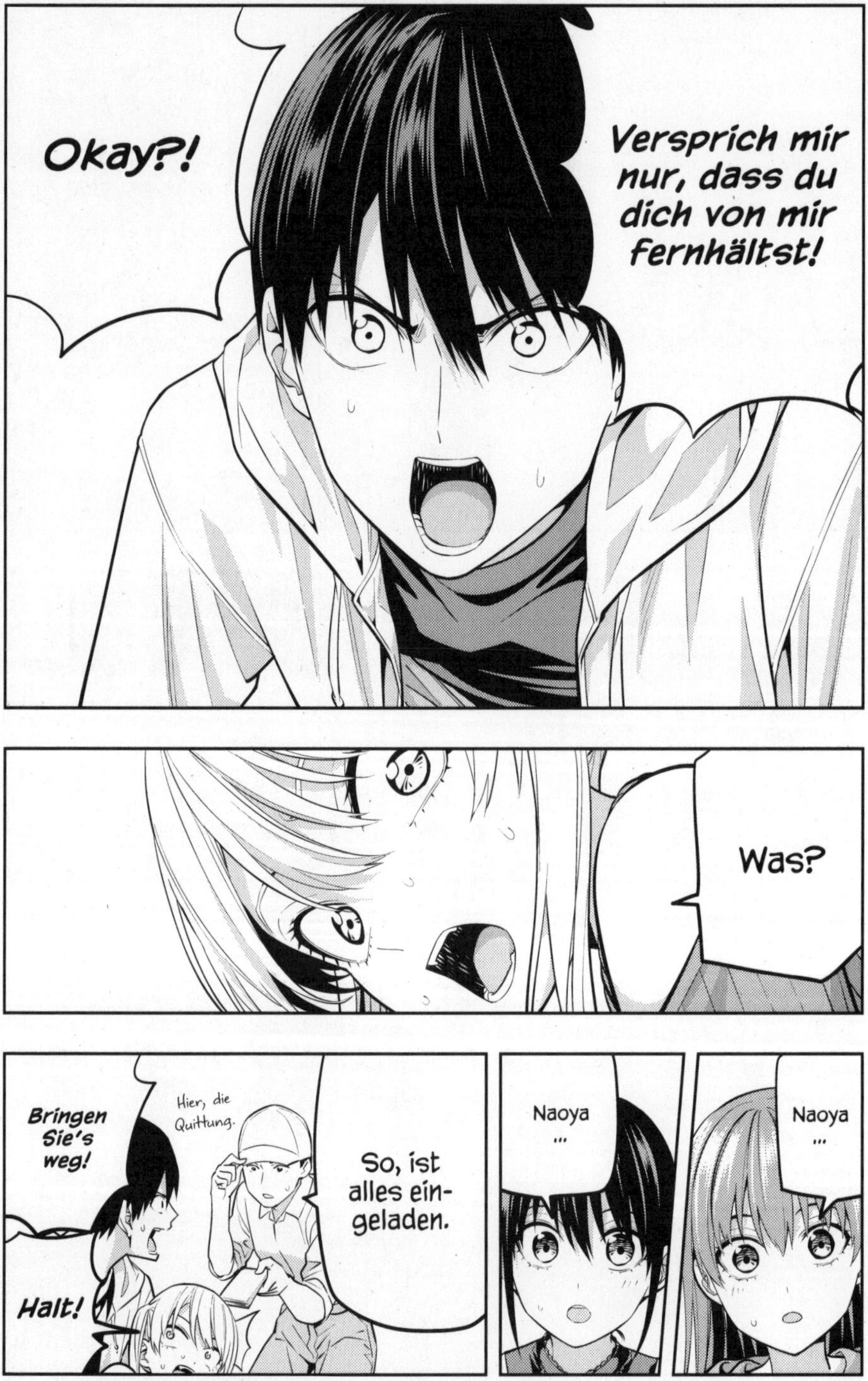
Versprich mir nur, dass du dich von mir fernhältst!
Okay?!
Was?
Naoya ...
Naoya ...
So, ist alles ein-geladen.
Hier, die Quittung.
Bringen Sie's weg!
Halt!

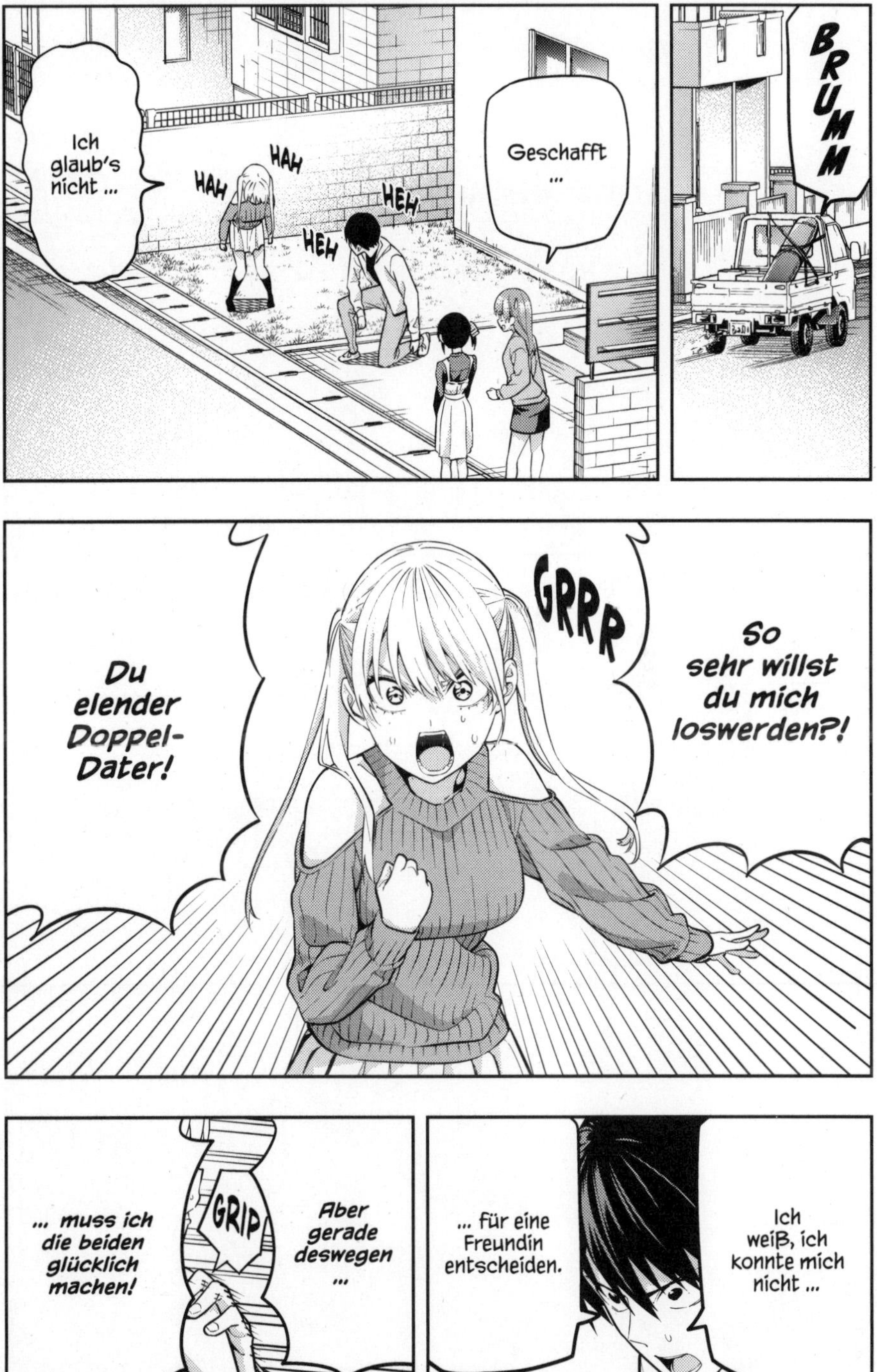
BRUMM
Geschafft ...
HAH
HAH
HEH
HEH
Ich glaub's nicht ...
So sehr willst du mich loswerden?!
GRRR
Du elender Doppel-Dater!
Ich weiß, ich konnte mich nicht ...
... für eine Freundin entscheiden.
Aber gerade deswegen ...
GRIP
... muss ich die beiden glücklich machen!

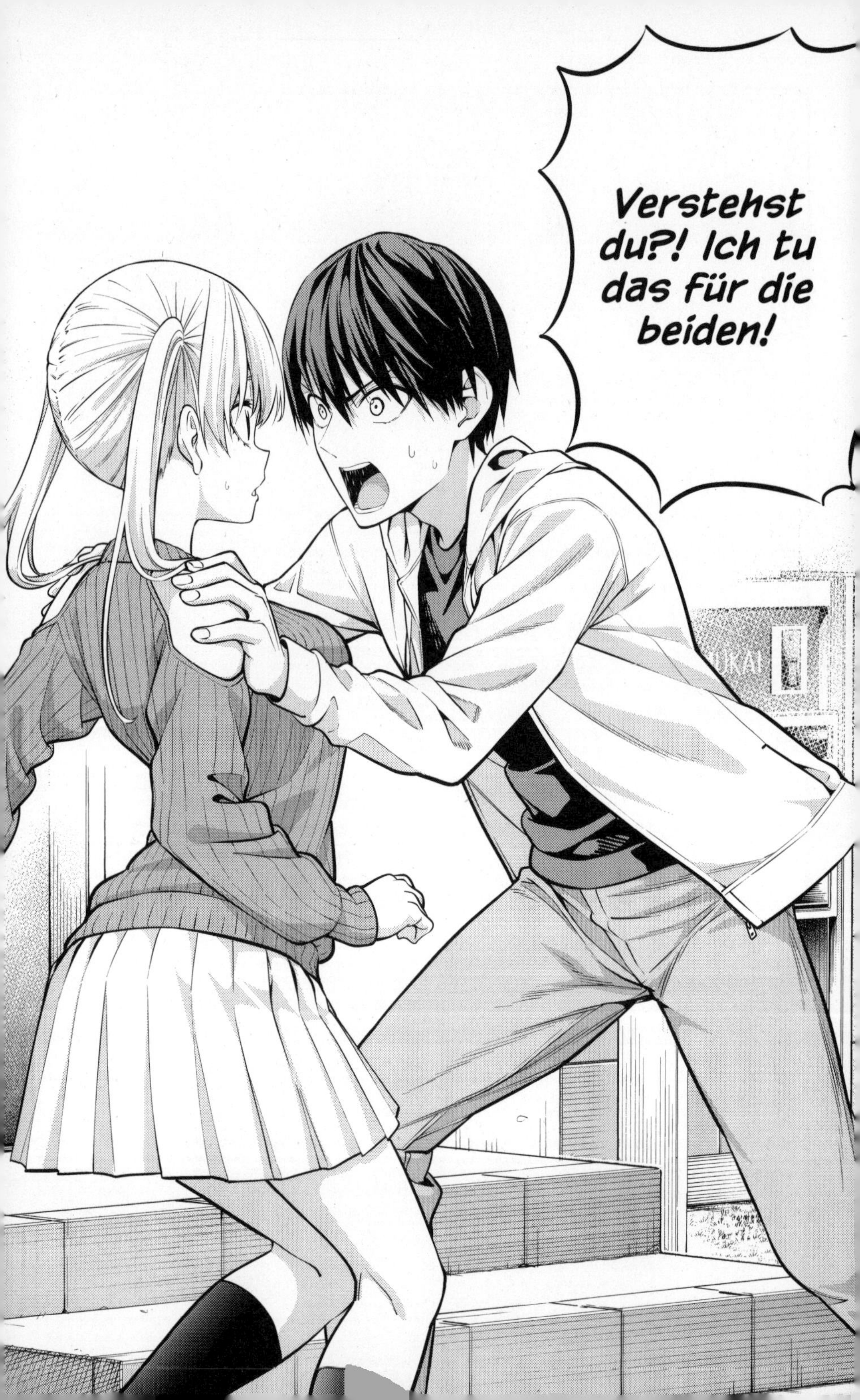
Verstehst du?! Ich tu das für die beiden!

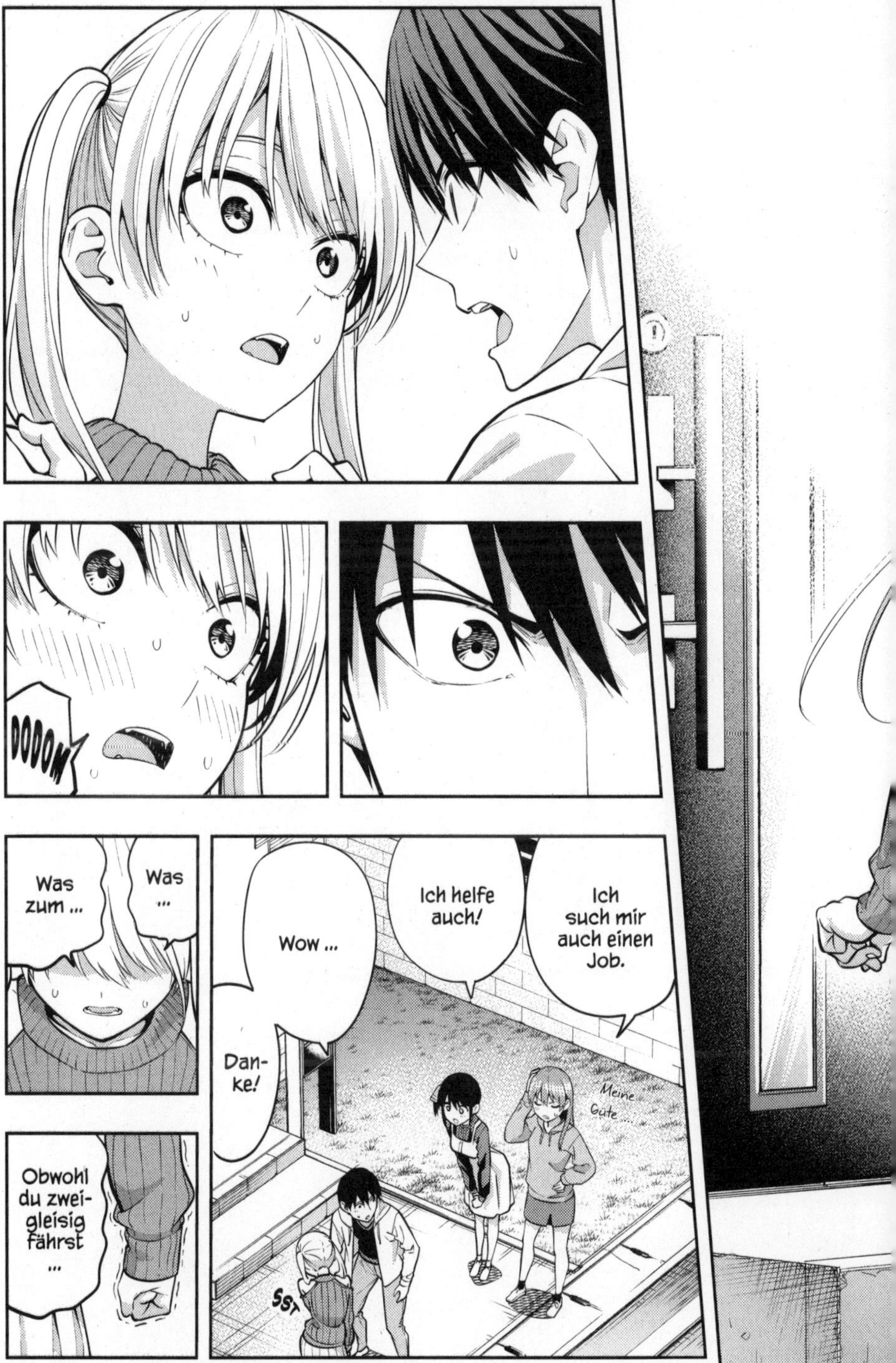
DODOM
Ich such mir auch einen Job.
Ich helfe auch!
Wow ...
Dan-ke!
Meine Güte ...
SST
Was ...
Was zum ...
Obwohl du zweigleisig fährst ...

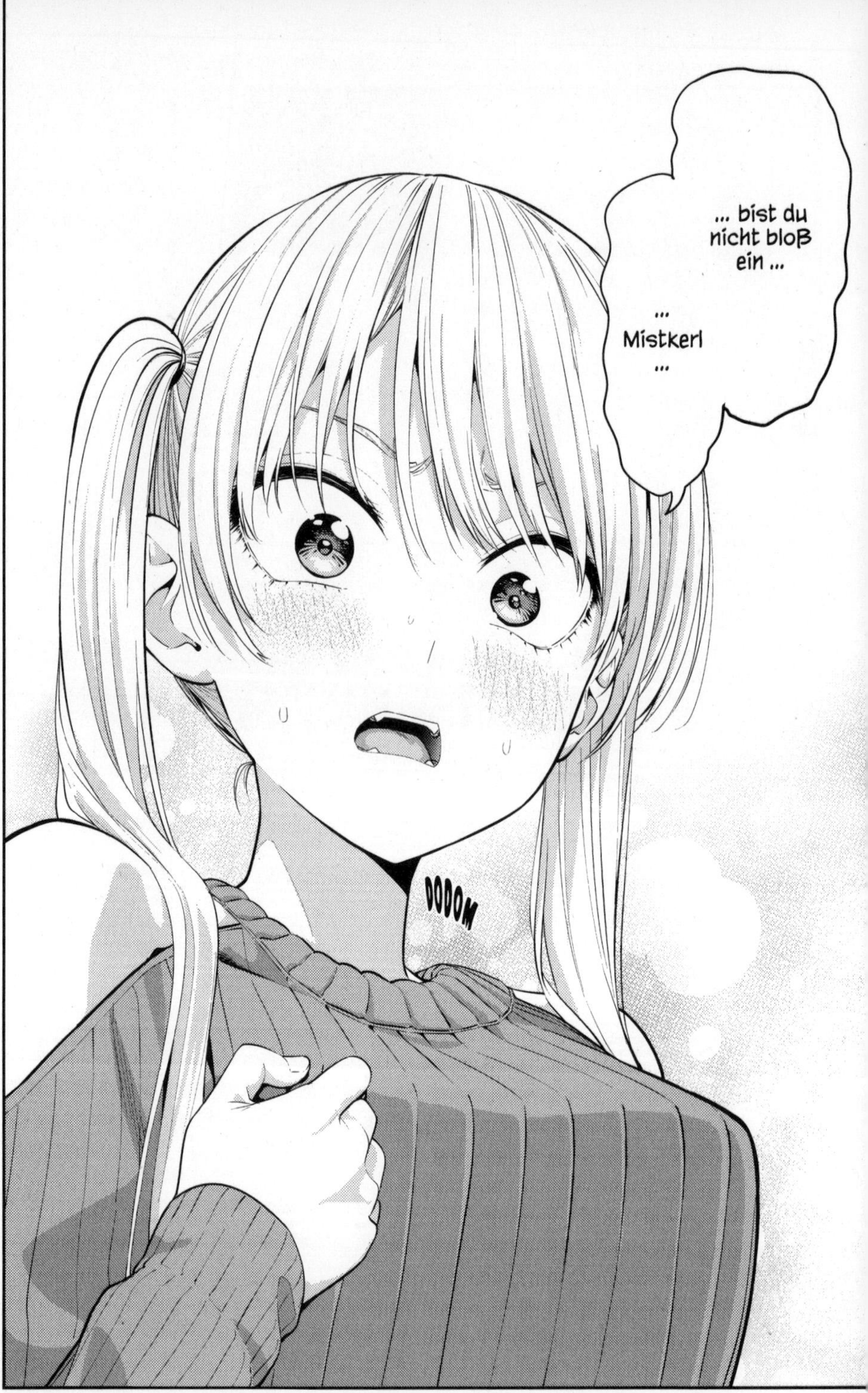
... bist du nicht bloß ein ...
... Mistkerl ...
DODOM

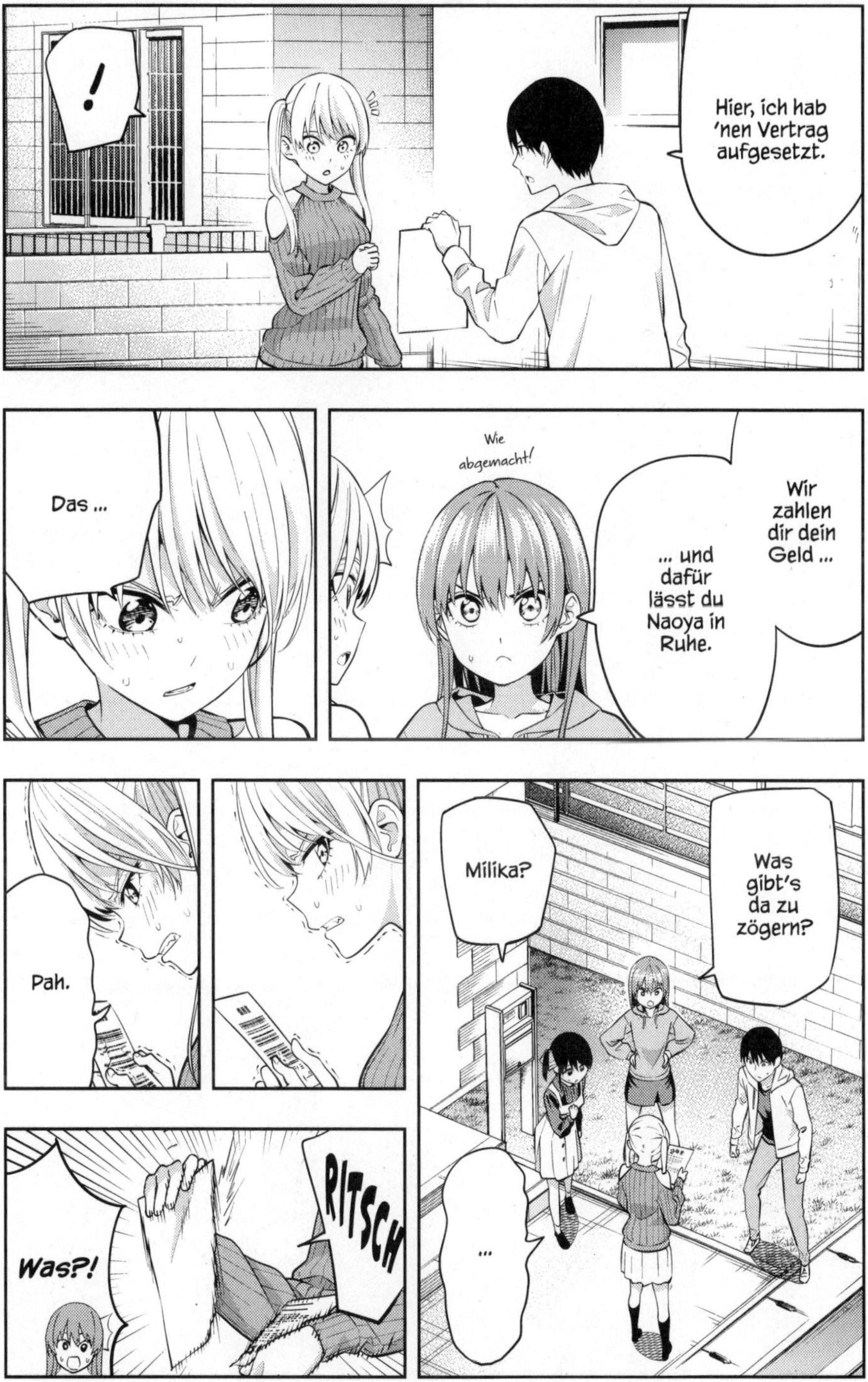

Hier, ich hab 'nen Vertrag aufgesetzt.
!
Wie abgemacht!
Wir zahlen dir dein Geld ...
... und dafür lässt du Naoya in Ruhe.
Das ...
Was gibt's da zu zögern?
Milika?
...
Pah.
RITSCH
Was?!

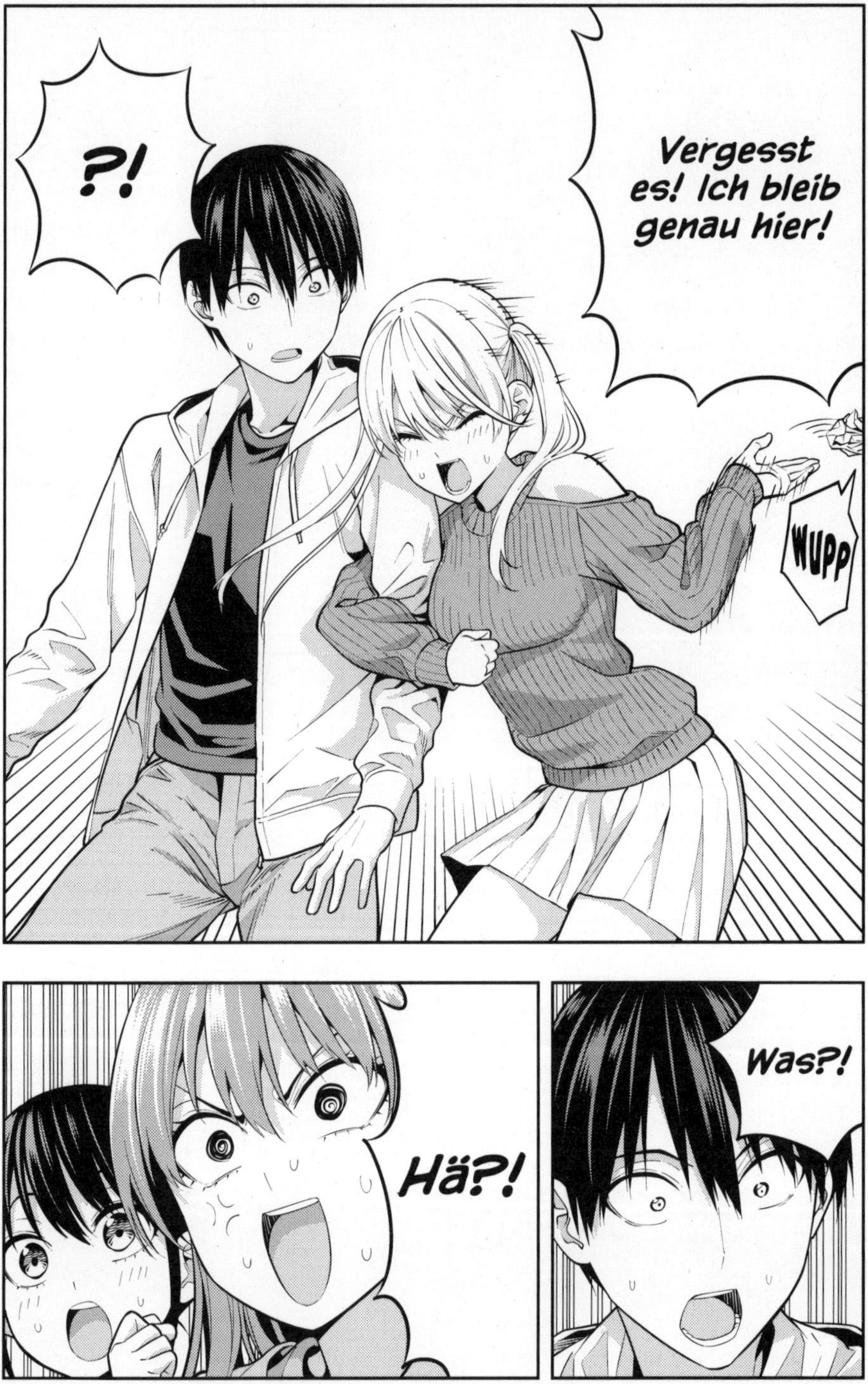
Vergesst es! Ich bleib genau hier!
?!
WUPP
Was?!
Hä?!

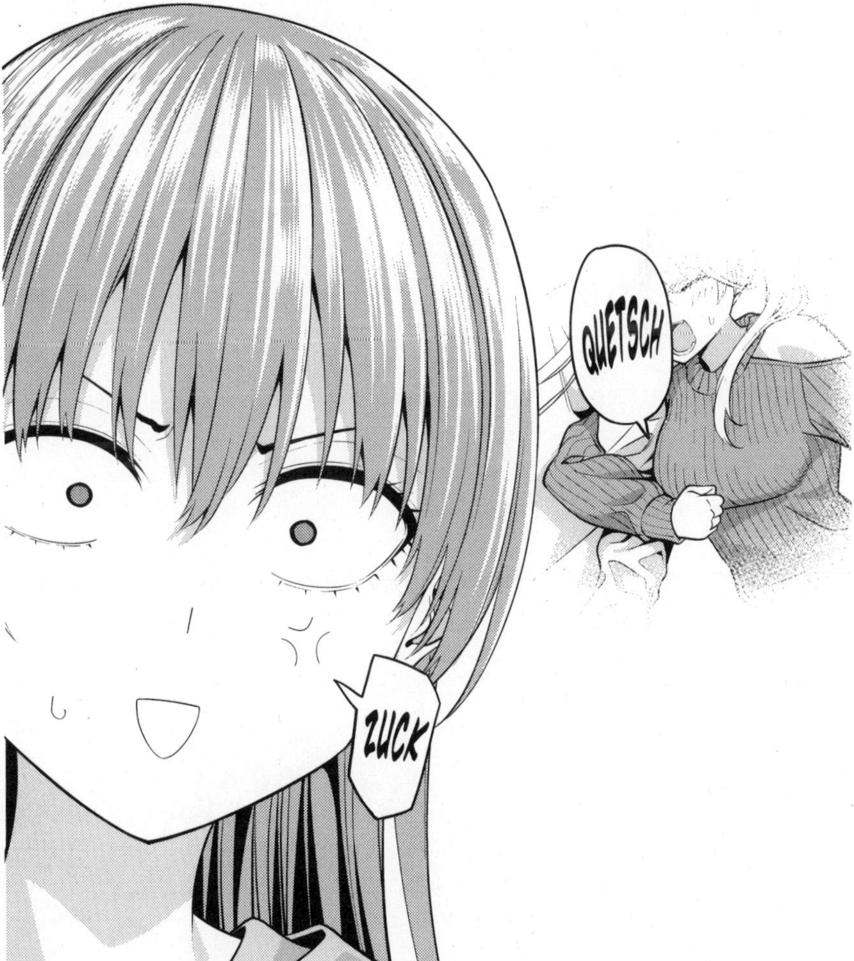
QUETSCH
ZUCK

HIROYUKI

KANOJO
MO
KANOJO

Gelegenheit macht Liebe

Kapitel 18: Zwischen Sanftmut und Jähzorn

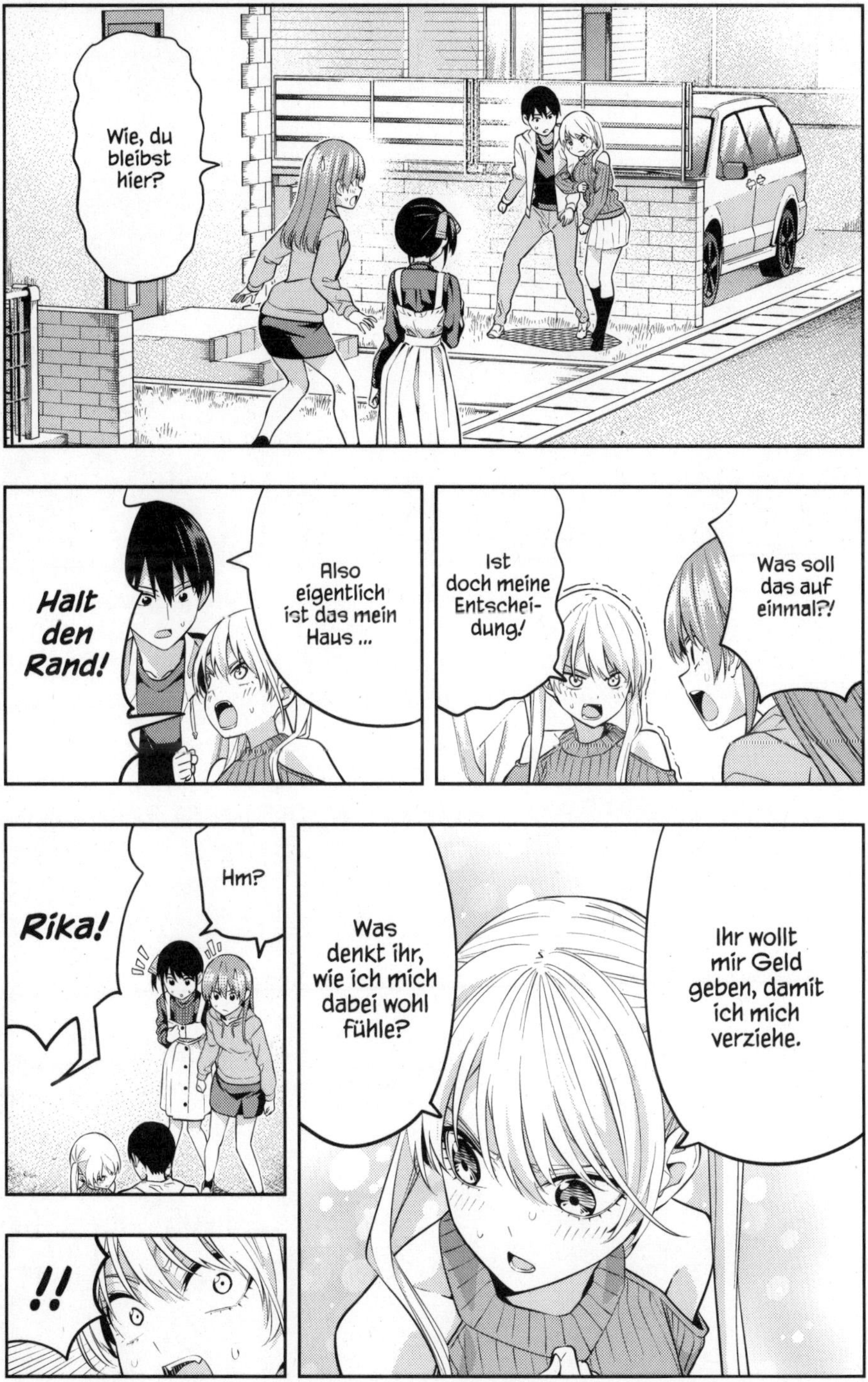

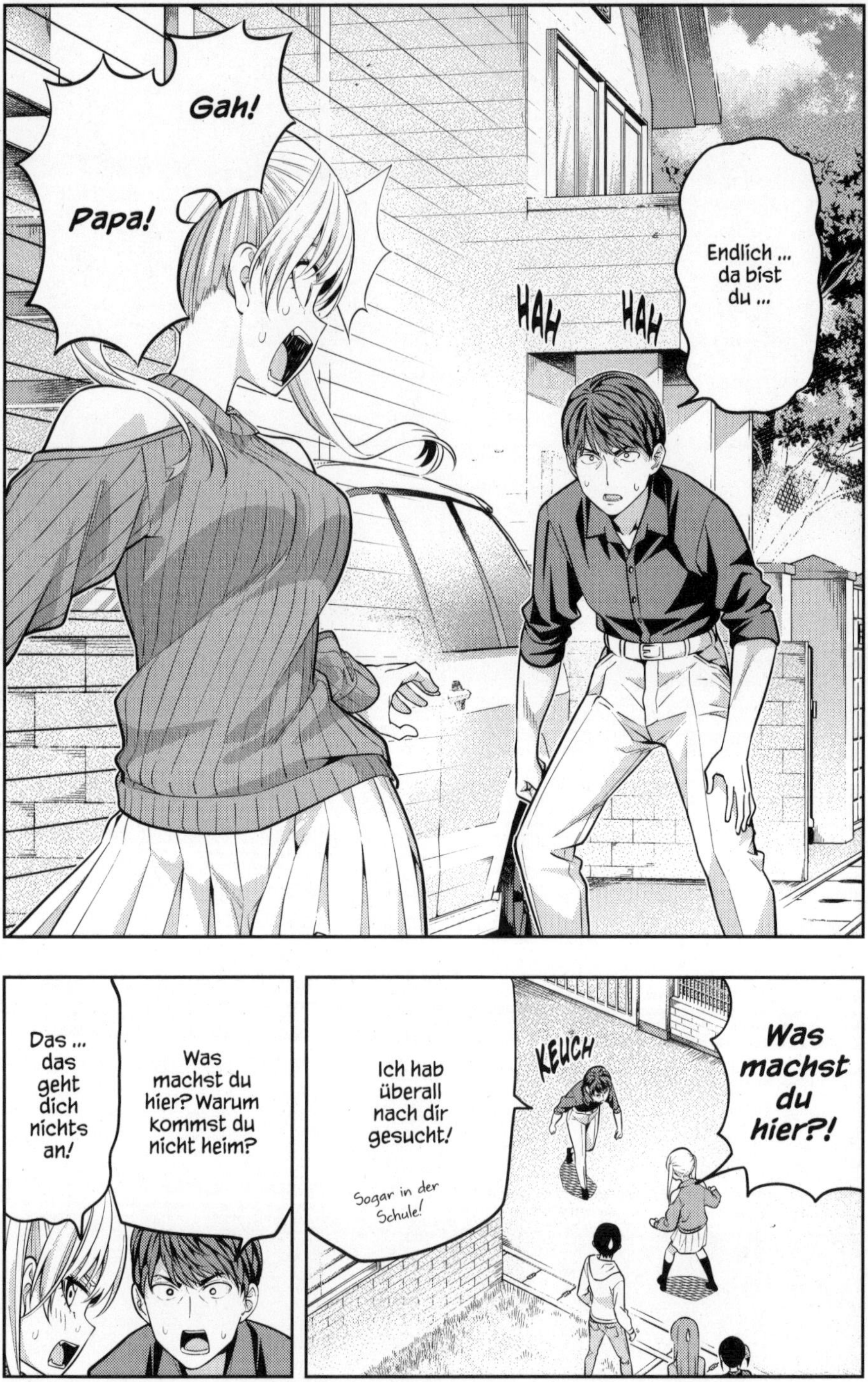
Endlich ... da bist du ...
HAH HAH
Gah!
Papa!
Was machst du hier?!
KEUCH
Ich hab überall nach dir gesucht!
Sogar in der Schule!
Was machst du hier? Warum kommst du nicht heim?
Das ... das geht dich nichts an!

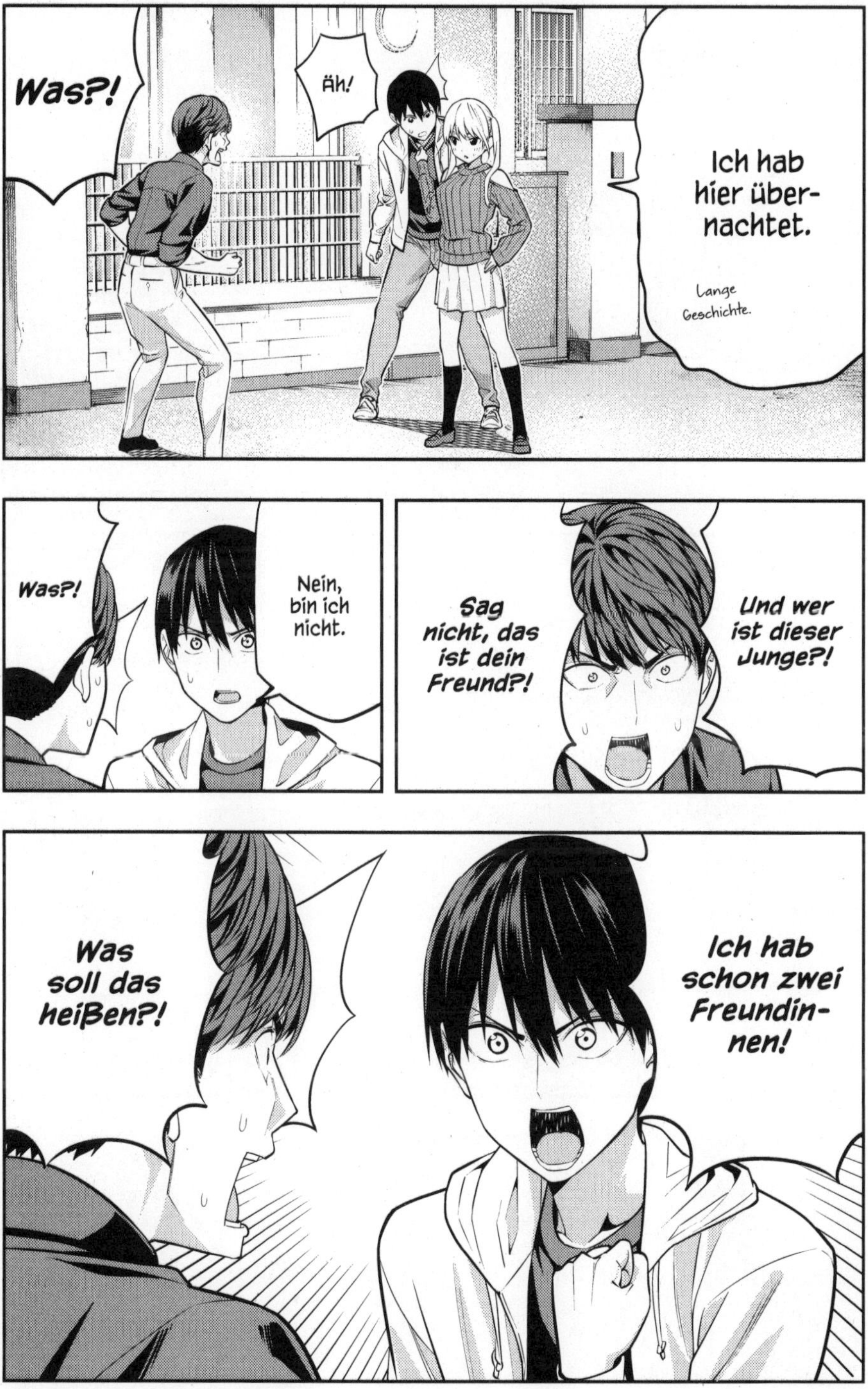
Ich hab hier über-nachtet.
Lange Geschichte.
Äh!
Was?!
Und wer ist dieser Junge?!
Sag nicht, das ist dein Freund?!
Nein, bin ich nicht.
Was?!
Ich hab schon zwei Freundin-nen!
Was soll das heißen?!

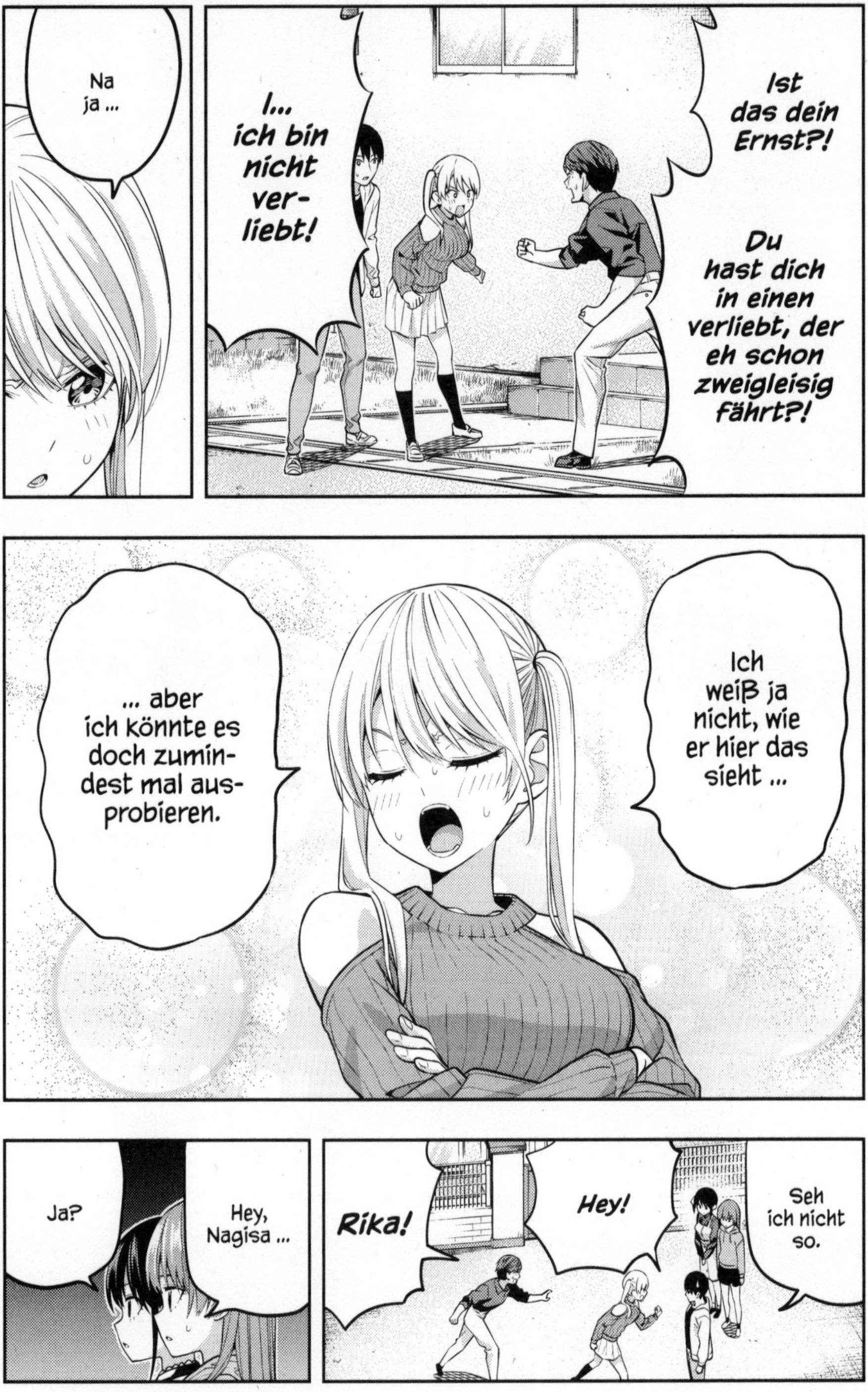
Ist das dein Ernst?!
Du hast dich in einen verliebt, der eh schon zweigleisig fährt?!
I... ich bin nicht ver-liebt!
Na ja ...
Ich weiß ja nicht, wie er hier das sieht ...
... aber ich könnte es doch zumin-dest mal aus-probieren.
Seh ich nicht so.
Hey!
Rika!
Hey, Nagisa ...
Ja?

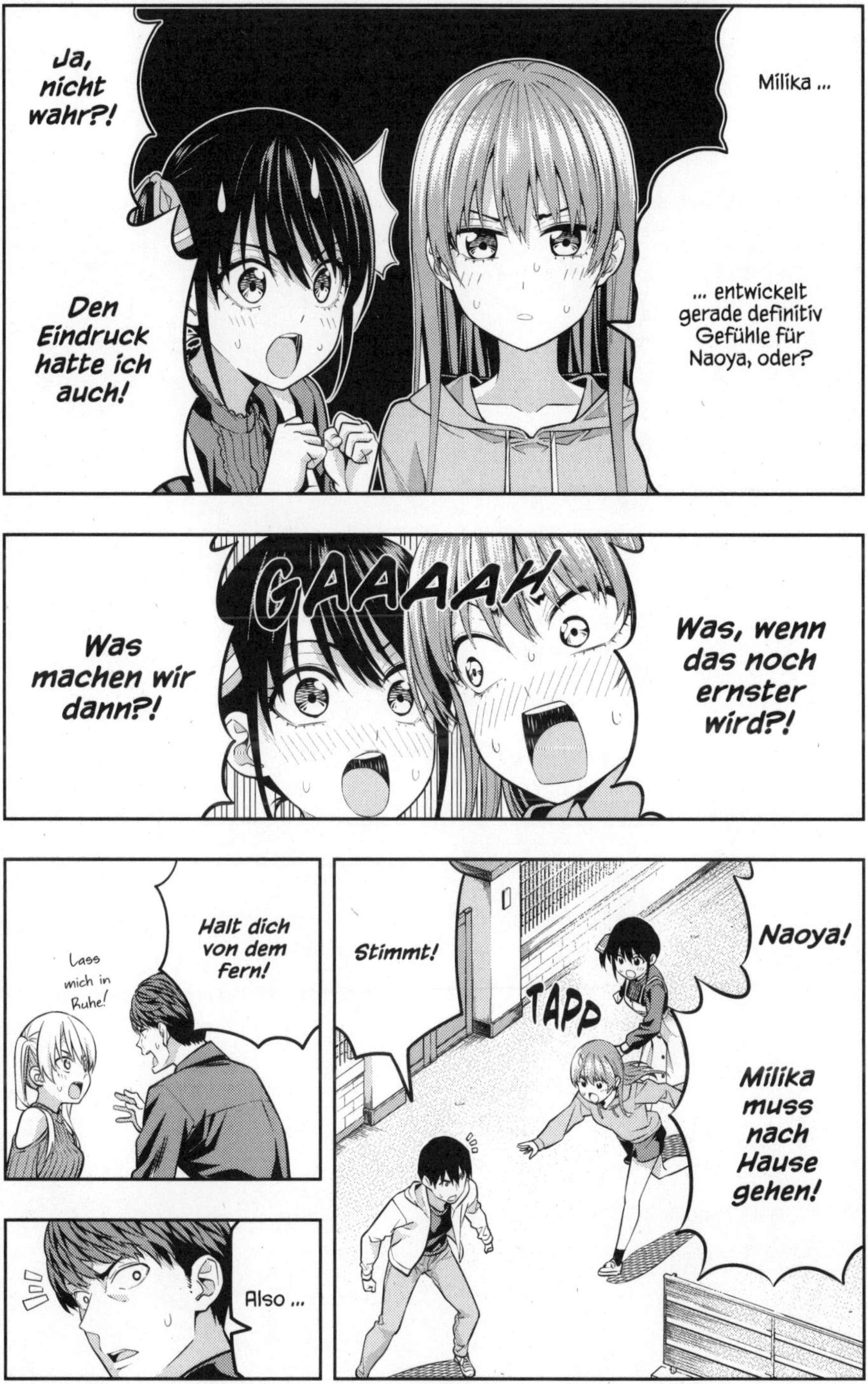
Milika ...
... entwickelt gerade definitiv Gefühle für Naoya, oder?
Ja, nicht wahr?!
Den Eindruck hatte ich auch!
GAAAAAH
Was, wenn das noch ernster wird?!
Was machen wir dann?!
Naoya!
Milika muss nach Hause gehen!
TAPP
Stimmt!
Halt dich von dem fern!
Lass mich in Ruhe!
Also ...

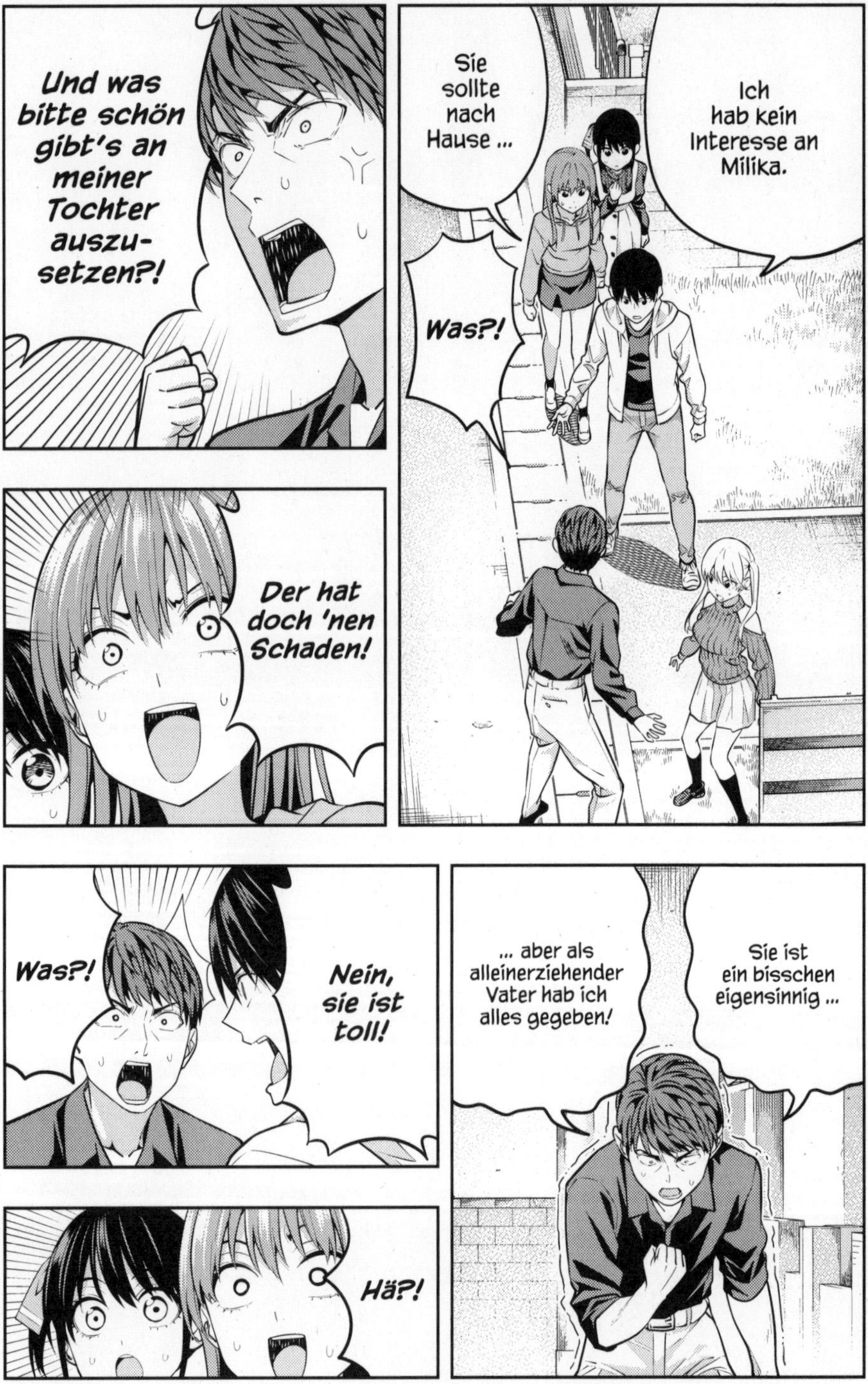
Ich hab kein Interesse an Milika.
Sie sollte nach Hause ...
Was?!
Und was bitte schön gibt's an meiner Tochter auszusetzen?!
Der hat doch 'nen Schaden!
Sie ist ein bisschen eigensinnig ...
... aber als alleinerziehender Vater hab ich alles gegeben!
Nein, sie ist toll!
Was?!
Hä?!

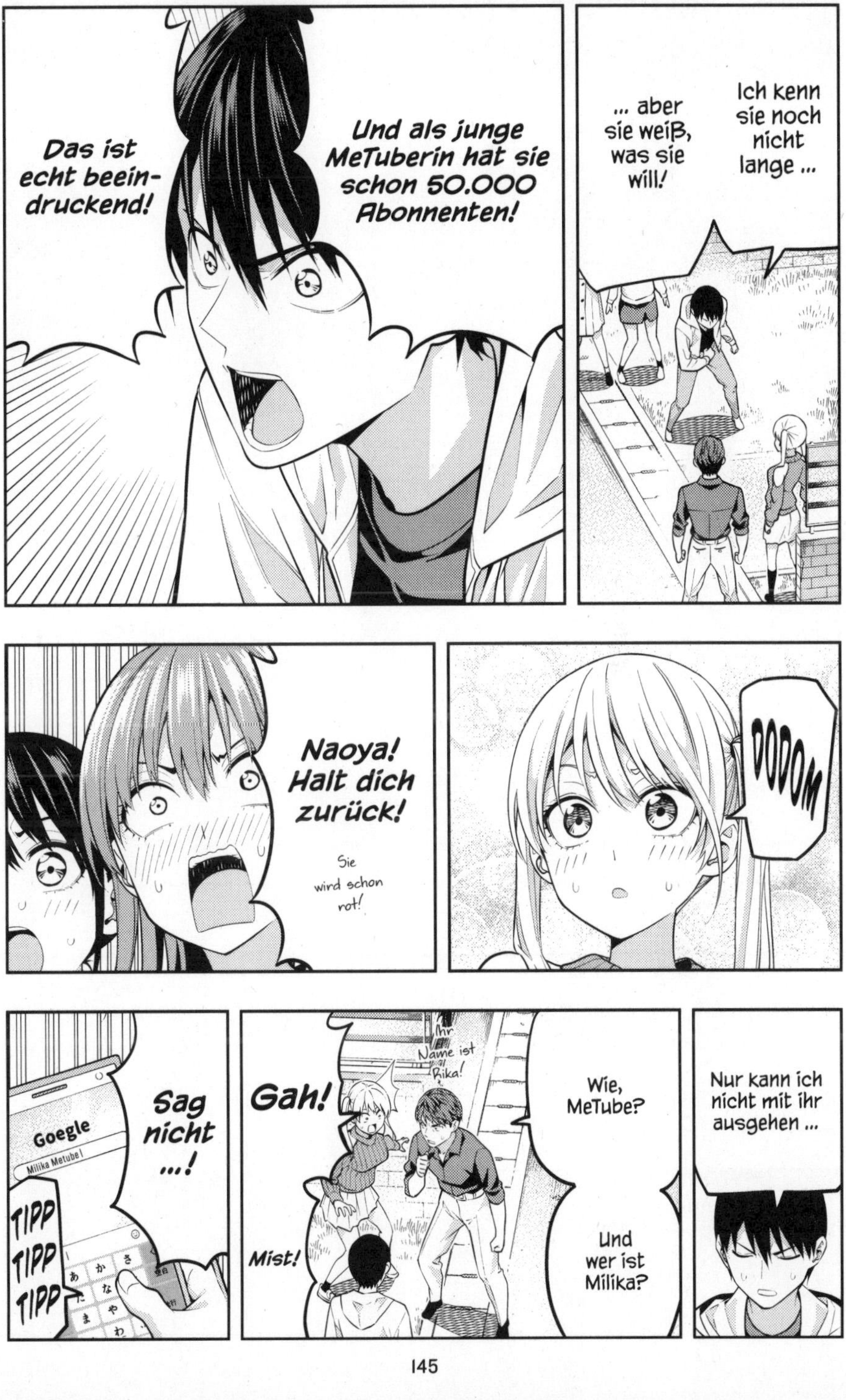

Ich kenn sie noch nicht lange ...
... aber sie weiß, was sie will!
Und als junge MeTuberin hat sie schon 50.000 Abonnenten!
Das ist echt beein-druckend!
DODOM
Naoya! Halt dich zurück!
Sie wird schon rot!
Nur kann ich nicht mit ihr ausgehen ...
Wie, MeTube?
Und wer ist Milika?
Ihr Name ist Rika!
Gah!
Mist!
Sag nicht ...!
Goegle
Milika Metube
TIPP TIPP TIPP

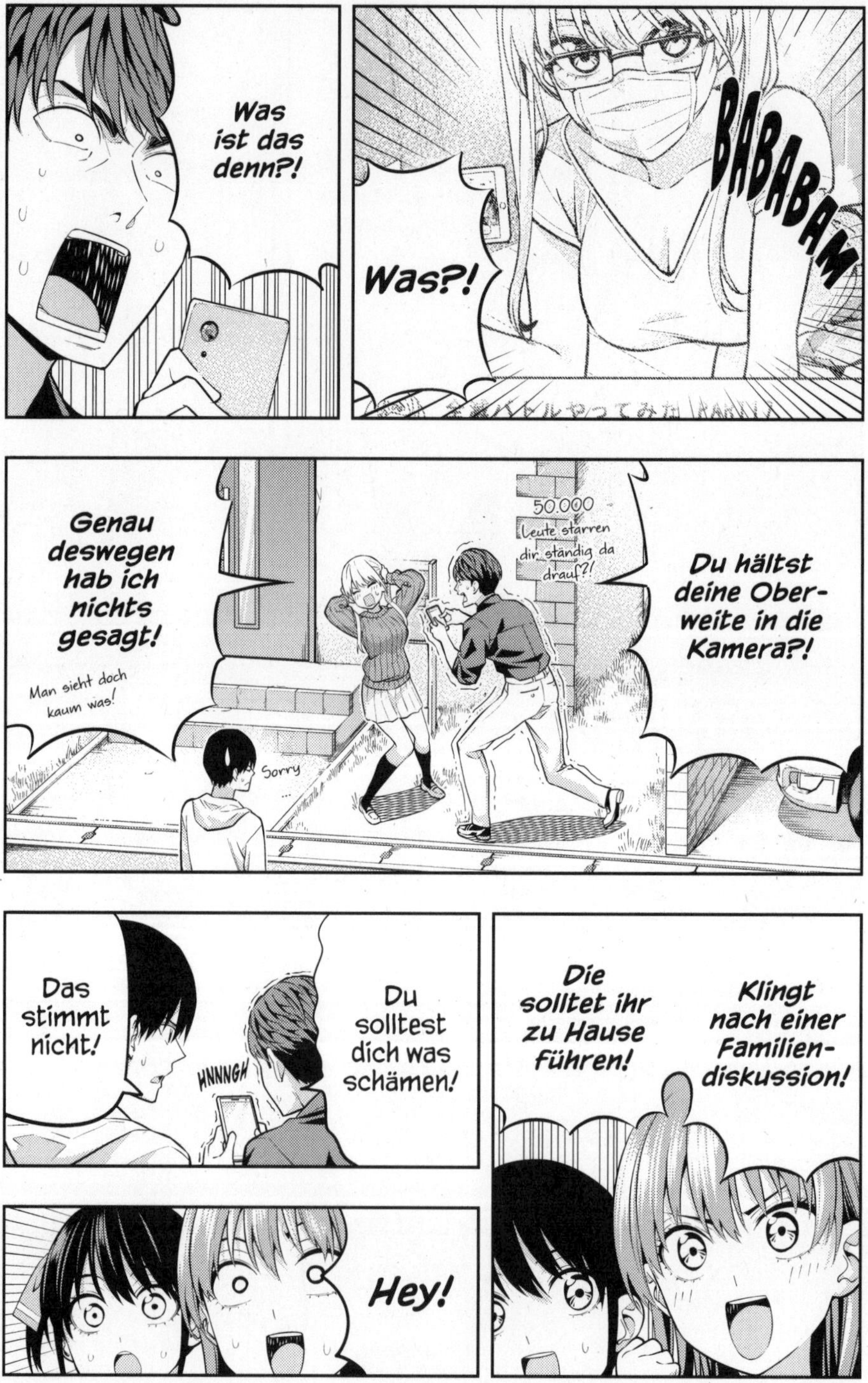
Was?!
BABABAM
Was ist das denn?!
Du hältst deine Oberweite in die Kamera?!
50.000 Leute starren dir ständig da drauf?!
Genau deswegen hab ich nichts gesagt!
Man sieht doch kaum was!
Sorry ...
Du solltest dich was schämen!
HNNNGH
Das stimmt nicht!
Klingt nach einer Familiendiskussion!
Die solltet ihr zu Hause führen!
Hey!

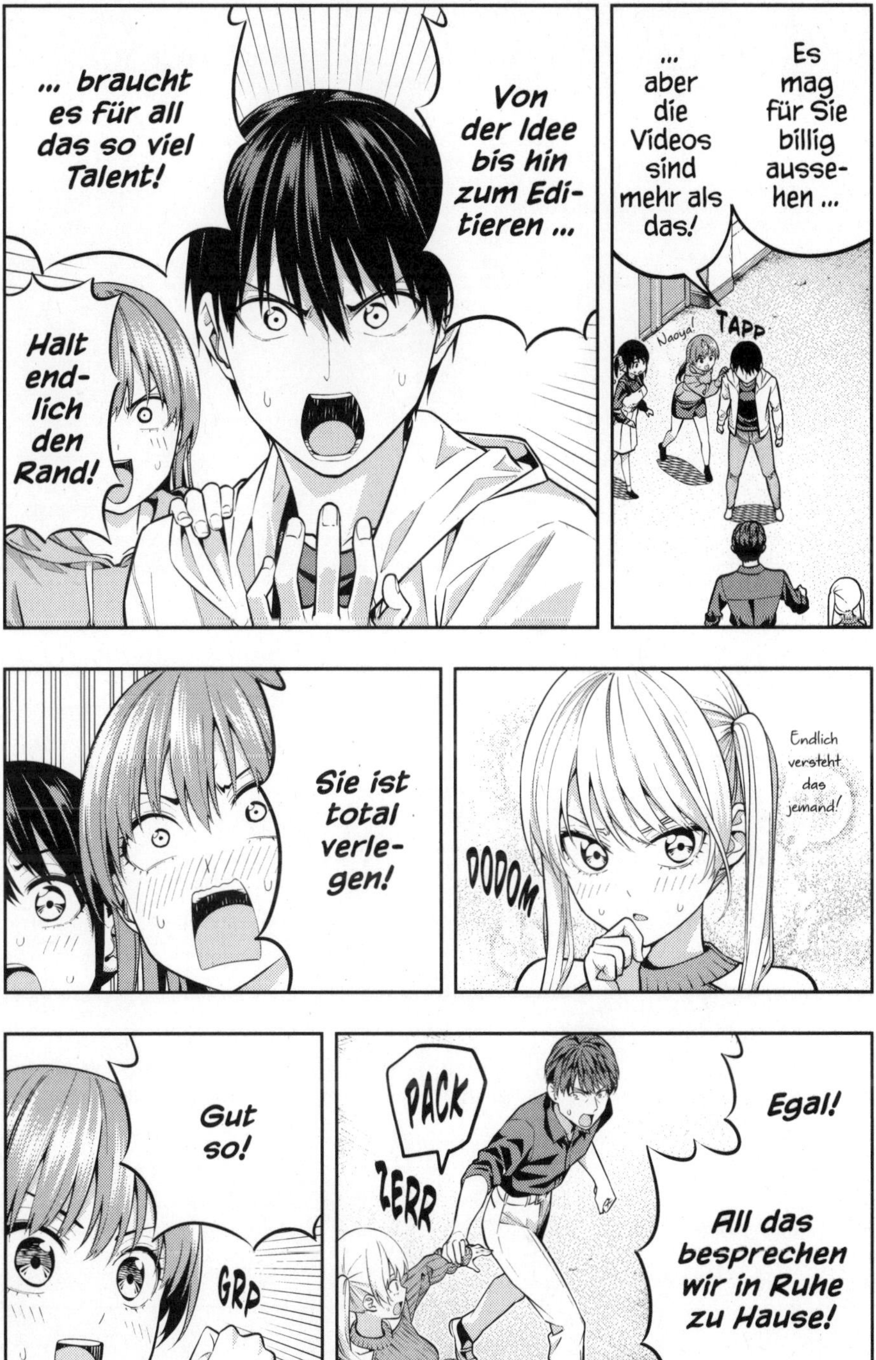
Es mag für Sie billig aussehen ...
... aber die Videos sind mehr als das!
TAPP
Naoya!
Von der Idee bis hin zum Editieren ...
... braucht es für all das so viel Talent!
Halt endlich den Rand!
Endlich versteht das jemand!
DODOM
Sie ist total verlegen!
Egal!
PACK
ZERR
All das besprechen wir in Ruhe zu Hause!
Gut so!
GRP

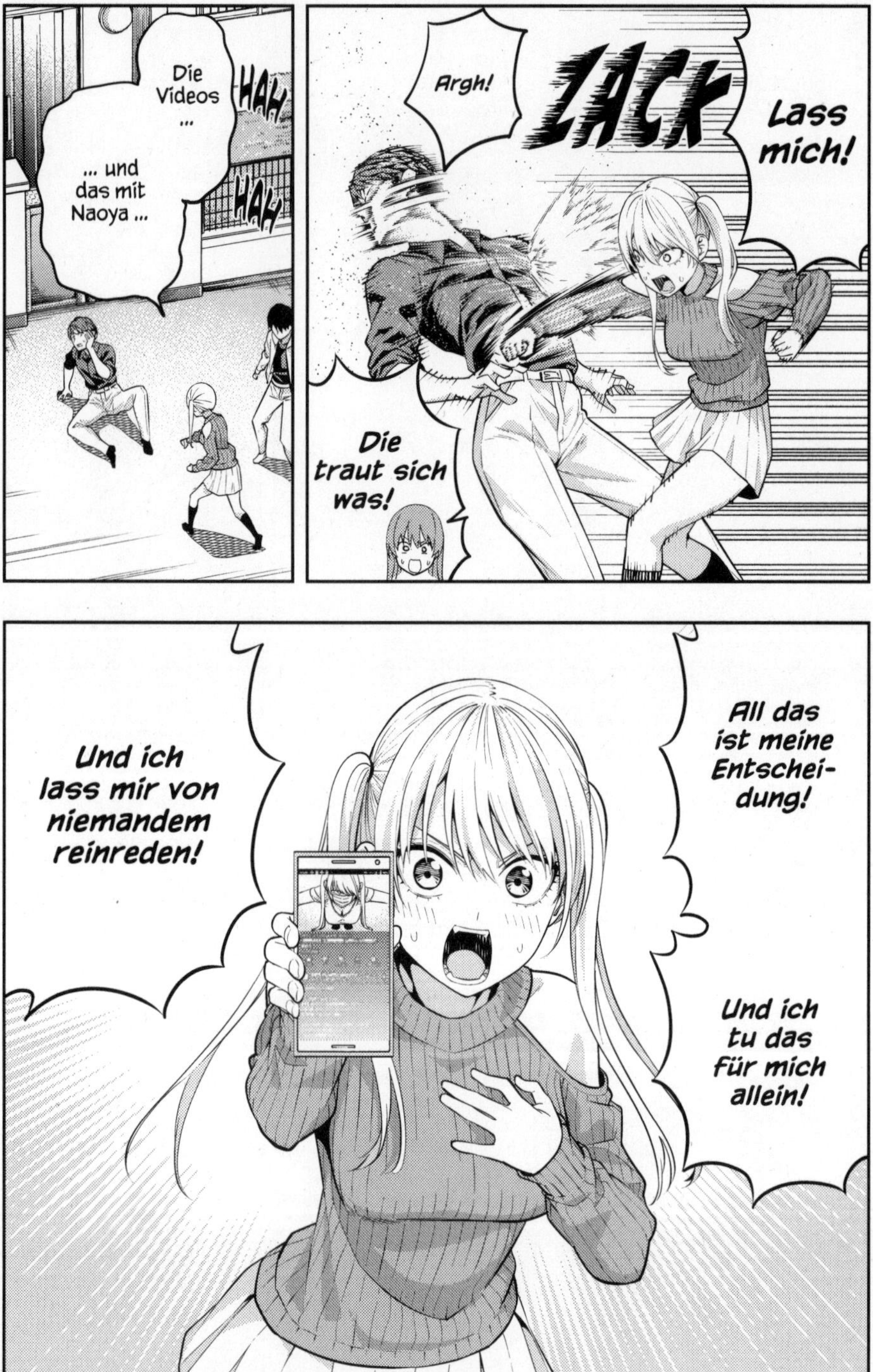
Lass mich!
ZACK
Argh!
Die traut sich was!
Die Videos ...
... und das mit Naoya ...
HAH
HAH
All das ist meine Entschei-dung!
Und ich lass mir von niemandem reinreden!
Und ich tu das für mich allein!

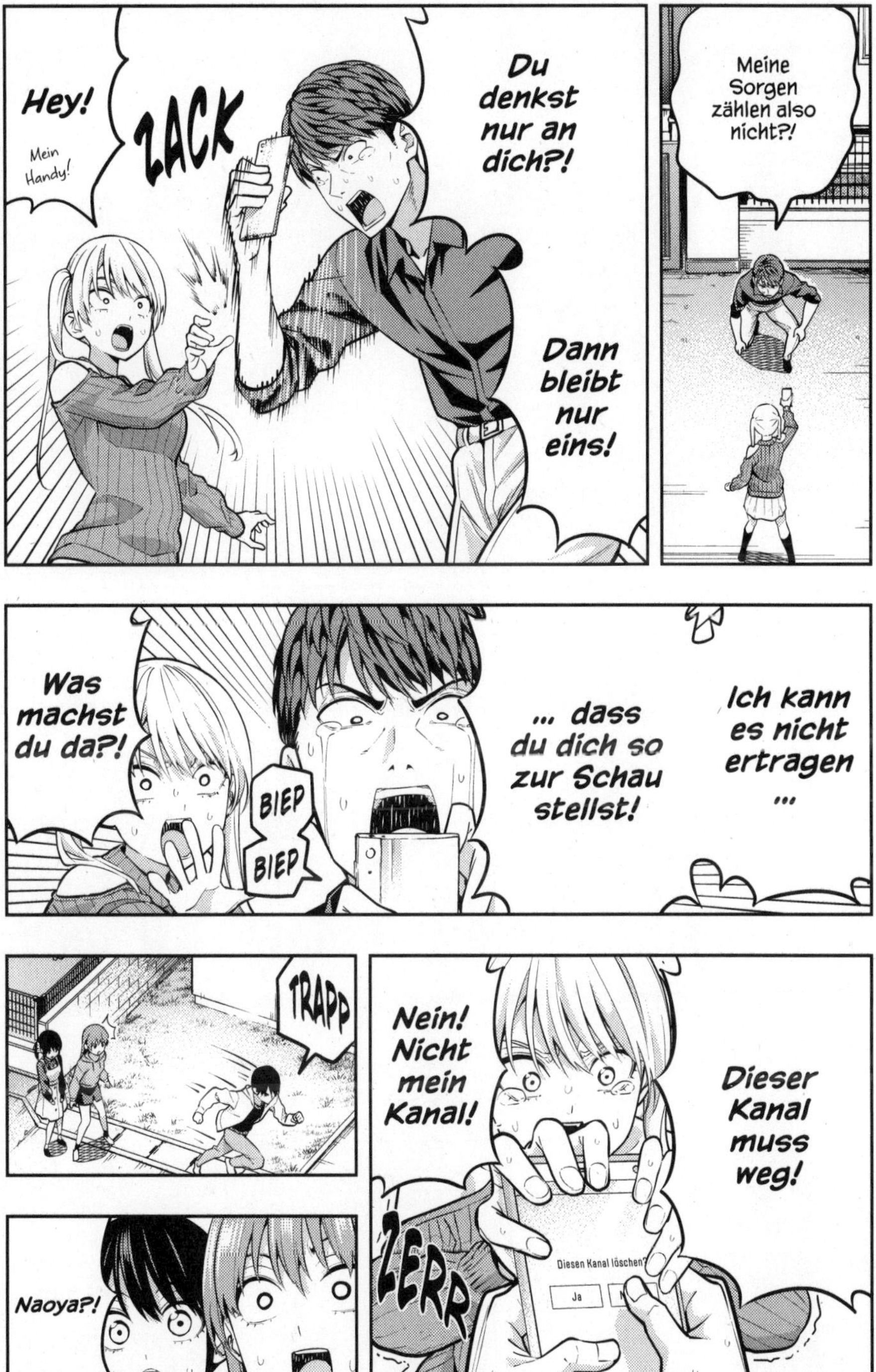
Meine Sorgen zählen also nicht?!
Du denkst nur an dich?!
Dann bleibt nur eins!
ZACK
Hey!
Mein Handy!
Ich kann es nicht ertragen ...
... dass du dich so zur Schau stellst!
BIEP
BIEP
Was machst du da?!
Dieser Kanal muss weg!
ZERR
Diesen Kanal löschen?
Ja
Nein! Nicht mein Kanal!
TRAPP
Naoya?!

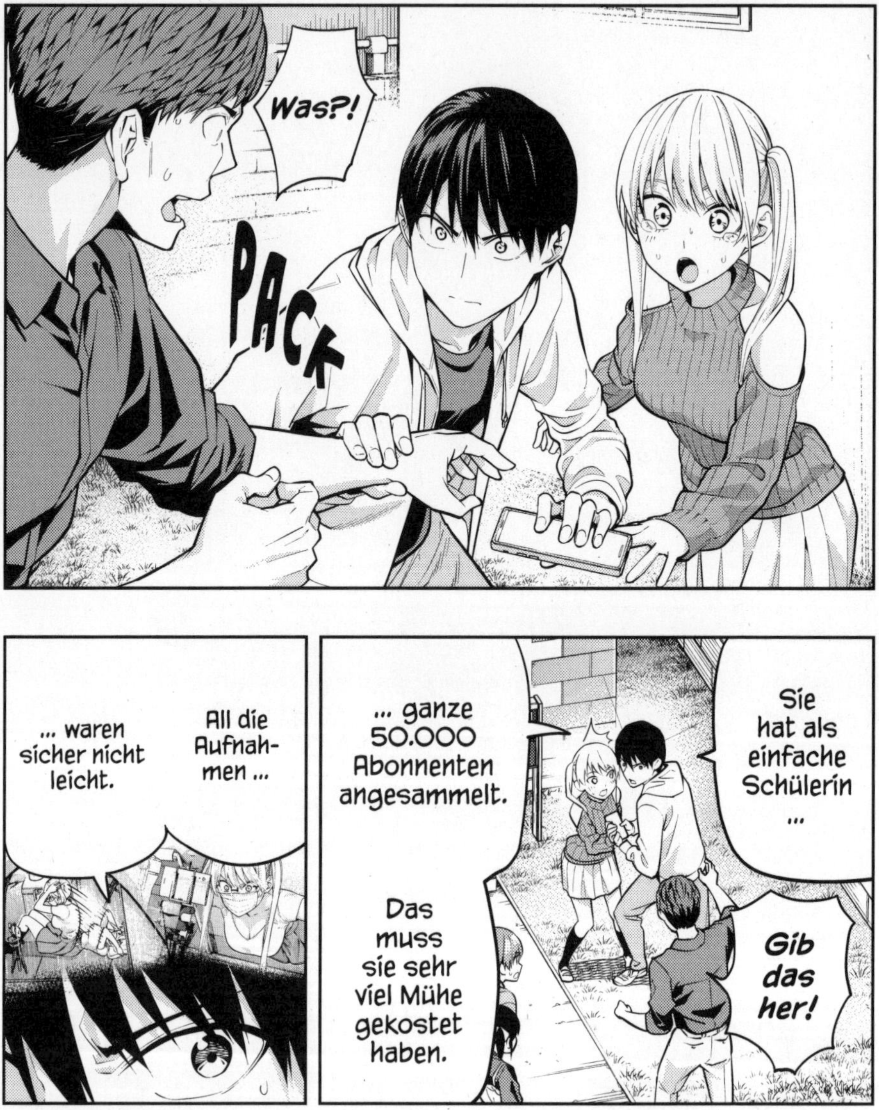
Was?!
PACK
Sie hat als einfache Schülerin ...
... ganze 50.000 Abonnenten angesammelt.
Gib das her!
Das muss sie sehr viel Mühe gekostet haben.
All die Aufnahmen ...
... waren sicher nicht leicht.
Ich kenn mich mit so was nicht aus ...
... aber davor hab ich Riesenrespekt!
GAH
Ich hab ein ganz mieses Gefühl dabei!

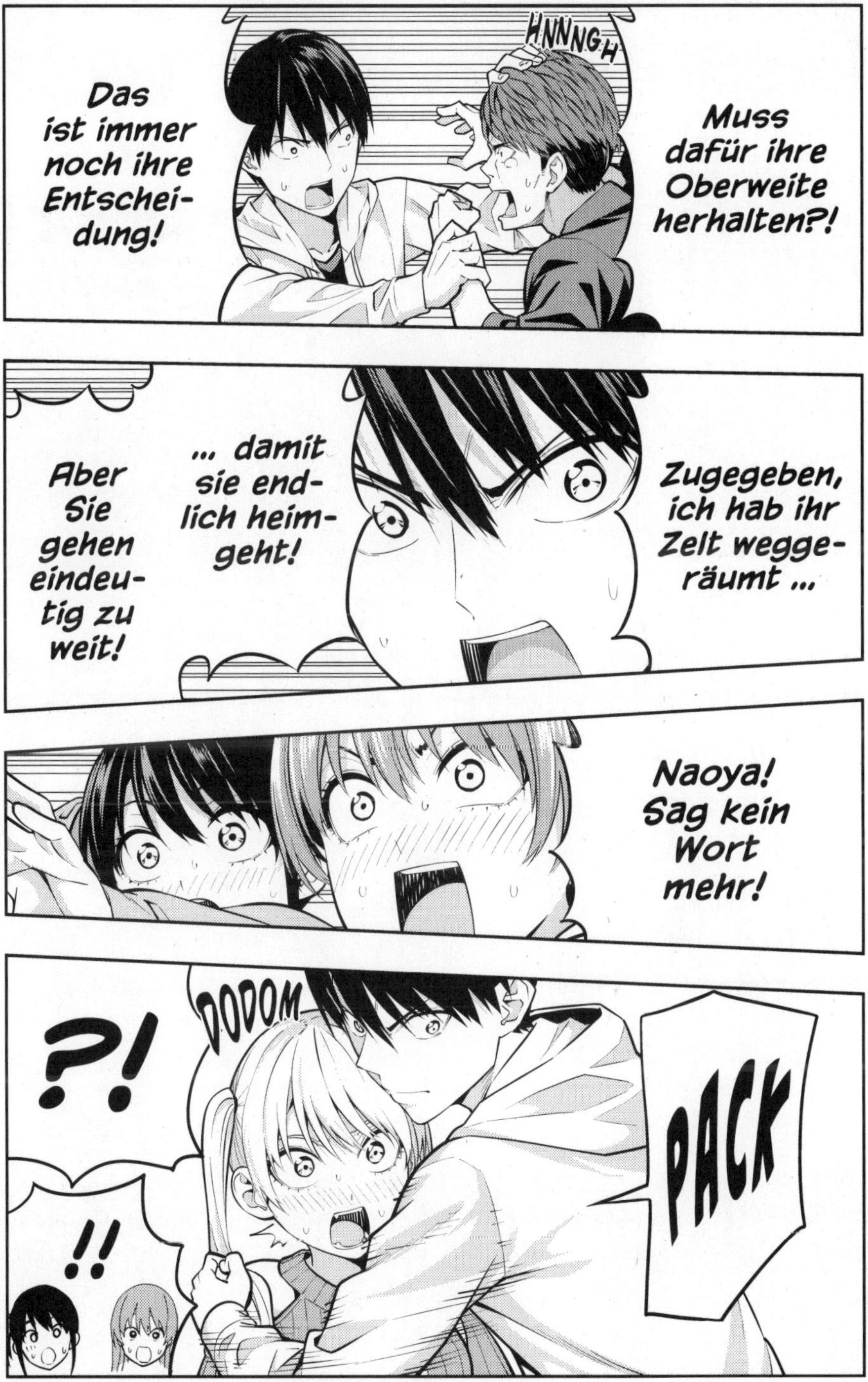
HNNNGH
Muss dafür ihre Oberweite herhalten?!
Das ist immer noch ihre Entscheidung!
Zugegeben, ich hab ihr Zelt weggeräumt ...
... damit sie endlich heimgeht!
Aber Sie gehen eindeutig zu weit!
Naoya! Sag kein Wort mehr!
PACK
DODOM
?!
!!

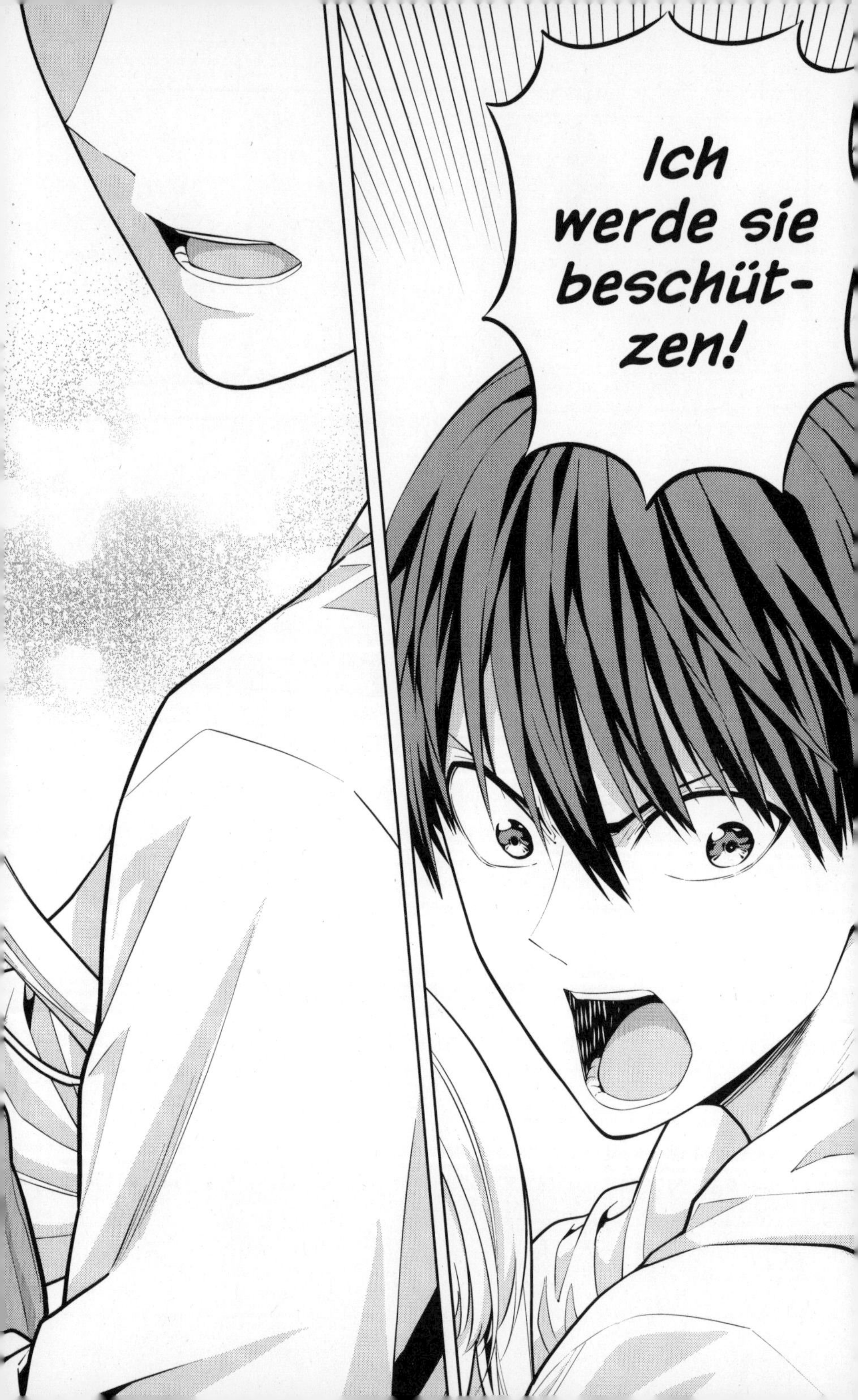
Ich werde sie beschüt-zen!

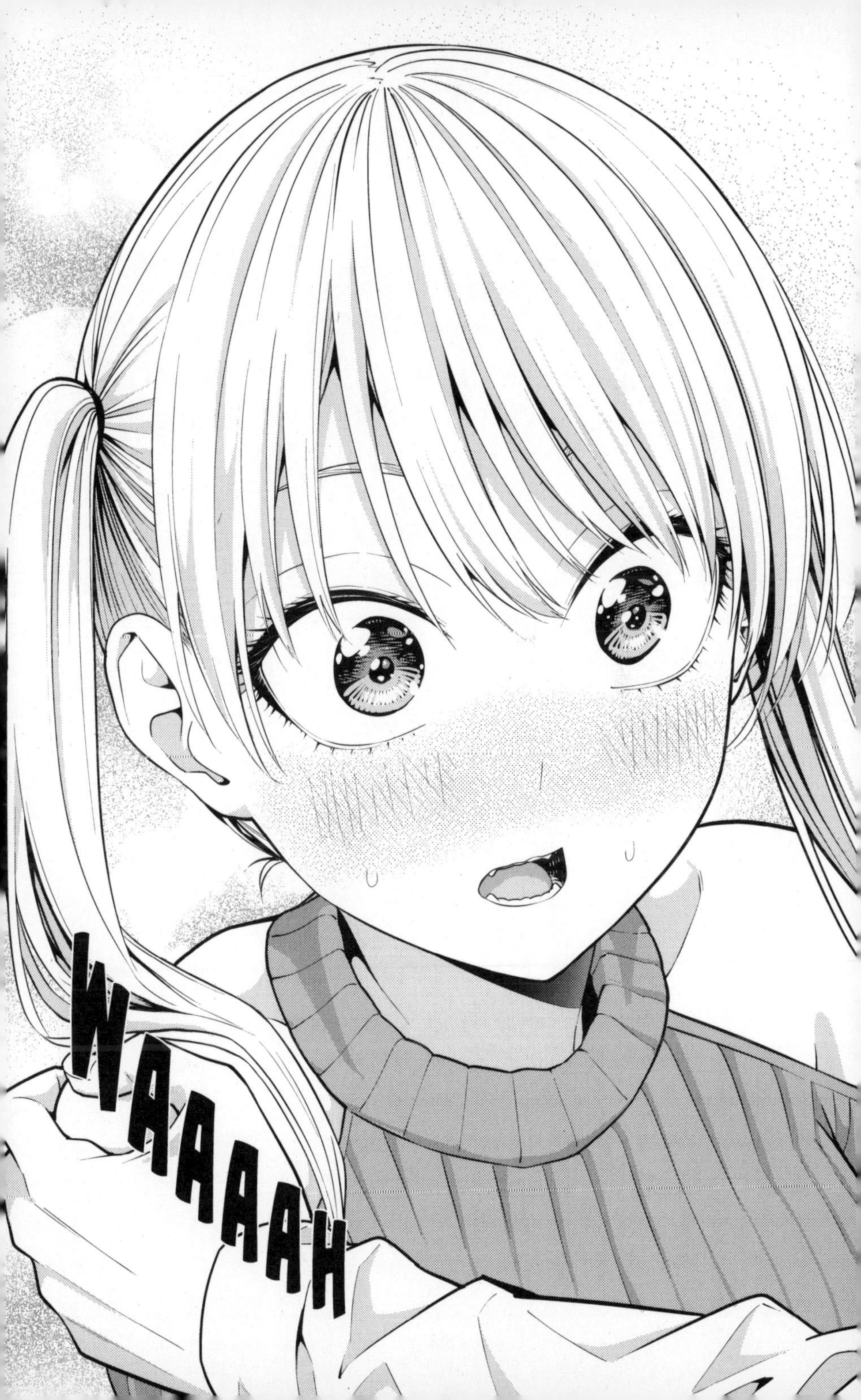
WAAAAAH

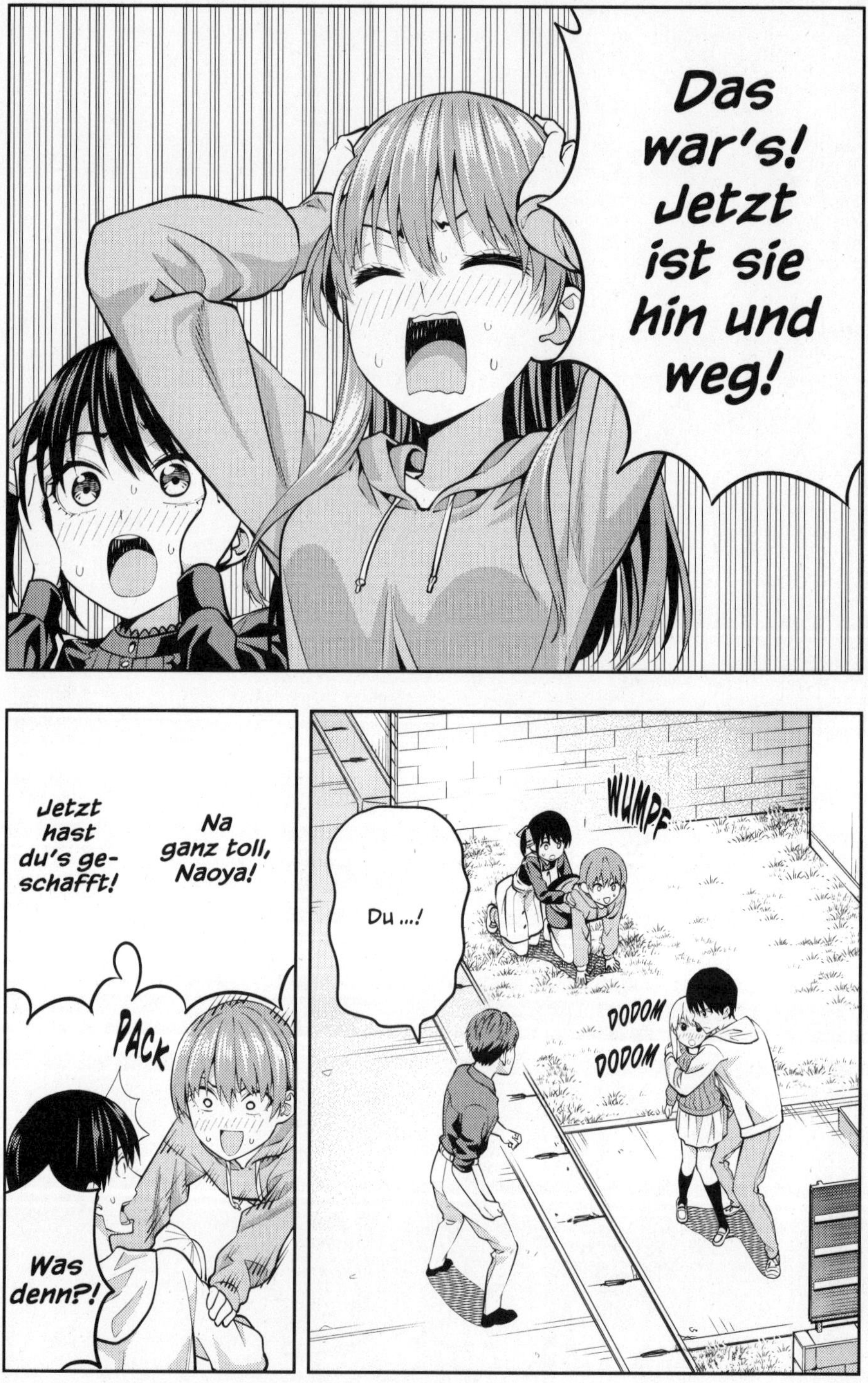
Das war's! Jetzt ist sie hin und weg!
WUMPF
Du ...!
DODOM
DODOM
Na ganz toll, Naoya!
Jetzt hast du's geschafft!
PACK
Was denn?!

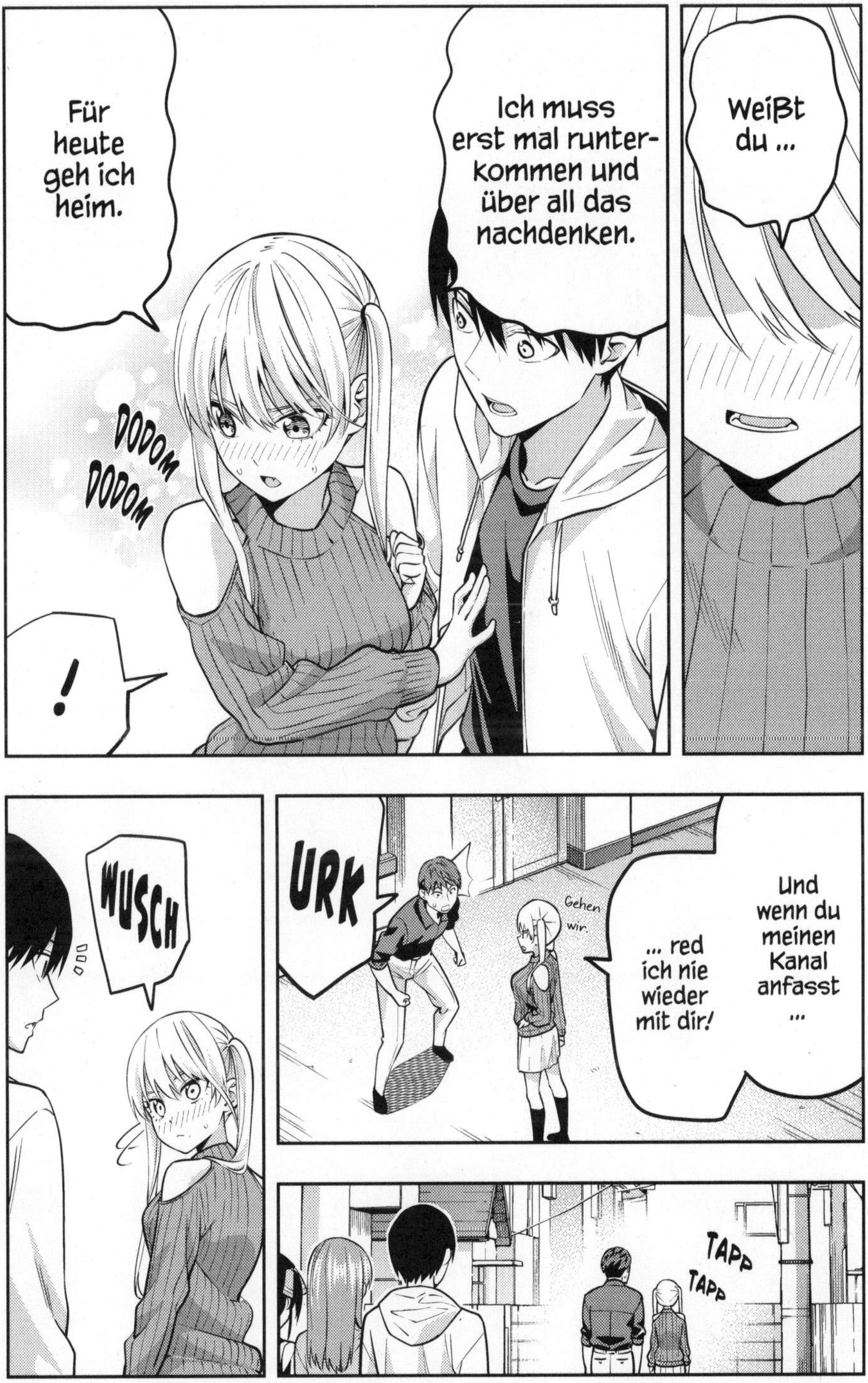
Weißt du ...
Ich muss erst mal runter-kommen und über all das nachdenken.
Für heute geh ich heim.
!
DODOM DODOM
Und wenn du meinen Kanal anfasst ...
... red ich nie wieder mit dir!
Gehen wir.
URK
WUSCH
TAPP
TAPP

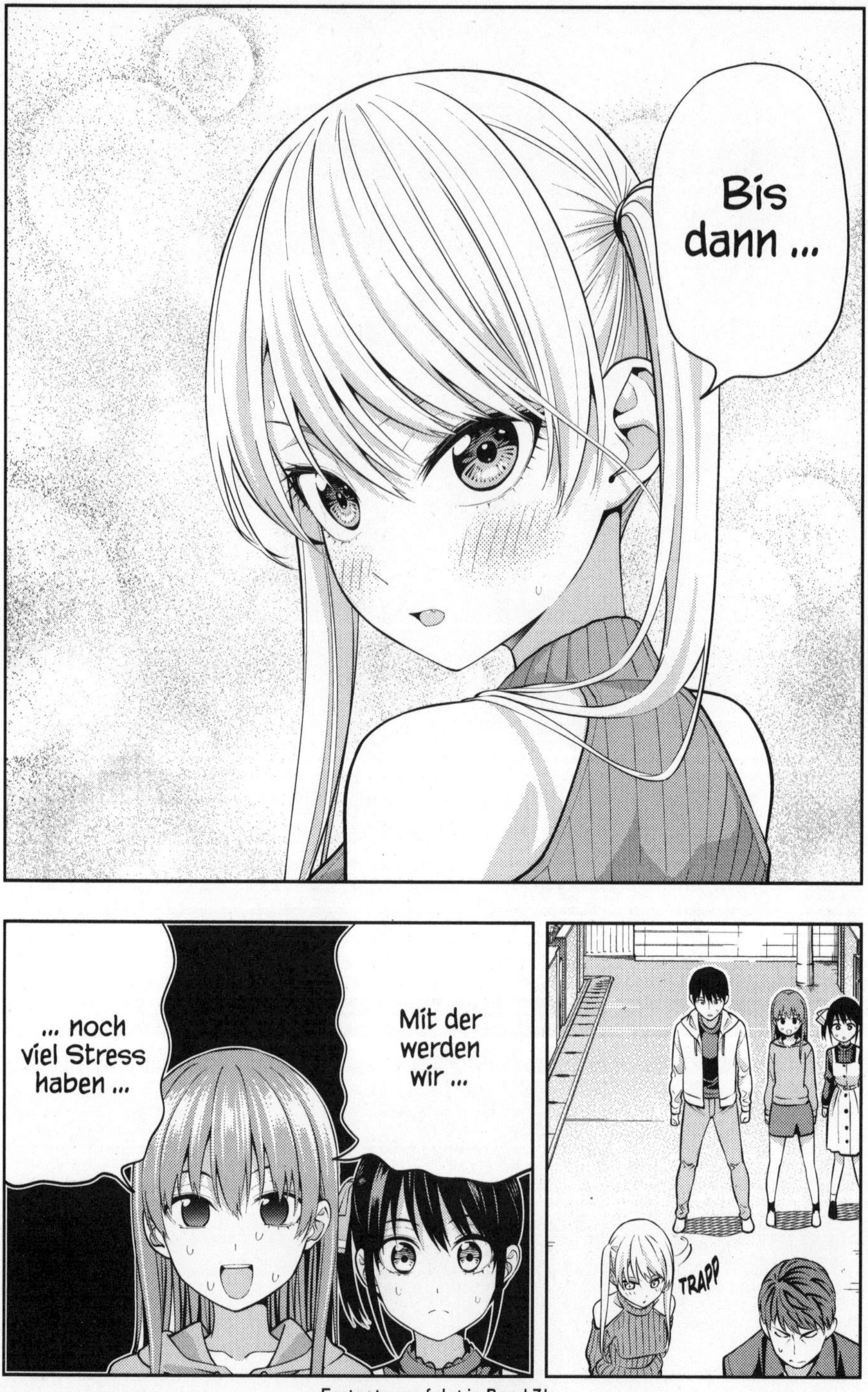

Fortsetzung folgt in Band 3!

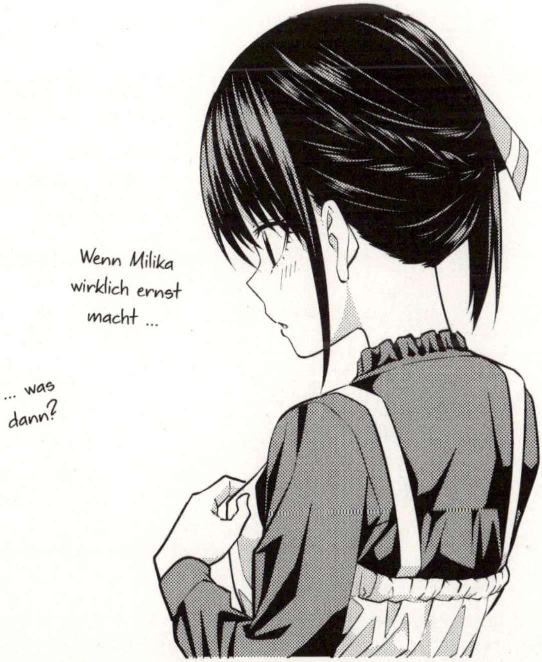
Wenn Milika wirklich ernst macht ...
... was dann?

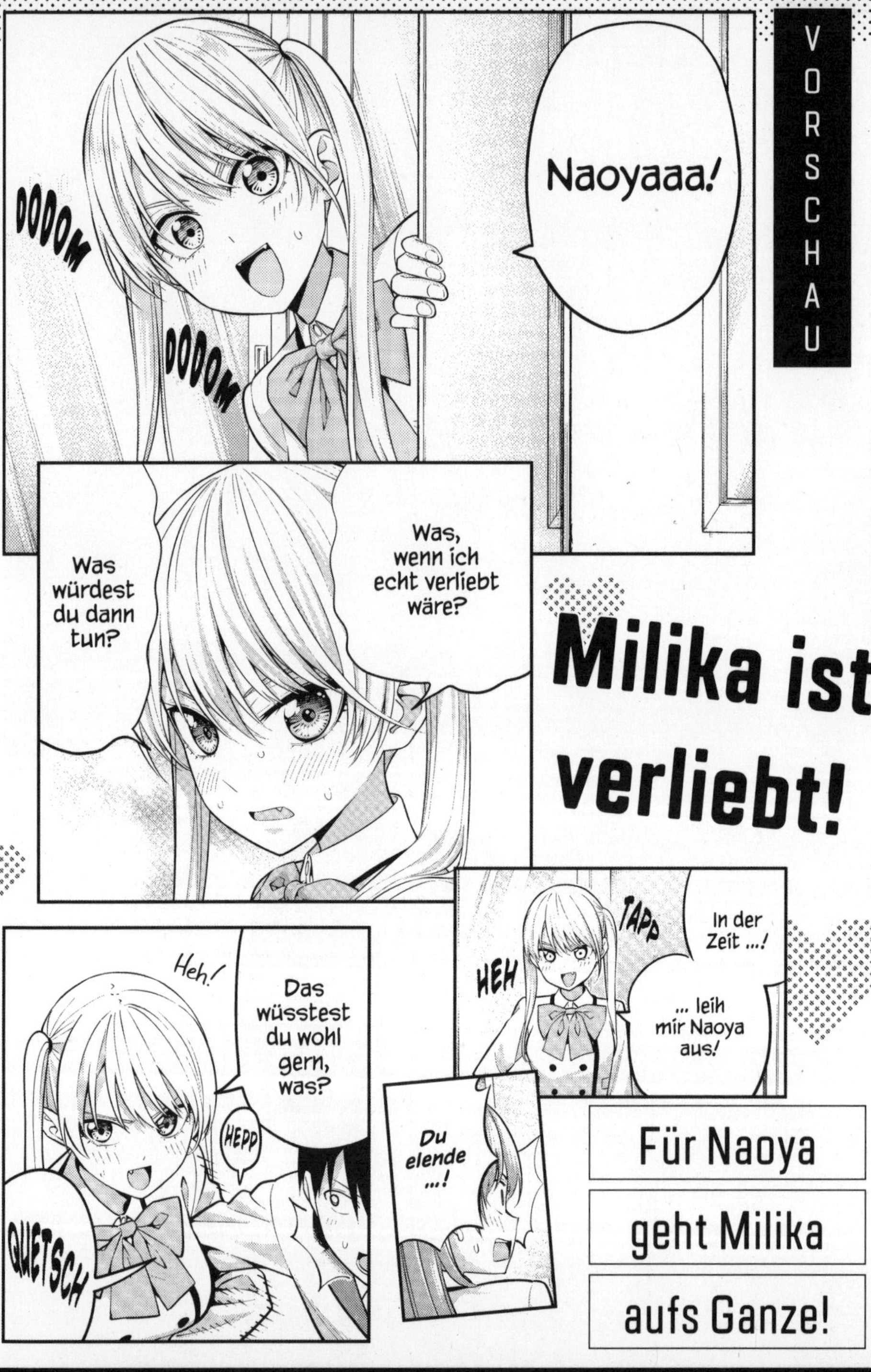
VORSCHAU
Naoyaaa!
DODOM
DODOM
Was, wenn ich echt verliebt wäre?
Was würdest du dann tun?
Milika ist verliebt!
In der Zeit ...!
... leih mir Naoya aus!
TAPP
HEH
Heh!
Das wüsstest du wohl gern, was?
HEPP
QUETSCH
Du elende ...!
Für Naoya geht Milika aufs Ganze!

Im Kampf gegen Milika ...

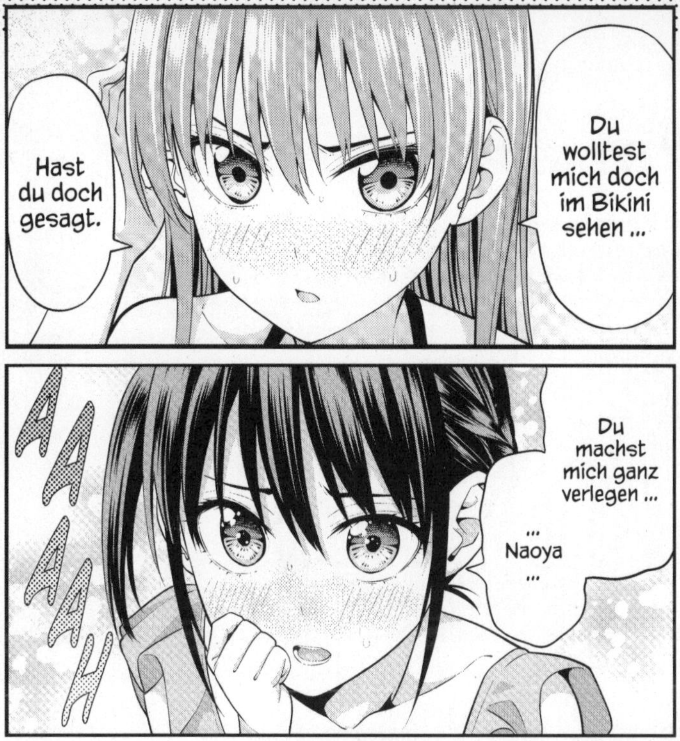

... geben Saki und Nagisa alles!

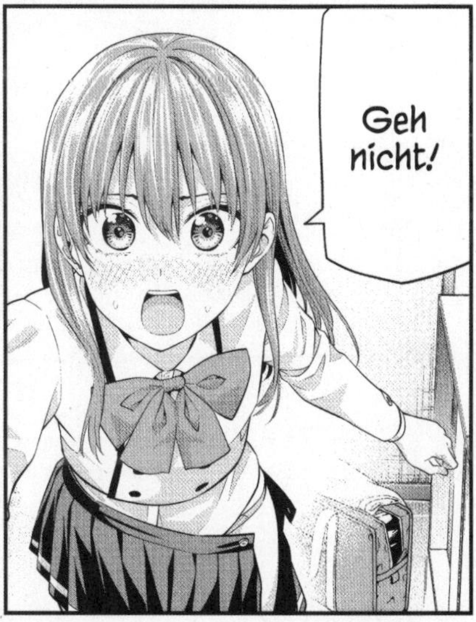

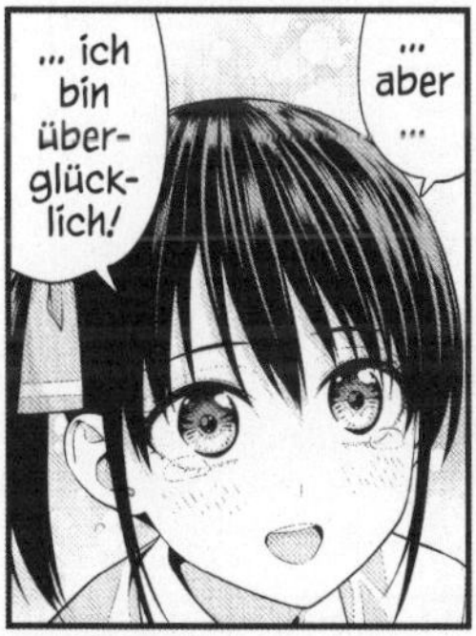

Wie wird Naoya reagieren?

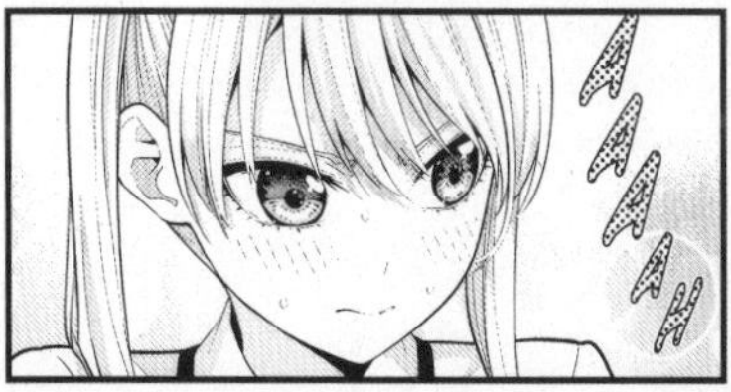

Auch im nächsten Band wird es supersüß! ♡

Das alles und mehr in Band 3!

STOPP!

STOPP! DIES IST DIE LETZTE SEITE!

KANOJO MO KANOJO ist ein Manga, und einen japanischen Comic liest man von hinten nach vorne. Auch die Lesereihenfolge der Bilder und Sprechblasen auf den Seiten ist anders als gewohnt: von rechts oben nach links unten.

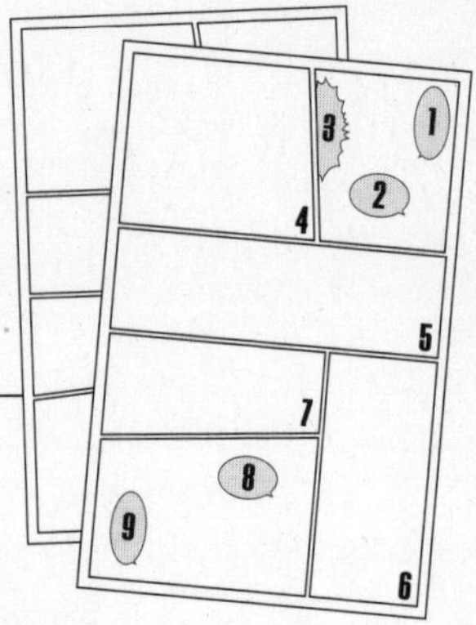

KANOJO MO KANOJO 2

GELEGENHEIT MACHT LIEBE

von

Hiroyuki

1. Auflage, 2022

Deutsche Ausgabe/German Edition

Aus dem Japanischen von Janine Wetherell

First published in Japan in 2020 by Kodansha Ltd., Tokyo.

Publication rights for this German edition arranged through Kodansha Ltd., Tokyo.

Original Cover Design: Illustration: Hiroyuki; Cover Design: Yusuke Kurachi (Astrorb)

Programmleitung: Michael Schuster & Alexandra Grimsehl

Redaktion & Lektorat: Alexandra Grimsehl

Korrektorat: Beatrice Tavares

Layout und Lettering: Manga Cult, Datagrafix GSP GmbH, Berlin

Druck: GGP Media GmbH, Poessneck

Print-ISBN: 978-3-96433-539-5

www.manga-cult.de | Januar 2022